アフォーダンスを
取り入れた

New Methods of Teaching Physical Education

Incorporating Affordance Theory

新しい体育指導

著∴根本正雄

☀ 学芸みらい社

まえがき

　学習指導要領の改訂により、教育現場にGIGA端末が導入され、ICTを活用した個別最適な学びと協働的な学びの実践が行われている。個別最適な学びと協働的な学びが一体的に行われることによって、「主体的・対話的で深い学び＝アクティブ・ラーニング」へと授業が改善され、子供の資質・能力が育成される。

　個別最適な学びには、「指導の個別化」と「学習の個性化」の２つがある。

　前者は学習内容が確実に定着するよう、子供のおのおのの特性や進度をふまえて、子供のペースに合わせる学びである。

　後者は子供１人１人が自分の興味や関心、こだわりに合わせて、各自のペースで自分の学びの広がりを理解しながら学んでいく学びである。「学習の個性化」が探究的な学びや協働的な学びにつながっている。協働的な学びとは、子供が自らの知りたい意欲をもとにした探究的な学びを進める中で多様な他者と協働し、他の人の意見を取り入れながら自らの学びを深めていく方法である。

　ここで問題になるのは、「指導の個別化」と「学習の個性化」の関連である。
「指導の個別化」とは子供のペースに合わせる教師サイドの学びであり、「学習の個性化」は子供１人１人が各自のペースで自分の学びの広がりを理解しながら学んでいく子供サイドの学びである。

「指導の個別化」と「学習の個性化」は乖離するものではなく、一体化していく必要がある。個別最適な学びを効果的にするには、「指導の個別化」と「学習の個性化」を連結する装置、いわば前者を後者に変換する装置が必要であり、「子供のペースに合わせる学び」⇒変換装置⇒「各自のペースで自分の学びの広がりを理解し、学んでいく学び」という構造が考えられる。今までの指導はどちらかに偏りがちであった。教師の指導が強すぎる場合か、子供に任せてしまう場合である。

　本書では、そのような課題を解決し、一体化できる変換装置が紹介されている。

　それが、近年、私が注目しているアフォーダンス理論（生態心理学）である。

　詳しくは本書に収録されたアフォーダンス理論の研究者である佐分利敏晴氏の解説にゆずるが、アフォーダンス理論はアメリカの知覚心理学者、ジェームズ・ジェローム・ギブソン（James Jerome Gibson：1904〜1979年）が創始した知覚−身体−行為の理論である。

　佐分利氏の師であり、アフォーダンス研究の第一人者である佐々木正人氏は、アフォーダンスについて次のように述べている。

「アフォーダンスは環境の事実であり、かつ行動の事実である。しかし、アフォーダンスはそれと関わる動物の行為の性質に依存して、あらわれたり消えたりしているわけではない。様々なアフォーダンスは、発見されることを環境の中で『待って』いる。アフォーダンスの実在を強調するので、ギブソン理論は『エコロジカル・リアリズム（生態学的実在論）』ともよばれる」（『新版 アフォーダンス』岩波科学ライブラリー、2015年、73〜74頁）

　また、佐分利氏は次のように述べている。

「生態心理学の祖、ギブソンが提唱したアフォーダンス（affordance）とは、こうした「私たち動物が行為する時に利用できる、環境そのものや環境中にある対象が持つ性質や意味、価値」のことです。別の言い方をすれば、『私たち動物が発見しピックアップ（拾い上げる）できた時に様々な行為が可能となるような情報のリソース（資源）』です」（佐分利奇士乃『今日を生き延びるためにアニメーションが教えてくれること』学芸みらい社、2018年、19頁）

　佐分利氏は、アフォーダンス理論とは「行為する時、必ず環境そのものや、環境中にある対象に行為の可能性を発見し、拾い上げ、行為に利用して」いくことであるとも述べている。私は行為を可能とするアフォーダンスが埋め込まれた環境の設計を、体育授業における「場づくり」として実践してきた。
「教師が技をできるようにする」のではなく、「子供が技を身につける環境を作る」ことで、子供が主体的に環境に働きかけ、技ができるようになるのである。
　さらに、前述のように協働的な学びの過程では、子供は多様な他者と協働し、他の人の意見を取り入れながら自らの学びを深めていくことで「学習の個性化」がなされる。その結果、子供自身が自分の感覚に基づいて自ら最適化し、自己調整学習や学習適性を理解することができるようになる。
　本書では、アフォーダンス理論の考え方に基づいて今までの私の実践を整理し、誰でもできる体育指導がまとめられている。
　本書を活用し、優れた授業づくりをしてほしい。そして、子供たちに楽しい体育授業を体験させてほしい。

2023年10月30日
根本正雄

本書の使い方

Ⅰ　はじめに

　　長年、優れた体育授業の実践を追求してきた。なかなか実現することができなかった。元筑波大学附属小学校の林恒明氏の授業に憧れた。子供を巻き込み、自由と規律のある楽しい授業であった。教師と子供が一体となり、課題追求がなされていた。

　　どうしたら林氏のような、子供が明るく生き生きとした授業ができるのか。何度も林氏の授業を追試した。その中から優れた授業の原理・原則を導き、いつでもどこでも優れた授業ができるようにしたいと実践してきた。そうすれば、多くの方に役立つ。

　　約20年の実践を経て、ようやく林氏の授業に近い新たな授業の再現ができるようになった。いつでもどこでも、楽しい、子供が生き生きする授業ができるようになった。自分の学級、隣の学級、学年の違う学級でも同じような授業ができた。また、全国の小学校に招かれ、飛び込みで授業をさせていただいた。はじめて会う子供と1時間、授業を行う。実態も性格も分からない子供と出会い、そこでも林氏のような楽しく生き生きとした授業ができるようになった。優れた授業の再現ができるようになったのである。

　　本書では、その方法が紹介されている。

　　初心者でも優れた授業が再現できる方法は次の3点である。

　（1）優れた授業の動画を見る：実際の場づくり（3～5分）の動画を見る
　（2）優れた授業の流れを見る：シナリオ（発問・指示、方法・手順）を読む
　（3）授業の追試をする

　　本書の特色は、すべての教材について、実際の場づくりが動画で紹介されていることである。優れた授業をするには、優れた授業のイメージがなければできない。それができる具体的な動画が紹介されている。文字だけではなく、ビジュアルな動画の紹介で、リアルに学ぶことができる。

Ⅱ　再現化の方法と使い方

（1）優れた体育授業の再現化

　　多くの優れた授業を参観し、同じような授業づくりを行ってきた。そのために優れた授

業を分析し、追試を試みてきた。ビデオを録り、そのまま試みたがうまくいかない場合が多かった。

どうしたら優れた授業ができるのか。長年、その課題に取り組んできた。前述のように、私の目指したのは元筑波大学附属小学校の林恒明氏の授業である。自由と規律のある授業は楽しく、子供の動きは素晴らしかった。しかし、何度見ても同じようにはできなかった。

もし、林氏の授業を再現できる方法があれば、多くの教師の役に立つ。本書は林氏の授業に学び、私自身が積み重ねてきた実践をもとに明らかにした、優れた授業を再現する方法をアフォーダンス理論に基づいて紹介するものである。

従来の体育指導書は、指導案の紹介がされている。しかし、具体的な指導はよほどの経験者でないと再現できない。優れた授業を見たことがない教師は、指導案を読んだだけではイメージがつかめない。

また、優れた授業を見たことがあっても、授業の細部は分からない。授業のポイントが不明なのである。授業のどこを見ればよいのか。子供の動きを引き出す発問・指示は何か。子供の動きが変わる場づくりは何か。子供が変容した評価はどうするのか。

写真・イラストが示されても、丸ごとの動きは伝わらない。しかし動画があれば、一目瞭然である。実際の指導はどうするのか。指導の流れのある動画があれば明瞭である。

また、優れた授業を再現する最後の方法は追試である。本書では、追試がそのままできるシナリオ（発問・指示、方法・手順）が紹介されている。その際の指導の留意点も示されている。さらに実際の場づくりを写真・イラストで見ることができ、指導の動画を見ることもできる。

本書は、優れた授業ができるよう立体的に組み立てられている。

優れた授業を見たことがない。授業のポイントが分からない。授業の場づくりが設定できない。1時間の授業の流れがつかめない。

本書はそういう教師に役立つ内容である。

｜（2）根本式体育指導の実践例

私はこれまで、感覚づくりを体育指導の中心において実践してきた。

1. 位置感覚（逆さ、腕支持、回転、平衡、高さ）
2. 視覚調整感覚（目と手、目と足、目と手と足）
3. 聴覚調整感覚（音と手、音と足、音と手と足）

運動の苦手な子供は、これらの感覚調整が劣っていた。そこで感覚を調整し、よい動き

に気づいていく指導を行ってきた。

　例えばマット運動の1つに開脚前転がある。開脚前転のできない子供には、次の指導を行った。

　　1.　両手をマットに早く着きなさい。
　　2.　膝を伸ばして、両足を大きく開きなさい。
　　3.　かかとを着いて、立ち上がりなさい。

　4年生の授業でこの方法を実践したところ、5割の子供はできるようになった。次は、マットの下に踏み切り板やロイター板を入れて傾斜を作り、指導を行った。これで3割の子供ができるようになった。しかし、2割の子供はできなかった。

　どうしても着手が遅くなり、足が開かず、膝が曲がってしまう。回転スピードも遅く、かかとで立ち上がることができなかった。どうしても上体の回転が弱く、着手が遅くなるのである。

　「着手が早くなる方法はないか」を模索した。そこで考えたのが、小マットを4枚重ねて開脚前転を行う方法である（本書66〜74頁）。すると、すぐに全員ができるようになった。マットを4枚にすることで高さが生まれ、あれほど遅れていた着手を速くすることができたのである。

　こうした場づくりによって回転スピードが上がることで上体が起き上がり、かかとを着いて回ることができた。小マット4枚の次は、3枚、2枚と減らし、最後は1枚のマットで回れるようになった。

　なぜ、できるようになったのか。マットの高さを変えて回転する速度を調整したことで、その子供自身が、開脚前転が成功する時の、回転速度と着手の感覚に気づいたからである。

　重要なのは次の点である。

　「私（教師）が開脚前転をできるようにした」のではない。確かに私は「子供自身が自分の身体でできるようになるにはどうしたらよいのか」を考えて指導をしていった。しかし私が行ったのは、「子供が開脚前転を身につける環境を作り、開脚前転に必要な固有の感覚を身につけること」である。成功する時の速度感をその環境の中で主体的につかみとったのは子供自身であり、その結果、できるようになったのである。

（3）アフォーダンス理論と体育指導

　佐分利敏晴（奇士乃）氏は前述のように、「私たちは行為する時、必ず環境そのものや、環境中にある対象に行為の可能性を発見し、拾い上げ、行為に利用していく」と述べ、ア

フォーダンス理論のポイントを次の5点にまとめている。

1. 環境（情報で満たされた、アフォーダンスが埋め込まれている、行為と知覚の現場）
2. 身体（動物が動き回り、環境中の情報を知覚し、行為に利用可能な意味や価値＝アフォーダンスを特定するための知覚システム）
3. 探索（動物は身体を使って環境がどのような場所かを探る）
4. 知覚（動物が自分を取り巻く環境中の情報を得る）
5. 行為（動物が、知覚によって得られた環境中の情報によって特定された、利用可能な意味や価値＝アフォーダンスを利用して、意図を持って身体を使って行為する）

　このうち、身体－知覚－行為は、身体を使って行為する動物にとって要となる循環を作っている。意図を持つ動物は、身体を使って自分の身の回りにある環境中の情報を知覚し、得られた情報から、行為する際の資源となる意味や価値＝アフォーダンスを特定して利用する。そうした行為の結果、環境の一部は変化し、身体も変化する。そしてまた、その変化した身体を使って、刻々と変化していく自分の周囲＝環境中にある情報を知覚し、行為へとつないでいくのである。

　本書は、こうしたアフォーダンス理論の考え方に基づいて、私の今までの実践を整理して、誰でもできる体育指導を体系化したものである。

Ⅲ　本書の構成と活用方法

　本書は1つの教材を以下の内容で、8〜10ページで紹介している。

1　授業における主張

　授業には、明確な主張が必要である。主張にそって単元構成がなされ、個々の授業の展開がなされる。「授業における主張」では、どのような主張に基づいて授業が構成されたのかが書かれている。従来の主張の場合もあるし、私自身の新たな主張もある。学級や学校の実態に応じて実践してほしい。

2　指導計画

　指導計画はすべて6時間にまとめてある。(1)基本の動きを習得する、(2)動きを活用し発展させる、(3)動きを工夫して深める、という計画になっている。これも学級や学校

の実態に応じて修正して実践し、子供の実態に合った指導計画にしてほしい。

3　単元全体の指導

　指導の展開とポイントについてのきめ細かな発問・指示、方法・手順を具体的なイラスト・写真で解説してある。学習指導要領の「主体的・対話的で深い学び」を「見える化」し、合わせて評価の観点が示されている。指導案の展開が視覚化されることで初心者も理解でき、このまま授業でき、追試できる内容になっている。

4　アフォーダンス理論を取り入れた場づくり

　アフォーダンス理論に基づき、動きを引き出し、運動能力の上達を支える環境＝場づくりが紹介されている。自然に上達する環境＝場づくりを提示することで、運動の苦手な子供も主体的に運動感覚を身につけることができる。

　場づくりは、以下で説明するようにQRコードから動画を見ることができる。大事なところは動画内で説明されており、セミナーを受けているのと同じように、授業の全体の流れが理解できる。

5　追試結果

　各教材について、実践の追試報告を全国の先生方にお願いした。

　本書に示された授業の展開で実際に授業を行っていただき、子供の体感覚・知覚・運動感覚・意識・環境への注意・技能・体の使い方がどのように変容したかについての報告がなされている。

「レベルアップ　ルーブリック」の活用と留意点

　追試が適切にされたかを評価できるルーブリックも掲載されている。

　ルーブリックは教師が一方的にチェックするものではなく、子供が自分の力を自分で診断し、運動ができるようになるためのフィードバック型の「自己評価カード」「練習目標カード」である。

　ルーブリックには、動きの順番、技のポイント、評価の観点が示されている。このルーブリックの活用により、「主体的・対話的で深い学び」を実現する授業ができるようになっている。

　また、以下にルーブリック活用の留意点を、「逆上がり」（本書104～111頁）を例に説明する。

1．横軸の内容：技の評価基準（習熟度）と選択課題（子供が実態に応じて選択）

◎よくできた　：何回もできる

○できる　　　：確実に1回できる

△もう少し　　：やっとできる・できない

ワオ！　　　　：環境の発見・身体感覚の発見

2．縦軸の項目：ステップ（学習過程）と共通課題（学級全体で学ぶ）

学習過程がステップとして示されている。合わせて学級全体で学ぶ共通課題が示されている。

3．基本的な評価方法

① 毎時間評価する

② 形成的に評価する

③ 練習したのと同じ方法で評価する

④ 即時にフィードバックする

⑤ 評価しながら学習させる

⑥ 明確な基準（ルーブリック）を用意する

4.「ワオ！」の具体的な評価：環境の発見・身体感覚の発見の内容

1 踏み切り板の使い方が分かる：環境の発見（踏み切り板のどこをけるか？）
2 踏み切り板をける音に気づく：聴感覚の発見（踏み切り板をけった時の音は？）
3 振り上げ足の位置に気づく　：位置感覚の発見（高さは？）
4 わきをしめるコツに気づく　：筋感覚の発見（筋力は？）
5 けって上がる時の目線の移動が分かる：視感覚の発見（どこを見るか？）
6 踏み切り足の位置が分かる　：位置感覚の発見（どの位置か？）
※環境の発見　　：場づくりによる新たな気づき・発見
※身体感覚の発見：①位置感覚……逆さ・腕支持・回転・平衡・高さ・跳・リズム
　　　　　　　　　②視感覚………目と手・目と足・目と手と足
　　　　　　　　　③聴感覚………音と手・音と足・音と手と足

5.「ワオ！」の具体的な表現方法

① 分かる
② 見つける
③ 気づく
④ できる

動画で指導できる

　専門的な力量を身につけるためには、動画は必須である。教材ごとに、ルーブリックの上部に掲載されているQRコードから各教材の動画を視聴することができる。
　どんな指導をどのようにしたらよいか、どのような場づくりをすればよいかを、授業全体の流れの中で、動画で確認できれば指導は容易になる。

動画の見方

　教材ごとの動画を、QRコードからスマートフォンやタブレットで読み取る。教師は勿論、子供も学習中にタブレットで閲覧し、友達と学び合うことができる。

動画には詳しい技のポイント、手順・方法、評価基準が示されており、学習指導要領の「主体的・対話的な深い学び」ができるようになっている。

　また、巻末の「全動画 ウェブ・ナビゲーション」(p.248〜249) は、本書の各教材のルーブリックのページに掲載した全QRコードの一覧である。パソコンで視聴する場合には、「全動画 ウェブ・ナビゲーション」冒頭のQRコードとURLから全動画にアクセスすることができる。

　なお、動画によって、プライバシーの観点からモザイクをかけているため、幾分、動きの全体像が見えにくい場面があることをお断りしておきたい。

ミニコラム

「知っておきたい！ アフォーダンス理論の基本用語と考え方」という7つのコラムを佐分利氏にご寄稿いただいた。アフォーダンス理論における「身体」「環境」「知覚」といった基本用語の簡潔な解説である。

　また、同氏による次ページからの解説では、アフォーダンス理論が体育との関連で具体的な事例を通して分かりやすく紹介されており、アフォーダンス理論にはじめて触れる方にとっても、よいガイドになっている。

　コラムと解説を合わせて、アフォーダンスを取り入れた体育指導の狙いを理解する一助としていただけたら幸いである。

解説：アフォーダンス理論とは？　　　　　　　　佐分利敏晴（生態心理学）

―1. アフォーダンスとは何か

　アフォーダンス (affordance) はアメリカの知覚心理学者ジェームズ・ギブソンが英語の動詞 "afford" からつくった言葉である。

　"Afford" について、英語の辞書には「The rooftop terrace affords beautiful views. (屋上テラスからは美しい景色を眺めることができる)」「She afforded us a lot of support. (彼女は私たちに多くの支援を与えてくれた)」などの例文があり、「支える」「提供する」という意味を持つと記されている。

　ギブソンは動物が生活する中で知覚し、行為する際に利用する、環境中に埋め込まれた利用可能な意味や価値、性質や情報、行為の資源となるものを「アフォーダンス」と呼んだ。

　私たちは環境の中でどのようにして行為しているかを考えると、次の3つの事実が浮かび上がってくる。

1. 動物は身体を使って動き回る。
2. 動物は身体を使って周囲を知覚し、環境中に埋め込まれている多様な情報を得る。
3. 動物は、知覚で得られた周囲の情報や性質のうち、行為の「資源 (リソース)」として意味のあるもの、すなわちアフォーダンスをピックアップし、それを利用して行為する。

　動物には身体がある。動物は身体を使って環境へと入っていき、そこを探索し、埋め込まれている情報を知覚する。そして、知覚して得られた周囲の利用可能な意味や価値を利用して行為する。

　こうして、「身体−知覚−行為」という循環する三角形ができる。これが、環境の中に生きている私たち動物の日々の暮らしである。

　また、私たち動物は環境中の事実を知覚するだけでなく、自分の身体に起こることと、それを利用する方法も知覚している。これは自己に対する知覚、自分の身体に対する知覚である。

「歩いたり跳んだりする時に自分の身体のつま先を発見する」

「歩き出す時の重心の倒し方を発見する」

「赤ん坊が、寝返りを打つ時に利用できるマットレスと床の間の段差と、自分の身体の関係を発見する」

――など、自分の身体を包囲している環境に埋め込まれた情報や性質、すなわちアフォーダンスを発見して利用する時、私たちは同時に自分の身体に関する情報も知覚し、発見し、利用している。

―2.アフォーダンス理論の実践としての体育

体育という授業は、ほぼすべてが「身体を使って何かをやる」教科である。

身体を使って行為する時に何が必要かといえば、私たちを取り巻く環境に埋め込まれた情報、性質を捉え、知覚することである。つまり、体育実技とはアフォーダンスの理論の実践そのもの、少なくとも非常に近いものなのである。ここで気をつけたいのは、アフォーダンスを、動物に特定の行為を誘発したり、冒険に誘ったり、利用して成果を上げたりする特殊効果を持つ「もの」であると誤解することだ。

アフォーダンスという情報や資源は、

1. 誘わない
2. 促さない
3. 惹きつけない

――のである。

アフォーダンスはあくまで「ただそこにある」のであり、知覚され利用されることによってはじめてアフォーダンスとして働いていることが分かる。

横に切ったパプリカは、ただそれだけでは「黄色い、または赤い何か」でしかない。手に取り、匂いを嗅ぎ、味見し、食べられてはじめてそれは「食物」であったり「野菜」であったりする。あるいは、ジュースや、挽き肉を調理した何かがそのくぼみに入れられてはじめて「器」になる。

アフォーダンスはただ行為に利用されるだけの環境中の事実でしかない。それがあるからといって、子供たちが躍起になって利用し、熱中し、授業が成立するという便利道具ではない。

体育の授業で子供たちが「運動が楽しい」「身体が楽しい」「知覚が楽しい」と思える場をつくっていくためには、「適切な補助」と「適切な準備」が必要であろう。

アフォーダンス理論の視点から、そうした適切な準備と考えられるものを以下に挙げてみよう。

一3. 「できる」で場を埋め尽くす

　１つは、「できない」という言葉を使わずに、すべて「できる」ことを評価し、利用し、活動するということである。

　環境中の、あるアフォーダンスが利用可能であれば、それはある動物に特定の行為を可能にする。その動物は知覚したそのアフォーダンスを利用して行為する。別の動物がそのアフォーダンスを利用できない時、それは行為を可能にしない。利用できないアフォーダンスは行為につながらない。

　だからこそ、これらのアフォーダンスが利用可能で、課題（行為）の遂行を可能にするよう工夫された「場づくり」が有効になる。

　体育の授業では、ある課題が「できる」子供と「できない」子供が必ずいる。だが、その課題は「適切な場づくり」と「教師や他の子供による適切な補助」を利用することによって、「できない」子供でも「できる」ようになっていく。

　たとえある時点で、ある子供には「できない」課題であっても、適切な補助が行われると、自分の身体や環境（場）が変化し、発見も利用もできなかった意味が知覚され、目標とする行為（課題）の遂行に利用可能になり、その子供は課題に挑戦「できる」ようになる。「できなかった」課題が「できる」ようになる。「できない」のは「今はまだできていない」だけで、「少しの助けを利用すればできる」、あるいは「身体の使い方などを工夫すればできる」ものとなり、「できる」ものとなっていく。

　「何もできない」がなくなり、「何かができる」で場を埋め尽くす場づくりの工夫があれば、子供は「できない」の呪縛から解放され、動けるようになっていくだろう。こうして「身体−知覚−行為」循環が回り始める。

　「これができなかった」ではなく、「ここまでできた」ことが評価されるようになれば、子供が熱中する下地ができあがる。「できない」と思い込んでいる子供は次第にいなくなるだろう。

一4. 恐怖心を克服するのではなく利用する

　体育の授業を受ける時、私たちは常に何らかの危険を冒している。

　例えば開脚前転であれば、自分から倒れて前転するための推進力を得ようとする時、私たちは自分の頭部や首が床、地面に衝突するリスクを負っている。

　あるいは、歩行について考えてみる。歩く時に、私たちは常に転倒するリスクを負っている。歩くという動作は、前方に倒れることにより推進力を得ている。つまり転倒を制御することによって移動している。歩行という運動は、いわばうまく倒れ続けることである。

だから、つまずけば転倒する危険性と隣り合わせになっている。

　走行は跳躍を基本とする運動だが、歩くよりも速い移動であるため、つまずいて転倒する時のけがをする危険性はより高い。

　こうした失敗の可能性、事故の可能性は程度の差こそあれ、どのような行為にも伴うものであり、完全に事故の可能性をなくすことはできない。けがを恐れる子供は慎重であり、思慮深い。けがを恐れず何でも行動に移すことは、ある場合には勇敢さであるが、危険を察知できないほどに無謀であったり、もとより危険であるとはどのようなことかを身体で覚えていなかったりする、ということでもある。

　運動のエキスパートであるプロのアスリートになれば、けがの危険はつきものであり、いやというほどにけがを経験している。それでも目的を達成することに何らかの価値や意味を見出しているからこそ、アスリートはその危険をあえて冒す。

　彼らは自分たちの行為が「危険であるかどうかのぎりぎり」を知覚している。つまり、危険をよく知っている。危険である、という情報を利用しつつ、最も「よい」パフォーマンスを得ようと行為する。

　アスリートたちは、その「危険」と「危険すれすれの成功」のアフォーダンスそのものを利用して行為することを、知覚と身体の使い方を精緻化することで達成している。つまり「危険すれすれの成功のアフォーダンス」を、行為の精緻な制御に利用しているのである。

　恐怖心は、けがを避けるために必要不可欠な心の働きである。これを「克服する」ということは、危険を感じなくなる、無神経になる、恐怖を忘れる、捨てるということを意味しない。むしろ、危険性を十分に知覚し、明らかにすることによって、「ここまでなら大丈夫」という「ぎりぎり」を発見することが重要なのである。
「怖くないから大丈夫」ではなく、「怖いけれども大丈夫」なのである。無闇に恐れる必要もないが、危険を忘れてしまっても困るのである。

　怖がって一歩を踏み出せない子供に、怖さを捨てさせるのではなく、「怖い」という事実を「知覚」したことを大切なものとして肯定し、その上で「どこまでなら行為が破綻しないか（例えば、けがをしないか）」を、指導する教師や保護者、周囲にいる大人たちが共に探っていくことが重要になる。それは「正しく恐れる」ことを体得することである。

―5．失敗することを禁止しない

　畑村洋太郎『新 失敗学：正解を作る技術』に、以下のような一節がある。

　　　「自分で考えて実行する」と必ず失敗する
　　　……いまからの私たちに必要かつ重要なマインドセットがあります。それは「失敗

は当たり前のように起こるものだ」と考えるということです。……「失敗をするのは絶対イヤだ」とか「失敗するなんて絶対許せない」と思っている人は、絶対に前には進めません。

　……悪い失敗の典型は、手抜き、インチキ、不注意、誤判断などから生じる失敗です。

　……「あれがいけない」「これがダメ」と言われると、そのこと自体をやらなくなります。しかしそこで失われるのは学びの機会です。実際にやってみるとどうなるかという経験をできずに終わることになります。これは……世界を理解する機会を一つ逃したことに等しい……

　──「失敗を捉えなおす」、『新 失敗学：正解を作る技術』第3章、講談社、2022年（電子書籍版）

　「失敗学」の第一人者である畑村氏のこうした言葉を読むと、有意義な失敗は成功の一部であると言っていいことがよく分かる。

　教育の現場において、「致命的な失敗」（Fatal Error）や、手抜きやインチキ、不注意、誤判断などから生じる失敗は避けなければならない。しかしそうでない限り、むしろ失敗することは必須事項であり、推奨さえされてよいものだろう。私たちは失敗を繰り返すことによって「身体−知覚−行為」連関を精緻化する。だから、失敗がなければ、より質の良い成功へとたどり着くことはできない。

　以上のことをアフォーダンス理論に即して言えば次のようになる。

　アフォーダンスを特定する情報の取得の失敗や利用の失敗は必ず起こる。この時にFatal errorをしないために、その動物のレジリエンスや危機における対応力、大きな危険を察知する能力などが問われることになる。しかしそれらは、失敗という事象が持つ情報を知覚することができてはじめて得られる「知恵」であり、「能力」である。自分の身体で環境を探り、知覚し、行為する中でこそ失敗もするのであり、それを回復するすべも学習できるし、失敗する前兆さえ知覚することができるようになる。これは自らの身体で探索し、知覚し、行為した動物の特権なのである。

「理由が分かっているスランプより、理由が分からずに上手くいく方が厄介だ」と、元メジャーリーガーのイチローが語っている。この言葉は、結果としてできてしまっていることが、身体と環境の不都合な事実を蔽い隠してしまい、重要な情報が見逃されてしまう、ということを意味しているのかもしれない。それは重大な失敗のタネを見落としている可能性があるということであり、最終的には致命的な失敗につながり、大けがをするまでに至るかもしれないのだ。

　こうしたアフォーダンスに複数の注意をもってなされる体育とは、具体的な意味でも比

喩的な意味でもエラーレス・ラーニングではなく、むしろ「転び方を学ぶ授業」ということになるだろう。

比較的新しいスポーツであるスケートボードやスノーボードでは、「だれよりも高い得点を出した」優勝者以上に、技の成功の如何は問わず「全く新しい技に挑んだ」挑戦者が、参加した競技者たちによって讃えられる。

「失敗することもありなのだ」「失敗してよいのだ」という雰囲気の醸成は、体育の授業を「挑戦者の楽園」にしてゆくだろう。挑戦者には、「何も教えられなくてもできた子供」以上の賛辞を贈りたい。だれよりも果敢に挑戦し、知覚を研ぎ澄まし、自らの身体をもって姿勢と動きを学んだのは、他でもない「挑戦者」である。

―6. 情報を共有する

これも比較的新しいスポーツとして広がりつつある競技であるスポーツクライミングでは「オブザベーション」と呼ばれる時間が競技者に用意されている。

スポーツクライミングでは、自分以外の競技者の競技の様子は決して見ることはできない。その代わりに競技の直前、選手が挑む壁を見て作戦を練る時間が与えられる。それがオブザベーションである。この競技の決勝では、オブザベーションの時、他の競技者と情報を交換し、コミュニケーションをとりながら作戦を練ることができる。

体育の授業では、「どうすれば上達するか」という情報の交換はいくらでも可能である。また、本書で紹介されている課題は「競わない」ものだ。順位やできばえを「競う」のではなく、挑戦し達成することが授業とルーブリックの中心になっている。

加えて現在の教育現場では、子供は録画・再生すら可能な情報端末を手にしている。これにより、子供は失敗例や成功例という情報を共有し、観察し、考察し、「何故できたか」「何故できなかったか」を容易に議論することで、「できない」から「できる」を生み出すことができる。

子供は挑戦し、失敗し、共有し、上達する。それらはすべて子供のものである。だが、そのような「挑戦者の楽園」となる「場」を作るのは子供ではない。その場の設計者、演出者としての教師である。

教師ができる重要なことの1つが「場づくり」である。スポーツクライミングやスケートボードで、観客も競技者も熱狂する「ぎりぎりのアフォーダンス」を演出する、フィールド（場）の設計者がいるのと同様に――。

目次

1 体つくり運動　20

2 器械運動　56

3 陸上運動　144

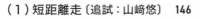

4 ボール運動 206

5 水泳 226

6 集団行動 238

【コラム】知っておきたい！ アフォーダンス理論の基本用語と考え方……佐分利敏晴

1

体つくり運動

（1）体ほぐし

1　授業における主張

　体ほぐしは、いろいろな手軽な運動や律動的な運動を行う。そして自分の体に気づき、体の調子を整え、仲間と交流を図っていくことがねらいである。体を動かす楽しさ、心地よさを体験する。能力に応じた課題を解決し、運動の喜びや楽しさを指導していく。

> 1．体の気づき
> 2．体の調子を整える
> 3．仲間と交流

2　指導計画（6時間扱い）

第一次：　学習計画を立て、グルーピングをする。
　　　　　自分の能力に合ったやさしい動きができる。
　　　　　　　　　　　　　　……………………2時間
第二次：　新しい動きに挑戦してできる。
　　　　　　　　　　　　　　……………………2時間
第三次：　新しい動きを工夫してできる。
　　　　　　　　　　　　　　…………………… 2時間

> **体ほぐしの習熟過程**
> ①みんなが知っている運動
> ②仲間と一緒に行える運動
> ③競争的でない運動
> ④誰でも楽しめる運動
> ⑤簡単に取り組める運動

3　単元全体の指導

（1）目標
- 新しい動きに挑戦してできる。
- 器具や用具を点検し、互いに協力して練習できる。

（2）準備物：新聞紙、タオル、体操用棒

（3）展開

指示1　太鼓に合わせて走ります。いろいろな方向に動きます。太鼓がなったら止まります。前向き走、後ろ向き走、スキップ、ギャロップで走ります。
- ◆ルールを守り、楽しく走ることができる。
- ◆子供が運動を喜び、楽しい授業になるように、強制ではなく、自分の意思で行い、運動の楽しさを体感させていく。

説明1　新聞紙を使った運動には、次の動きがあります。①1人で操作する。②2人で操作する。③集

前向き走・後ろ向き走

スキップ

太鼓に合わせて走る

団で操作する。

指示2 1人で操作する動きには、「新聞紙ダッシュ」があります。①お腹につけて走ります。②新聞紙が落ちないように走ります。③背中につけて後ろ向きで走ります。

◆1枚の新聞紙をお腹につけて自由に走らせる。

◆最初は短い距離を走り、慣れてきたら長い距離に挑戦させる。

お腹につけて走る

発問1 新聞紙が落ちないように走るには、どうしたらよいですか。

A：新聞紙を横にする

B：新聞紙を縦にする

◆どちらがよいか、挙手させる。人数を数えて板書する。体験をもとに理由を発表させる。

指示3 実際にやって確かめます。どちらがよかったですか。

◆ゆっくり走ったり、速く走ったりして実際にやって確かめさせる。

◆友達の動きを見て、よい動きを見つけさせる。

新聞紙を横にする

説明2 新聞紙は縦にすると落ちません。横よりも縦の方が体に密着するので、落ちにくいです。

指示4 2人で操作する動きには、「新聞紙キャッチ」があります。2人1組になります。①1人が新聞紙を投げます。②もう1人が新聞紙をキャッチします。③手だけでなく、頭や足などの様々な部分を使ってキャッチします。

◆2人1組になり、1枚の新聞紙を使って行わせる。

◆新聞紙が床に落ちないようにキャッチさせる。

新聞紙キャッチ

発問2 新聞紙が落ちないようにキャッチするには、どうしたらよいですか。

A：新聞紙を低く投げる　B：新聞紙を高く上げる

◆どちらがよいか挙手させる。人数を数えて板書する。体験をもとに理由を発表させる。

指示5 実際にやって確かめます。どちらがよかったですか。

◆新聞紙を低く投げたり、高く投げたりして実際にやって確かめさせる。

頭でキャッチ

(1) 体ほぐし

説明3 新聞紙は高く上げるとキャッチできます。高
　　　く上げるほどキャッチまでの時間ができ、キャッ
　　　チしやすくなります。

指示6 集団で操作する動きには、「新聞紙リレー」が
　　　あります。4人1組になります。①お腹につ
　　　けて走ります。②新聞紙が落ちないように走
　　　り、次の人にタッチし、速く終わったチーム
　　　が勝ちです。
　　　◆新聞紙が床に落ちないようにリレーをさせる。

発問3 新聞紙が落ちないようにリレーするには、ど
　　　うしたらよいですか。
　　　◆子供からは「新聞紙を落とさない」「タッチ
　　　　を早くする」などの考えが出る。理由を発
　　　　表させる。

指示7 実際にやって確かめます。どちらがよかった
　　　ですか。
　　　◆新聞紙を落とさない。タッチを早くする。
　　　　両方の考えを確かめさせる。

説明4 新聞紙リレーは、新聞紙を落とさないでタッ
　　　チを早くするとよいです。

指示8 タオルを使った運動には、次の動きがありま
　　　す。①1人で操作する。②2人で操作する。
　　　③集団で操作するなどです。

指示9 1人で操作する動きには、「タオル投げ・捕る」
　　　があります。①タオルを投げて、手でキャッ
　　　チします。②タオルを投げて、手でキャッチ
　　　する間に拍手をします。
　　　◆タオルを上に高く投げて、低い姿勢でキャッ
　　　　チさせる。

発問4 タオルが落ちてくる間にたくさん拍手をする
　　　には、どうしたらよいですか。
　　　A：タオルを高く上げる
　　　B：姿勢を低くする
　　　◆どちらがよいか、挙手させる。人数を数え
　　　　て板書する。体験をもとに理由を発表させる。

指示10 実際にやって確かめます。どちらがよかった
　　　ですか。
　　　◆両方の動きを実際にやって確かめさせる。
　　　◆友達の動きを見て、よい動きを見つけさせる。

新聞紙を落とさない

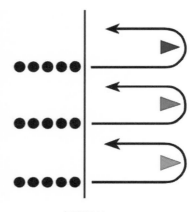

新聞紙リレー

タオル投げ・捕る

説明5	タオルを高く上げるとたくさん拍手ができます。

指示11	2人で操作する動きには、「タオル引き」があります。2人1組になります。①お互いにタオルの端と端を持って引き合います。②スタートの合図で引き合い、ゴールまで引っ張れた方の勝ちとします。

◆手を急に離さないようにさせる。

タオル引き

発問5	タオル引きで相手に勝つには、どうしたらよいですか。

A：腰を低くする　B：腰を高くする

◆どちらがよいか、挙手させる。人数を数えて板書する。体験をもとに理由を発表させる。

指示12	実際にやって確かめます。どちらがよかったですか。

◆両方の動きを行い、確かめさせる。

説明6	タオル引きで相手に勝つには、腰を低くして、相手より重心を下げます。

腰を低くする

指示13	集団で操作する動きには、「タオル引きリレー」があります。2人1組になります。①1人がタオル（ぞうきん）に乗り、もう1人がタオルを引きます。②順番にタオル引きリレーをします。

◆スピードを落とさないで、リレーができる。

◆途中で崩れたら、その場でやり直しをさせる。

発問6	タオル引きリレーで勝つにはどうしたらよいですか。

A：タオルを強く握る

B：タオルから落ちない

◆どちらがよいか、挙手させる。人数を数えて板書する。体験をもとに理由を発表させる。

スピードを落とさないでリレー

指示14	実際にやって確かめます。どちらがよかったですか。

◆両方の動きを行い、確かめさせる。

説明7	タオル引きリレーは、タオルを強く握り、タオルから落ちないようにするとよいです。

指示15	めあてが達成できたかをルーブリックで評価し、まとめをします。

指示16	用具を片付けて、整理運動をします。グループで協力します。

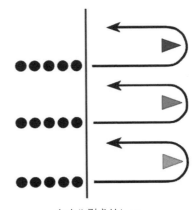

タオル引きリレー

⑴ 体ほぐし

4 アフォーダンス理論を取り入れた場づくり

手順：①新聞紙ダッシュを行う。②友達と競争を行う。③新聞紙リレーを行う。④タオル投げ・捕るを行う。⑤タオル引きを行う。⑥タオル引きリレーを行う。

ステップ1：新聞紙ダッシュを行う

- 新聞紙をお腹につけて落ちないように自由に走る。
- 新聞紙が床に落ちないためには、どんな工夫をしたらよいかに気づかせる。
- 新聞紙を横よりも、縦にすると走りやすいことを見つける。
- 最初は短い距離を走り、慣れてきたら長い距離に挑戦させる。

新聞紙をお腹につけて、落ちないように走る

ステップ2：友達と競争を行う

- 1人で新聞紙を落とさないように走れたら、友達と競争をして楽しむ。
- 新聞紙の位置、大きさを調整する中で、一番よい位置、大きさを見つける。
- 友達と競争する中で、走る歩幅や腕振りがよくなっていくようにする。
- 全力で走ることによって、新聞紙走りの楽しさを体得させる。

友達と競争をして楽しむ

ステップ3：新聞紙リレーを行う

- 新聞紙をお腹につけ、床に落ちないようにしてリレーを行う。
- 上手に動いている子供をほめて、よい動きに気づかせる。
- チームの人が気持ちを合わせて、同じリズム、テンポで走れるコツを見つける。
- 途中で新聞紙を落とさないようにする。落ちそうになったら、スピードを落とすとよいことに気づかせる。

2人1組で新聞紙リレーをする
新聞紙を落とさないように走る

ステップ4 ：タオル投げ・捕るを行う

● タオルを上に投げて、手でキャッチする。

● 慣れてきたら、タオルを上に投げて手で
キャッチする間に、拍手を行う。

● 拍手の回数を多くするには、タオルを上
に高く投げて、低い姿勢でキャッチするこ
とに気づかせる。

● どのくらいの高さがよいのか、何度も試
す中で一番よい高さに気づいていく。

タオルを上に投げて、手でキャッチする
拍手の回数を多くするには、
タオルを高く上げ、低い姿勢で捕る

ステップ5 ：タオル引きを行う

● 2人1組でタオルの端と端を持って引き合
う。

● スタートの合図で引き合い、ゴールまで
引っ張れた方の勝ちとする。

● 腰を低くして、重心を下げると相手に勝
てることが分かる。

● どのくらいの力がよいかを調整しながら、
コツを発見していく。

2人1組でタオルの端と端を持って引き合う
腰を低くして、重心を下げると相手に勝てる

ステップ6 ：タオル引きリレーを行う

● 順番にタオル引きをして、リレーを行う。

● 1人がタオルを引き、もう1人がタオル（ぞ
うきん）に乗る。乗ったタオルから落ちな
いようにする。

● スピードを落とさないで、タオル引きリレー
ができる。

● タオルに乗っている人は、できるだけ低
い姿勢になるとよいことに気づく。

● 何度も調整していく中で、2人の最適な
タイミングを見つけさせる。

順番にタオル引きをして、リレーを行う
タオル（ぞうきん）に乗っている人は、
低い姿勢で重心を後ろにする

P.30のQRコードから動画にアクセス可能

5 追試結果

報告者：金子真理／高知市立横内小学校／対象学年：4年生

⑴ 体感覚（知覚）や意識の変容（男子17人／女子15人：計32人）

【子供たちの発見と表現】

①引っ張る時は、腰を低くしたらできた。

②タオル引きですぐに引っ張られてしまうので、もっと手に力を入れて腰を落とせばよいことが分かった。

③タオルを投げる時は、小さくすると高く投げられる。

④小さくすると落ちてくるのが早くなって取りにくくなった。

⑤タオル引きでは、タオルの奥の方（相手に近く）を持つと引っ張りやすい。

⑥新聞ダッシュは、新聞紙を横にした方が、走る時に新聞が邪魔にならずに走りやすい。

【教師の考察】

①新聞紙ダッシュは、ルーブリックを見て、ほとんどの子供が落とさずに走れていた。

②新聞紙キャッチは、ペアで活動するので、にこにこと楽しそうに活動していた。いろいろな場所でキャッチしようとして、投げた新聞紙に集中している子供ができるようになっていた。

③新聞紙リレーは、勝ち負けにこだわっている子供もいたが、コーンの回り方を意識して、急に曲がらないように気をつけることで、落ちずに回れる子供が増えた。

④タオル投げ・捕るは、ルーブリックを見ながら、低い位置を意識していた方が取りやすそうであった。

⑤タオル引きは、どうしたら相手に勝てるようになるのか話し合った後には、腰を低くしたり、両手で持って引っ張ったりして力を入れて引くことができるようになっていた。

⑥タオル引きリレーは、タオルに乗っている人が座って、タオルをしっかりと持つことで、引っ張っても手が離れずに、速く引くことができるようになった。

⑵ 記録の変容（男子17人／女子15人：計32人）

項　目	初めての試技直後			指導後		
	男　子	女　子	計	男　子	女　子	計
新聞紙ダッシュ	11 人	7 人	18 人	13 人	10 人	23 人
新聞紙キャッチ	12 人	8 人	20 人	10 人	8 人	18 人
新聞紙リレー	12 人	7 人	19 人	13 人	9 人	22 人
タオル投げ・捕る	14 人	9 人	23 人	12 人	8 人	20 人
タオル引き	5 人	7 人	12 人	8 人	5 人	13 人
タオル引きリレー	11 人	7 人	18 人	12 人	6 人	18 人

評価基準：指導前と指導後で、それぞれ、ルーブリックの「◎（よくできた）」の基準を達成した子供の人数を記載。

【教師の考察】

①新聞紙ダッシュは、はじめからあまり落とす人はいなかった。1つの原因としては、体育館が暑く、汗をかいていたので、くっつきやすかったのではないかと考えられる。全体で縦向

け、横向けどちらがよいのかを理由も言わせることで、それまで意識してやっていなかった子供も考えることができ、自分にとってどちらがやりやすいのかを実際にやってみて確認して、決めることができていた。

②新聞紙キャッチは、20人から18人に減っていた。ルーブリックに書いてあるやり方を見て、1つずつ次のレベルに挑戦することで、達成することができていた。捕り方を出し合い、どの方法がよいのかを考えることはできた。そのため、コツが分かったとチェックしている子供は多かったが、2人ペアで行うため時間がかかり、指導後に十分な時間が確保できなかったこともあり、「よくできた」の数が少なくなったのではないかと考えられる。

③新聞紙リレーは「よくできた」と答えた子供が19人から22人に増えていた。繰り返すことでルールが分かり、落とさないように走るコツをつかんだからではないかと思われる。

④タオル投げ・捕るでは、23人から20人に減っていた。原因としては、2回目の実施は7月になり、体育館で授業することができず、狭い部屋で天井も低かったため、やりにくかったのではないかと考えられる。人とぶつからないように広さを確保することで、捕りやすさも変わってくるのではないか。

⑤タオル引きは、子供の人数はそれほど変化しなかったが、見ていて一番変化が大きい運動であった。最初は、片手で引いたり、ほとんどの子供が立ったまま引っ張り合っていたりしたが、指導後は両手でしっかりとタオルを持ち、腰を落として引っ張る子供が増えた。子供にとって一番なじみのない運動で、指導前にはルーブリックを見てもやり方が分からなかったと考えられる。また、場所が狭かったため、男子の動きを女子が見て、女子の動きを男子が見ていたため、よい技のコツのイメージを持てたのではないかと考えられる。

⑥タオル引きリレーは、あまり人数に変化がなかった。大きな原因は、時間があまりとれず、ルールがしっかりと分かっていない子供もいたことが考えられる。やってみると、2人ペアで引き合った後に、どこで乗る人と引っ張る人が交代するのかやり方がよく分からず、やり方が合っていたのか不明であった。

【成果と今後の課題】

　課題は、ペアの運動やリレーなどのルールがある運動である。ペアになると、相手に合わせて動かなければいけないので、運動としては難しくなっていたと感じた。リレーなどはルールがあり、それを短い時間でどのように理解させるのかも課題である。

　この学年の子供は、コロナ元年に小学1年生だったため、ペアや集団の活動経験が少なく、余計に人と運動を合わせることやルールのある運動に困難さがあるのではないかと考えられる。

　今まで通りの手立てだけでなく、していない運動、足りていない運動があることを常に念頭に置きながら、授業を進めていく必要があると思われる。

⑴ 体ほぐし

 レベルアップ ルーブリック　体<ruby>から<rt>からだ</rt></ruby>ほぐし

年<ruby><rt>ねん</rt></ruby>　組<ruby><rt>くみ</rt></ruby>　番<ruby><rt>ばん</rt></ruby>（　　　　　　　　　　　　　）

ステップ	項目 （こうもく）	内　容 （ないよう）				評価 （ひょうか）
		◎よくできた	○できた	△もう少し （すこ）	❇ワオ！ 右下の四角に （みぎした しかく） ☑をいれよう。	◎○△
1	新聞紙ダッシュ （しんぶんし） を行う。 （おこな）	新聞紙を （しんぶんし） お腹につけて、 （なか） 速いスピードで、 （はや） 落とさないで （お） 走れる。 （はし）	新聞紙を （しんぶんし） お腹につけて、 （なか） 落とさないで （お） 走れる。 （はし）	新聞紙を （しんぶんし） お腹につけて （なか） 走れる。 （はし）	新聞紙を （しんぶんし） 落とさないで （お） 走るコツが （はし） 分かる。 （わ）	
2	新聞紙キャッチ （しんぶんし） を行う。 （おこな）	新聞紙を （しんぶんし） 落とさないで、 （お） 頭、肩、背中、 （あたま かた せ なか） 手、足で （て あし） キャッチできる。	新聞紙を （しんぶんし） 落とさないで、 （お） 頭、肩、 （あたま かた） 手、足で （て あし） キャッチできる。	新聞紙を （しんぶんし） 落とさないで、 （お） 頭、手、足で （あたま て あし） キャッチできる。	いろいろな ところでキャッチ できることに 気づく。 （き）	
3	新聞紙リレー （しんぶんし） を行う。 （おこな）	新聞紙を （しんぶんし） 落とさないで、 （お） 素早く （すばや） タッチして リレーできる。	新聞紙を （しんぶんし） 落とさないで、 （お） 協力して （きょうりょく） リレーできる。	新聞紙を （しんぶんし） 落とさないで、 （お） リレーできる。	新聞紙リレーの （しんぶんし） ルールが分かる。 （わ）	
4	タオル投げ・捕る （な）（と） を行う。 （おこな）	タオルを 高く投げ、 （たか な） 拍手を3回して、 （はくしゅ かい） 低い位置で （ひく いち） 捕れる。 （と）	タオルを 高く投げ、 （たか な） 拍手を2回して、 （はくしゅ かい） 捕れる。 （と）	タオルを 高く投げ、 （たか な） 拍手を1回して、 （はくしゅ かい） 捕れる。 （と）	タオルを 高く上げる （たか あ） コツを 見つける。 （み）	
5	タオル引き （ひ） を行う。 （おこな）	タオル引きで、 （ひ） 腰を低くして、 （こし ひく） 相手に3回 （あいて かい） 勝てる。 （か）	タオル引きで、 （ひ） 腰を低くして、 （こし ひく） 相手に2回 （あいて かい） 勝てる。 （か）	タオル引きで、 （ひ） 相手に1回 （あいて かい） 勝てる。 （か）	タオル引きで （ひ） 勝つコツを （か） 見つける。 （み）	
6	タオル引きリレー （ひ） を行う。 （おこな）	タオル （ぞうきん）から 落ちないで、 （お） 素早くタッチして （すばや） リレーできる	タオル （ぞうきん）から 落ちないで、 （お） 協力して （きょうりょく） リレーできる。	タオル （ぞうきん）から 落ちないで （お） リレーできる。	タオル引き （ひ） リレーの ルールが 分かる。 （わ）	

知っておきたい！ アフォーダンス理論の基本用語と考え方

1. 環境——私たちが日々暮らす、アフォーダンスの在処

　環境は、私たち身体を持って知覚する動物をすっかり包囲している。そして、様々なスケールの「情報」、意味や価値、性質がそこに埋め込まれている。それらの「情報」が動物によって知覚され、行為に利用される。環境はアフォーダンスの在処であり、宝庫なのだ。

　環境は動物を生存可能にするための様々な性質を持つ。光を通すこと。音を伝えること。においが拡散すること。均質であること。呼吸できること。これらは環境中を満たしている媒質(medium)が持つ性質であり、動物に呼吸と知覚、移動を可能にしている。他にも環境が持つ、生き物が生存することを可能にする性質がある。動物の身体を支えられるほどに地面が広く、固いこと。営巣でき、暮らせること、など。これらは陸上の動物が生きるために必要な、地面(地球)が持っている性質である。

　環境にはたくさんのオブジェクト(対象)がレイアウト(配置)されている。そこに動物が生きるために必要な意味、価値、性質が埋め込まれており、動物はそこで身体を動かして行為する。

　本書で取り上げられている「場」とは、「体育」の「環境」である。

　しかし、例えば固い地面はけがをする原因でもあり、初心者には厳しい環境である。だから、マットを敷くなどして調整する。

　動物は、ビーバーのダムづくりや鳥たちの巣づくりなどのように、環境を自分が暮らしやすいようにつくり替えることがあり、特にヒトはその能力に長けている。また、ヒトの身体は動物の中でもユニークな構造と動きを獲得している。また、ヒトは身体を動かすことそのものに意味を発見したり、別の意味を付与して何かを表現したりする。

　体育という授業は、子供が環境の中で身体を動かす。そして、その延長上にある「遊び」「スポーツ」「競技」「表現」「健康」「養生」などに派生し、発展していく。

　身体を動かすことが「競技」や「表現」になっていく中で、ヒトは適切に整えられ特定の条件を備えた「場」「環境」をつくり上げるようになった。体育館や競技場、競泳用プールなどの設備がそれである。

　「身体を動かしたい」さらには「上手くなりたい」というヒトの欲求は果てしないかのようである。そのために身体がつくり替えられ、環境もまたつくり替えられていく。

　身体を動かす環境として、ヒトは競技場、体育館、壁や場所を整備している。体育の「環境」＝「場」もまた、適切に整えられる必要があるだろう。

(2) 多様な動きをつくる運動①

1 授業における主張

　体つくりは、「体の基本的な動き」を総合的にバランスよく身につけることをねらいとしている。これによって、無駄な動作を少なくし、動きの質を高めていくことができる。用具を使用しない多様な動きをつくる運動で、体つくりの楽しさを体験する。能力に応じた課題を解決し、運動の喜びや楽しさを指導していく。

> 1．基本的な動きを知る
> 2．バランスよく身につける
> 3．動きの質を高める

2 指導計画（6時間扱い）

第一次：　学習計画を立て、グルーピングをする。
　　　　　自分の能力に合ったやさしい動きができる。
　　　　　　　　　　　　　　　　………………… 2時間
第二次：　用具を使用しない、新しい動きに挑戦してできる。　　　　　　………………… 2時間
第三次：　用具を使用しない、新しい動きを工夫してできる。　　　　　　………………… 2時間

> **多様な動きをつくる運動の習熟過程**
> ①体のバランスをとる運動
> ②体を移動する運動
> ③用具を操作しない運動
> ④用具を操作する運動
> ⑤力試しの運動

3 単元全体の指導

（1）目標
　●新しい動きに挑戦してできる。
　●器具や用具を点検し、互いに協力して練習できる。
（2）準備物：カラーコーン
（3）展開

指示1　太鼓に合わせて走ります。いろいろな方向に動きます。太鼓がなったら止まります。前向き走、後ろ向き走、スキップ、ギャロップで走ります。
　　　◆ルールを守り、楽しく走ることができる。
　　　◆子供が運動を喜び、楽しい授業になるように、強制ではなく、自分の意思で行い、運動の楽しさを体感させていく。

前向き走・後ろ向き走

スキップ

太鼓に合わせて走る

説明1 多様な動きをつくる運動には、次の動きがあります。

①1人で運動する　②2人で運動する

指示2 1人で操作する動きには、「片足立ち」があります。

①手を水平にします。②片足を上げ、ももを高く上げます。③慣れてきたら目を閉じます。

◆バランスが崩れたら、両足を着ける。

◆目をつぶることで、さらに難易度が増す。

発問1 片足立ちを長くするにはどうしたらよいですか。

A：両手を水平にする　B：両手をさげる

◆どちらがよいか、挙手させる。人数を数えて板書する。体験をもとに理由を発表させる。

指示3 実際にやって確かめます。どちらがよかったですか。

◆手を水平にするとバランスが取れることを確かめさせる。

◆友達の動きを見て、コツを見つけさせる。

説明2 片足立ちは両手を水平にして、目をあけて行うと長い時間できます。次は、手で足首を持ちます。それができたら飛行機のポーズになります。

指示4 2人で片足立ちをします。2人1組になります。

①向かい合います。②2人でバランスがとれている時間を競います。③長く足を上げていた方が勝ちです。

◆相手を変えて、多くの相手とできる。

◆①水平、②手で足首を持つ、③飛行機のポーズ、だんだんと難しい動きに挑戦させる。

発問2 2人で行う片足立ちで、相手に勝つにはどうしたらよいですか。

A：お腹に力を入れる　B：足に力を入れる

◆どちらがよいか挙手させる。人数を数えて板書する。体験をもとに理由を発表させる。

指示5 実際にやって確かめます。どちらがよかったですか。

◆お腹に力を入れたり、足に力を入れたりして実際にやって確かめさせる。

片足立ち

足首を持つ

飛行機のポーズ

指示6　お尻歩き運動には、次の動きがあります。
①１人で運動する。②２人で運動する。③集団で運動する。

指示7　１人のお尻歩きは、①手を使わずに長座した状態で動きます。②お尻をできるだけ素早く動かします。
◆目線はまっすぐにする。
◆最初は短い距離を歩き、だんだん距離を長くする。

お尻歩き

発問3　お尻歩きを長くするには、どうしたらよいですか。
A：足を強く動かす
B：片方のお尻を浮かす
◆どちらがよいか、挙手させる。人数を数えて板書する。体験をもとに理由を発表させる。

指示8　実際にやって確かめます。どちらがよかったですか。
◆両方の動きを実際にやって確かめさせる。
◆友達の動きを見て、よい動きを見つけさせる。

片方のお尻を浮かす

説明3　片方のお尻を浮かして、交互に動かすとよいです。

指示9　次は２人のお尻歩きがあります。
①２人１組で横向きに並んでお尻歩きをします。②２人１組で縦向きに並んでお尻歩きをします。
◆２人の動きを合わせて、テンポよくさせる。
◆背骨を中心にして、バランスよく歩かせる。

交互にお尻を浮かす

発問4　２人のお尻歩きでテンポよく行うには、どうしたらよいですか。
A：黙って行う　B：声を出して行う
◆どちらがよいか、挙手させる。人数を数えて板書する。体験をもとに理由を発表させる。

指示10　実際にやって確かめます。どちらがよかったですか。
◆両方の動きを行い、確かめさせる。

説明4　２人のお尻歩きでテンポよく行うには、「いち、に、いちに」と声を出して歩くとよいです。

指示11　肘・膝タッチの動きには、次の動きがあります。
①１人で運動　②２人で運動　③集団で運動

２人のお尻歩き

指示12 肘・膝タッチの動きは、①その場で、右肘を左膝にタッチします。②次は、左肘を右膝にタッチします。

◆その場で、右肘を左膝にタッチさせる。

◆次は、左肘を右膝にタッチさせる。

発問5 肘・膝タッチの動きをよくするには、どうしたらよいですか。

A：腰の骨を立てる　B：背中を丸くする

◆どちらがよいか、挙手させる。人数を数えて板書する。体験をもとに理由を発表させる。

指示13 実際にやって確かめます。どちらがよかったですか。

◆両方の動きを行い、確かめさせる。

説明5 肘・膝タッチは、背骨を立てるとよいです。

指示14 2人で肘・膝タッチをします。2人1組になります。

①2人1組で横向きに並んで行います。②2人1組で縦向きに並んで行います。

◆相手を変えて、多くの相手とさせる。

◆最初は歩きながら、次は走りながらさせる。

指示15 4人で肘・膝タッチをします。4人1組になります。

①4人1組で横向きに並んで行います。②4人1組で縦向きに並んで行います。

◆相手を変えて、多くの相手とさせる。

◆最初は歩きながら、肘・膝タッチをさせる。次は走りながら、肘・膝タッチをさせる。

指示16 背骨を中心にして、肘と膝を左右交互にタッチできるようにします。

◆4人が動きをそろえて、同じリズム、テンポで走れるようにします。

指示17 めあてが達成できたかをルーブリックで評価し、まとめをします。

指示18 用具を片付けて、整理運動をします。グループで協力します。

2人で横に並んで行う

2人で向かい合って行う

4人で横向きに並んで行う

4 アフォーダンス理論を取り入れた場づくり

手順：①片足立ちを行う。②2人で片足立ちを行う。③お尻歩きを行う。④2人でお尻歩きを行う。⑤肘・膝タッチを行う。⑥2人で肘・膝タッチを行う。

ステップ1 ：片足立ちを行う

- 両手を水平に上げる。片足を上げ、ももを水平にする。慣れてきたら、目を閉じて行う。
- 最初はももが水平でなくてもよい。左右の足で10秒間、できるようにする。
- 片手で片方の足首を持ち、片足で立つ。体を少し前に倒すとやりやすいことに気づく。足首を持つ手をしだいに上げていく。
- 最後は両手を水平にし、飛行機のポーズになる。

できる人は目を閉じて

ステップ2 ：2人で片足立ちを行う

- 2人で片足立ちを行う。相手と同じ動きをすることで、長く片足立ちができることに気づく。
- 慣れてきたら、どちらが長く片足立ちができるか競争する。相手よりも長くできるコツを見つける。
- 片手で片方の足首を持ち、片足で立つ。飛行機のポーズになるなどの動きにも挑戦させる。

両手を水平にする

ステップ3 ：お尻歩きを行う

- 手を使わずに、長座した状態で、片方のお尻を上げて、できるだけ素早く動く。
- 目線はまっすぐにして、お尻を回転軸にして動くと、歩きやすいコツを見つける。
- 片方のお尻を浮かせて交互に動くと早く歩けることに気づく。
- 最初は短い距離を歩き、だんだん距離を長くする。

手を使わずに、片方のお尻を上げて、素早く動く

ステップ4：2人でお尻歩きを行う

- 2人1組で横向きに並んで、お尻歩きをする。次は縦向きに並んで、お尻歩きをする。
- 「いちに、いちに」と声を出して歩くと、動きが合わせやすいことに気づく。
- 背骨を中心にしていくと2人の動きが合い、テンポよく歩けることに気づく。
- どのくらいのスピードがよいのかを、何度も試す中でリズムよく歩けるコツに気づいていく。

2人1組で、横向きや縦向きに並んで
お尻歩きを行う

ステップ5：肘・膝タッチを行う

- その場で、右肘を左膝にタッチする。次は、左肘を右膝にタッチする。
- ももは水平まで高く上げ、肘をタッチするとスムーズにできることに気づく。
- 背中が丸くならないように腰骨を立ててできると動きやすいことに気づく。
- どのくらいのスピードがよいかを調整しながら、歩いたり走ったりできるようにする。

右肘を左膝にタッチ。次は左肘を右膝にタッチ

ステップ6：2人で肘・膝タッチを行う

- 2人1組で横向きに並んで、歩きながら肘・膝タッチをする。次は、縦向きに並んで、歩きながら肘・膝タッチをする。
- 2人の動きがシンクロするように、相手の動きに合わせて歩けるようにする。
- スムーズに歩けるようになったら、走りながらリズミカルに行う。
- 肘を膝にタッチするタイミングをつかみ、リズミカルにできるコツを見つける。
- 背骨を中心にして、肘と膝を左右交互にタッチできる練習をする。

2人1組で横向きに並んで、走りながら、
肘・膝タッチをする

P.39のQRコードから動画にアクセス可能

⑵ 多様な動きをつくる運動①

5 追試結果

報告者：小野宏二／島根県公立小学校／対象学年：４年生

(1) 体感覚（知覚）や意識の変容（男子15人／女子16人：計31人）

【子供たちの発見と表現】

①お尻歩きで足を上に上げると進む時がある。

②お尻歩きは１回１回上げた方が速い。

③お尻を片方ずつ動かしたら、速く進めた。

④肘・膝タッチは背すじを伸ばすとよかった。

⑤２人で合わせて肘・膝タッチをするには、かけ声が大切だと思った。

【教師の考察】

　　子供たちの動きが一番変化したのは、お尻歩きだった。はじめにやった時は、その場で全く前に進めない子供や、なかなか前に進めない子供がいた。お尻歩きを長くするには、足を強く動かす方がよいか、片方のお尻を浮かす方がよいか発問して、実際に子供にやって確かめさせた。子供たちはお尻を浮かすと長く進めることが分かり、動きが変わった。

(2) 記録の変容（男子15人／女子16人：計31人）

項　目	初めての試技直後			指導後		
	男　子	女　子	計	男　子	女　子	計
片足立ち	15　人	16　人	31　人	15　人	16　人	31　人
２人で片足立ち	7　人	11　人	18　人	8　人	10　人	18　人
お尻歩き	6　人	12　人	18　人	9　人	15　人	24　人
２人でお尻歩き	6　人	10　人	16　人	7　人	10　人	17　人
肘・タッチ	10　人	14　人	24　人	11　人	15　人	26　人
２人で肘・タッチ	6　人	11　人	17　人	8　人	9　人	17　人

評価基準：指導前と指導後で、それぞれ、ルーブリックの「◎（よくできた）」の基準を達成した子供の人数を記載。

【教師の考察】

　　一番変化したのは、お尻歩きである。子供たちがお尻を片方ずつ浮かすと長く進めるというテクニカルポイントが分かったことが大きな原因である。肘・膝タッチは、◎（よくできた）の人数はあまり変わらないが、背筋が曲がっていた子供が伸ばしてできるようになった。これも発問を通して、腰の骨を立てると動きがよくなることに子供が気づいたからである。

【成果と今後の課題】

　　子供たちがいろいろな動きを体験できたことがよかった。子供たちは楽しそうに運動していた。またお尻歩きや肘・膝タッチは、発問を通して、子供たちはテクニカルポイントが分かり、動きが変わったことは大きな成果である。２人で動きを合わせるには、かけ声をかけるとよいことに気づいた子供がいた。それを活かして２人の動きを合わせることが今後の課題である。

年　組　番　（　　　　　　　　　　　　　）

ステップ	項目	内容				評価
		◎よくできた	○できた	△もう少し	❀ワオ! 右下の四角に☑をいれよう。	◎○△
1	片足立ちを行う。	手を水平にして、片足を上げる。ももを水平にして、10秒できる。	手を水平にして、片足を上げる。ももを水平にして、7秒できる。	手を水平にして、片足を上げる。ももを水平にして、3秒できる。	片足立ちの仕方が分かる。	
2	2人で片足立ちを行う。	2人で向かい合って、片足立ちを行う。相手に3回勝つことができる。	2人で向かい合って、片足立ちを行う。相手に2回勝つことができる。	2人で向かい合って、片足立ちを行う。相手に1回勝つことができる。	片足立ちの仕方が分かる。	
3	お尻歩きを行う。	お尻歩きで、お尻をできるだけ素早く動かし、3mできる。	お尻歩きで、お尻をできるだけ素早く動かし、2mできる。	お尻歩きで、お尻をできるだけ素早く動かし、1mできる。	お尻歩きの仕方が分かる。	
4	2人でお尻歩きを行う。	2人で横に並び、お尻歩きを行う。相手に3回勝つことができる。	2人で横に並び、お尻歩きを行う。相手に2回勝つことができる。	2人で横に並び、お尻歩きを行う。相手に1回勝つことができる。	2人お尻歩きの仕方が分かる。	
5	肘・膝タッチを行う。	背骨を立て、肘・膝タッチをある歩いて、5mできる。	背骨を立て、肘・膝タッチをある歩いて、3mできる。	背骨を立て、肘・膝タッチをある歩いて、1mできる。	肘・膝タッチの仕方が分かる。	
6	2人で肘・膝タッチを行う。	2人で横に並び、肘・膝タッチを走って、5mできる。	2人で横に並び、肘・膝タッチを走って、3mできる。	2人で横に並び、肘・膝タッチを走って、1mできる。	2人肘・膝タッチの仕方が分かる。	

（3）多様な動きをつくる運動②

1 授業における主張

　多様な動きをつくる運動は、「体の基本的な動き」を総合的にバランスよく身につけることをねらいとしている。これによって、無駄な動作を少なくし、動きの質を高めていくことができる。用具を使用する多様な動きをつくる運動で、体つくりの楽しさを体験する。能力に応じた課題を解決し、運動の喜びや楽しさを指導していく。

> 1．基本的な動きを知る
> 2．バランスよく身につける
> 3．動きの質を高める

2 指導計画（6時間扱い）

第一次：　学習計画を立て、グルーピングをする。
　　　　　自分の能力に合ったやさしい動きができる。
　　　　　………………………… 2時間
第二次：　用具を使用する、新しい動きに挑戦してできる。………………………… 2時間
第三次：　用具を使用する、新しい動きを工夫してできる。………………………… 2時間

> **多様な動きをつくる運動の習熟過程**
> ………………………………………
> ①体のバランスをとる運動
> ②体を移動する運動
> ③用具を操作しない運動
> ④用具を操作する運動
> ⑤力試しの運動

3 単元全体の指導

（1）目標
　●用具を使う、新しい動きに挑戦してできる。
　●器具や用具を点検し、互いに協力して練習できる。
（2）準備物：輪、平均台、カラーコーン
（3）展開

指示1　太鼓に合わせて走ります。いろいろな方向に動きます。太鼓がなったら止まります。前向き走、後ろ向き走、スキップ、ギャロップで走ります。
　　◆ルールを守り、楽しく走ることができる。
　　◆子供が運動を喜び、楽しい授業になるように、強制ではなく、自分の意思で行い、運動の楽しさを体感させていく。

前向き走・後ろ向き走

スキップ

太鼓に合わせて走る

指示2 多様な動きをつくる運動に、手押し相撲が
あります。両手を合わせ相手のバランスを
崩す運動です。
①両足を肩幅に開きます。②両手を胸の前
に開きます。③両手で押し合い、相手の足
が動いたら負けとします。3回戦勝負をし
て、結果が分かったら相手を交代します。
◆両手で押すだけでなく、引いてもよい。
◆フェイントをして、相手のタイミングを
外したりさせる。

両手を合わせる

発問1 手押し相撲で勝つには、どうしたらよいで
すか。
A：相手を強く押す　B：フェイントをする
◆どれがよいか、挙手させる。人数を数え
て板書する。体験をもとに理由を発表さ
せる。

指示3 実際にやって確かめます。どれがよかった
ですか。
◆相手を強く押すだけでなく、フェイント
をすると勝てることに気づかせる。
◆友達の動きを見て、コツを見つけさせる。

フェイントをする

説明1 手押し相撲で相手に勝つには、強く相手を
押したり、相手のタイミングを外したりす
るとよいです。

指示4 2人で片足立ちをし、手押し相撲をします。
①両足を肩幅に開き、片足で立ちます。②
両手を胸の前に開き、片足で押し合います。
③両手で押し合い、相手の片足が床に着い
たら負けです。3回戦勝負をして、結果が
分かったら相手を交代します。
◆相手を変えて、多くの相手とできる。

2人で片足立ちで手押し相撲

発問2 片足相撲で勝つにはどうしたらよいですか。
A：お腹に力を入れる　B：足に力を入れる
◆どれがよいか、挙手させる。人数を数え
て板書する。体験をもとに理由を発表さ
せる。

指示5 実際にやって確かめます。どれがよかった
ですか。
◆お腹に力を入れたり、足に力を入れたり

両手を胸に組んで片足相撲

して実際にやって確かめさせる。

説明2　片足相撲で相手に勝つには、強く相手を押したり、相手のタイミングを外したりするとよいです。

指示6　多様な動きをつくる運動に、平均台があります。①低い平均台をゆっくりと歩きます。②低い平均台を早足で歩きます。③高い平均台をゆっくりと歩きます。
　　◆足元を見て、手でバランスをとり歩かせる。
　　◆慣れてきたら前を見て歩かせる。

低い平均台を歩く

発問3　平均台で上手に動くには、どうしたらよいですか。A：足元を見る　B：前を見る
　　◆どれがよいか、挙手させる。人数を数えて板書する。体験をもとに理由を発表させる。

指示7　実際に確かめます。どれがよかったですか。
　　◆足元を見る、前を見る、の両方の動きをさせて、よい動きに気づかせる。
　　◆友達の動きを見て、コツを見つけさせる。

クルンッ

前を見て歩く

説明3　平均台では、手でバランスをとったり、前を見て動いたりするとよいです。

指示8　2本の平均台を歩きます。①2本の平均台をゆっくりと前や横向きで歩きます。②2本の平均台を早足で前や横向きで歩きます。
　　◆最初はゆっくりと歩き、慣れてきたら早足で歩かせる。

2本の平均台を歩く

発問4　2本の平均台を上手に動くには、どうしたらよいですか。
　　A：ゆっくり歩く　　B：速く歩く
　　◆どれがよいか挙手させる。人数を数えて板書する。体験をもとに理由を発表させる。

指示9　実際にやって確かめます。どれがよかったですか。
　　◆ゆっくり歩いたり、速く歩いたりして、実際にやって確かめさせる。
　　◆慣れてきたら、両方の動きができるようにさせる。

説明4　2本の平均台では、最初はゆっくり歩き、慣れてきたら速く歩くようにするとよいです。

横向きで歩く

指示10 フープを使った動きには、次の動きがあります。①1人で運動　②2人で運動

指示11 フープ回しの1人の運動は、①腰にフープを着けて、落ちないように回します。②右回しをしたら、次は左回しをします。
◆フープが落ちないように速い回転をさせる。
◆腰の回転がスムーズにできるようにさせる。

腰を使って回す

発問5 フープ回しの動きをよくするには、どうしたらよいですか。
A：腰を使う　B：足を使う　C：腰で回す
◆どれがよいか、挙手させる。人数を数えて板書する。体験をもとに理由を発表させる。

指示12 実際にやって確かめます。どれがよかったですか。
◆3つの動きを行い、確かめさせる。

説明5 フープ回しの動きをよくするには、腰を使うとよいです。

転がす

指示13 2人でフープ転がしをします。①2人1組になります。②フープを転がし合います。③だんだん距離を長くしていきます。
◆相手を変えて、多くの相手とできる。
◆最初は順回転、次は逆回転でさせる。

説明6 手首のスナップを使って、まっすぐ転がすようにします。

2人で転がす

指示14 2人でフープくぐりをします。①2人1組になります。②転がったフープをくぐります。③だんだんくぐる回数を多くしていきます。
◆相手を変え、多くの相手とできるようにする。
◆フープをくぐる時は、体を小さくさせる。

説明7 フープをくぐる時は、ダンゴ虫のように体をできるだけ小さくします。
◆転がしたりくぐったり、交代で行わせる。

指示15 めあてが達成できたかをルーブリックで評価し、まとめをします。

指示16 用具を片付けて、整理運動をします。グループで協力します。

輪くぐり

4 アフォーダンス理論を取り入れた場づくり

手順：①手押し相撲を行う。②2人で片足手押し相撲を行う。③1台の平均台を行う。④2台の平均台を行う。⑤1人でフープ回しを行う。⑥2人でフープ転がしを行う。

ステップ1：手押し相撲を行う

● 2人1組で手押し相撲をする。両手を合わせ相手のバランスを崩す。両手で押し合い、相手の足が動いたら負けである。

● 両手で押すだけでなくフェイントをして、相手のタイミングを外すと、動きを崩すことができることに気づく。

● 最初は軽く両手を押す。慣れてきたら少しずつ力を入れていく。どのくらいの力で押すとよいのかに気づく。

フープから足が出たら負け

ステップ2：2人で片足手押し相撲を行う

● 2人で片足立ちをする。片足立で押し相撲をする。両手で押し合い、相手の片足が床についたら負けである。

● 膝を曲げ伸ばしてバランスをとると、崩れないことに気づく。

● 両手を合わせるタイミングを調整をし、最適な動きを発見する。

体育館の中を自由に移動する

ステップ3：1台の平均台を行う

● 1台の平均台を歩く。最初は低い平均台をゆっくりと歩く。次は低い平均台を早足で歩く。速く歩くには、バランスを崩さないことに気づく。

● 高い平均台を歩くには、最初は足元を見て、手でバランスをとり歩かせる。速く歩くには、足元を見ないで、前を見て歩くとよいことに気づく。

● 最初は短い距離を歩き、コツをつかむ。

顔は正面を向き、視線のみ台へ向ける

ステップ4 ：2台の平均台を行う

- 2台の平均台歩きをする。最初は低い平均台を歩く。慣れてきたら高い平均台を歩く。動きを変化させると楽しくできることに気づく。
- 両手を水平に大きく上げ、体のバランスを取りながら歩くと速く歩けることに気づく。
- お腹のあたりの中心に集中し、力を入れていくとバランスが取れるコツが分かる。
- 上手な子供の動きを見て、何度も行う中で、速く歩けるコツを見つける。

「スイッ・トン」のリズムで足の動きを
シンクロさせるとよい

ステップ5 ：1人でフープ回しを行う

- 腰にフープを着けて、落ちないように回す。右回しをしたら、次は左回しをする。
- 腰の回転が滑らかに、スムーズにできるコツを見つける。
- 最初はゆっくりと回しコツをつかむ。次第に速く回していく中で、回すタイミングをつかみ、リズミカルにできることに気づく。
- フープが落ちないように回すには、ゆっくりより速く回すとよいことに気づく。

腰で大きく回す

ステップ6 ：2人でフープ転がしを行う

- 2人でフープ転がしをする。最初は順回転、次は逆回転で行う。手首のスナップを使うとまっすぐ転がることに気づく。
- 最初は短い距離で行い転がすコツをつかむ。慣れてきたら距離を長くして転がす。
- 順回転よりも逆回転が難しい。手首の回転や膝の使い方を工夫すると、上手に転がすことができるコツを見つける。
- フープ転がしができるようになったら、フープくぐりを行う。体を縮めて、フープをくぐる。

最初は短い距離で行う
次は長い距離で行う

P.47のQRコードから動画にアクセス可能

5 追試結果

報告者：布村岳志／北海道旭川市立春光小学校／対象学年：1年生

⑴ 体感覚（知覚）や意識の変容（男子29人／女子25人：計54人）

【子供たちの発見と表現】

①相手の手を押すようにすると力が入ってうまく押せる。
②平均台を歩くとき、下を見るとうまく歩けなかったから、前を見るとよい。
③フラフープを相手に渡す時にまっすぐ、ゆっくりと転がすようにするとうまくいく。
④体をできるだけ小さくすると、フープをくぐりやすい。

【教師の考察】

　　手押し相撲の様子から、手を押す時に力をうまく伝えられると相手をより押しやすくなることに気づいた子供がいた。反対の立場で考えると、手を強く押されなければ相手の力が伝わらないということだ。倒れにくくするためには、押されないように相手の手の動きを見るようにするとよい。

　　平均台に限らず、目線を遠くにするとよい運動はたくさんある。縄跳びも足ばかり見ていると回すことに意識は向かないし、自転車も足元を見ていたのでは事故の原因になる。

　　フープの輪くぐりは相手との呼吸が合わないといけない。回す速さに対応できなければ成功しない。速さを調整してあげることは勿論、くぐりやすい向きに転がすことも成功のために必要なことである。体を使うことの他にも気をつけるべき内容が子供から聞かれた。

⑵ 記録の変容（男子29人／女子25人：計54人）

項　目	初めての試技直後			指導後		
	男　子	女　子	計	男　子	女　子	計
手押し相撲	11　人	5　人	16　人	14　人	10　人	24　人
片足手押し相撲	6　人	3　人	9　人	9　人	6　人	15　人
1台の平均台	16　人	16　人	32　人	21　人	19　人	40　人
2台の平均台	7　人	8　人	15　人	11　人	13　人	24　人
フープ回し	12　人	16　人	28　人	18　人	20　人	38　人
フープくぐり	3　人	6　人	9　人	13　人	14　人	27　人

評価基準：指導前と指導後で、それぞれ、ルーブリックの「◎（よくできた）」の基準を達成した子供の人数を記載。

【教師の考察】

　　どこまでできるとよいか、何ができればよいのかを分かりやすく示されたルーブリックにより、子供の動きも変わるように思った。上手な子供の動きを観察している姿を見るようになってきた子供も増えていた。複数人での運動はお互いに声をかけるなど、言葉でのやりとりが必須となる。言葉がけが上手くできない子供には「〜と言ってみよう」などの支援が必要だ。

【成果と今後の課題】

　　教師が設定するルーブリックもよいが、子供から「○○ができたらスーパー1年生」のような目安が設定できると面白い。そのためにどんな場を設定するとよいのか、子供と教師が一緒に考えて運動を楽しむような展開があってもよい。

年　　　組　　　番（　　　　　　　　　　　　　　　）

ステップ	項目	内容				評価
		◎よくできた	○できた	△もう少し	❀ワオ！ 右下の四角に☑をいれよう。	◎○△
1	手押し相撲を行う。	両手で押し合い、相手の足が動いたら負けとする。相手に3回勝てる。	両手で押し合い、相手の足が動いたら負けとする。相手に2回勝てる。	両手で押し合い、相手の足が動いたら負けとする。相手に1回勝てる。	押し相撲の仕方が分かる。	
2	片足手押し相撲を行う。	片足で押し合い、相手の片足が床に着いたら負けとする。相手に3回勝てる。	片足で押し合い、相手の片足が床に着いたら負けとする。相手に2回勝てる。	片足で押し合い、相手の片足が床に着いたら負けとする。相手に1回勝てる。	片足相撲の仕方が分かる。	
3	1台の平均台を歩く。	低い平均台を早足で歩ける。高い平均台も早歩きで歩ける。	低い平均台を早足で歩ける。高い平均台をゆっくり歩ける。	低い平均台・高い平均台をゆっくり歩ける。	平均台の歩き方が分かる。	
4	2台の平均台を歩く。	2台の高い平均台を早歩きで歩ける。	2台の高い平均台をゆっくり歩ける。	2台の低い平均台をゆっくり歩ける。	2台の平均台の歩き方が分かる。	
5	1人でフープ回しを行う。	フープを落とさないで、右回し5回、左回し5回できる。	フープを落とさないで、右回し3回、左回し3回できる。	フープを落とさないで、右回し1回、左回し1回できる。	フープの回し方が分かる。	
6	2人でフープくぐりを行う。	1人がフープを転がし、もう1人が転がったフープを3回くぐる。	1人がフープを転がし、もう1人が転がったフープを2回くぐる。	1人がフープを転がし、もう1人が転がったフープを1回くぐる。	フープのくぐり方が分かる。	

(4)体の動きを高める運動

1 授業における主張

　自分に合った課題を持ち、それに挑戦し達成する喜びが味わえる工夫を図る。自分のできる縄跳びを確かめさせる。そのあといろいろな跳び方に挑戦させていく。ダブルダッチで、やさしい技から難しい技へ行っていくように指導する。

> ダブルダッチを通して個人の能力に応じた課題を解決し、縄跳び運動の喜びや楽しさ体験する。

2 指導計画（6時間扱い）

第一次：　学習計画を立て、グルーピングをする。
　　　　　今できる跳び方で、回数や種類に挑戦して
　　　　　練習できる。　………………2時間
第二次：　新しい技、ダブルダッチに挑戦してできる。　………………2時間
第三次：　身につけたダブルダッチで回数や種類に挑戦してできる。　……………… 2時間

> **ダブルダッチの習熟過程**
> ①かけ足跳び　②スキップ跳び
> ③ギャロップ跳び
> ④長縄・8の字跳び
> ⑤ダブルダッチ・シャドウ回旋
> ⑥ダブルダッチ・ロープ回旋
> ⑦ダブルダッチ・ジャンプ練習

3 単元全体の指導

（1）目標
　●新しい技、ダブルダッチに挑戦してできる。
　●器具や用具を点検し、互いに協力して練習できる。
（2）準備物：縄
（3）展開

指示1　1回旋1跳躍、1回旋2跳躍、あや跳び、交差跳び、かけ足跳び、スキップ跳び、ギャロップ跳びをします。

あや跳び・交差跳び

　◆短縄跳びでダブルダッチに必要な基礎感覚、基礎技能づくりをする。
　◆ダブルダッチができるには、短縄跳びに必要な回旋感覚、リズム感覚、跳感覚を

かけ足跳び

身につける。その後、ダブルダッチの楽
しさを体感させていく。

I 回旋 I 跳躍・I 回旋 2 跳躍

説明1 ダブルダッチは「2本の縄を逆に回す間を
跳ぶ縄跳び」です。最初、2本の縄に戸惑
い、縄に入れませんが、数時間で跳べるよ
うになります。ダブルダッチは見た目ほど
難しい運動ではありません。ダブルダッチ
を通じて、様々な力を身につけ、2本の長
縄を跳びます。いきなりはできません。次
の練習をしていくとできます。

ダブルダッチ

指示2 ロープを持たないで、シャドー回旋をします。
①足を肩幅に開き、へその高さに手がくる
　ようにし、肘を曲げます。
②肘の位置を中心にして、左右対称の大き
　な円を描くようにします。
③親指を常に上に向けます。
④手は体の中心線と肩の前を通るようにします。
⑤きれいな円が描けるようになったら、左
　右の円をロープを持たないで、半回転ず
　らして行います。

ロープを持たない

指示3 ロープを使った回旋練習をします。
①2人で向き合って、1本のロープを回し
　ます。
◆ロープを持っていない手はシャドー回旋。
◆片手ずつ、左右両方の手で行う。
◆両手にロープを持って回す。

I 本のロープを回す

②2人で向き合って、2本のロープを回し
　ます。

2本のロープを回す

(4) 体の動きを高める運動

指示4 ジャンプの練習をします。
①その場で連続跳び　②ロープを置いて跳び越す
ア：ケン・パー跳び→ケン・ケン・パー跳び
イ：連続跳び5回跳び・4回跳び・3回跳び・2回跳び
◆奇数歩の場合は右側に跳ぶ。
◆偶数歩の場合は左側に跳ぶ。

2本のロープで跳ぶ

5回跳び

4回跳び

3回跳び

ロープを置いて連続跳び

指示5 ダブルダッチのジャンプの練習をします。
最初はロープの入り方です。

発問1 跳ぶ位置はロープのどこがよいですか。
ア：右端　イ：真ん中　ウ：左端
◆どれがよいかを挙手させる。理由も考えさせる。

ア：左端　イ：真ん中　ウ：右端

指示6 どこが跳びやすいか、上手に跳べる人に跳んでもらい、確かめます。
◆真ん中が跳びやすいことを確認させる。

説明2 跳ぶ位置はロープの真ん中（できるだけ奥）がよいです。イの部分に入るのがよいです。アやウだとロープに引っかかりやすいです。

ロープの真ん中

発問2 いつロープに入ったらよいですか。

A：ロープが上に上がった時

B：ロープが下に下がった時

説明3 ロープが上に上がった時に入るのがよいです。1本のロープを見ながら、入るタイミングを合わせて入ります。

◆入るタイミングが分からない子供には、ロープが上に上がった時に、後ろから軽く背中を押してあげる。あるいは、「ハイ」などと声をかけてあげる。

ロープが上に上がった時

ロープが下に下がった時

発問3 5歩跳びの時、右側と左側どちらに踏み出しますか。4歩、3歩、2歩の時はどうですか。

ア：右側　イ：左側

2つの中から1つ選択します。上手に跳んでいる人の動きを見て、選択します。

◆跳べる子供がいない時には、写真や動画を見せる。

◆ゆっくりとロープを回して、踏み出し方を確認する。

2歩・4歩跳びの時

説明4 出る時は偶数回は右、奇数回は左へ踏み出します。

そうするとスムーズに出られます。

指示7 グループごとにダブルダッチの練習をします。

①連続跳びをする。

②連続跳びから偶数回は右、奇数回は左へ踏み出す

③片足跳び、回転跳びを練習する。

3歩・5歩跳びの時

⑷ 体の動きを高める運動

4 アフォーダンス理論を取り入れた場づくり

手順：①1本のロープ回しを行う。②2本のロープ回しを行う。③ロープを置いて連続跳びを行う。④ロープへの入り方を行う。⑤ロープからの出方を行う。⑥連続跳びを行う。

ステップ1 ：1本のロープ回しを行う

- ロープを持たないでシャドー回旋する。足を肩幅に開き、へその高さに手がくるようにして回す。
- 肘の位置を中心にして、左右対称の大きな円を描いて回す。親指を常に上に向ける。
- きれいな円を描いて、左右の円を半回転ずらして回す。

ロープを持たないでシャドー回旋

ステップ2 ：2本のロープ回しを行う

- 2人で向き合って、1本のロープを回す。ロープを持っていない手はシャドー回旋をする。
- 片手ずつ、左右両方の手で行う。それができたら、両手にロープを持って回す。
- 2人で向き合って、2本のロープを回す。回すタイミングのコツを見つける。

両手にロープを持って、2本のロープを回す

ステップ3 ：ロープを置いて連続跳びを行う

- ロープを置いて、その場で連続跳びをする。
- ロープを置いて跳び越す。ケン・パー跳び、ケン・ケン・パー跳びをする。リズミカルに跳ぶ。
- 連続跳びの5回跳び、4回跳び、3回跳び、2回跳びを行う。奇数歩は右側に跳ぶ。偶数歩は左側に立つ。奇数歩、偶数歩の両方を行う。

ロープを置いて、連続跳びをする

ステップ4 ：ロープへの入り方を行う

- ●ロープの真ん中に入る。ロープの両端は入りにくく、ロープに引っかかりやすいことに気づく。
- ●ロープの真ん中に入り、ロープが上に上がった時に入るとスムーズにできる。1本のロープを見て、入るタイミングを見つける。
- ●ロープの真ん中に入り、ロープが上に上がった時に入れるように、回し手が跳ぶ人に合わせる。

ロープの中央で、両足で跳ぶ

ステップ5 ：ロープからの出方を行う

- ●奇数回の時、ロープの左側に出る。偶数回の時は、ロープの右側に出る。
- ●慣れないとスムーズに出られない。最初はゆっくりとロープを回し、出るタイミングを合わせて跳ぶ。慣れてきたら跳ぶ回数を増やしていく。
- ●出る時、大きく踏み出すようにする。小さく踏み出すとロープに引っかかる。

出る時、大きく踏み出すようにする

ステップ6 ：連続跳びを行う

- ●ダブルダッチの連続跳びをする。跳ぶ回数を声をだしていくと跳びやすい。
- ●連続跳びから偶数回は右、奇数回は左へ出る。1回できたら回数を増やしていく。連続跳びのリズム、タイミング、スピードのコツを見つけていく。
- ●連続跳びができたら、片足跳び、回転跳びなどを練習する。いろいろなダブルダッチの跳び方を行う。

奇数回は右、偶数回は左へ出る

P.55のQRコードから動画にアクセス可能

5 追試結果

報告者：黒田陽介／東京都青梅市立第一小学校／対象学年：4年生

(1) 体感覚（知覚）や意識の変容（男子4人／女子12人：計16人）

【子供たちの発見と表現】

①最初は上手く回せなかったけれど、上手な人と「イチ、ニッ」と声を掛け合って回したら、タイミングをつかめて、上手に回せるようになった。ターナーをしていると、ジャンパーになった時にもタイミングをつかみやすくなって、縄に上手に入れるようになった。

②縄に入る時に「いま」「いま」と心の中でリズムを言うと、タイミングがつかめて、入って跳ぶことができた。上手な人のタイミングを真似すると、上手に入ることができた。

③ダブルダッチを始めてから縄跳びも上手になって、二重跳びをできるようになった。

【教師の考察】

ダブルダッチははじめて経験する運動であった。最初はどう身体を動かしてよいのか分からずにギクシャクとした動きになり、上手く跳べずにいた。動画と運動の練習ステップを見て、運動のゴールイメージができた。スモールステップで練習することで、跳べるようになる子供が出てきた。上手な子供と一緒に練習することでタイミングの取り方、掛け声の掛け方など、テクニカルポイントを意識して運動に取り組む子供が増え、動きがスムーズになり、急速に技能が上達した。

(2) 記録の変容（男子4人／女子12人：計16人）

項　目	初めての試技直後			指導後		
	男　子	女　子	計	男　子	女　子	計
シャドー回旋	1 人	4 人	5 人	4 人	9 人	13 人
ロープを持ち回旋	2 人	5 人	7 人	4 人	8 人	12 人
ジャンプの練習	1 人	2 人	3 人	3 人	9 人	12 人
入り方の練習	0 人	1 人	1 人	4 人	8 人	12 人
出方の練習	0 人	0 人	0 人	2 人	2 人	4 人
連続しての練習	0 人	0 人	0 人	2 人	3 人	5 人

評価基準：指導前と指導後で、それぞれ、ルーブリックの「◎（よくできた）」の基準を達成した子供の人数を記載。

【教師の考察】

4年生9月の実践である。休み時間（15分×10回）で実施した。指導前はダブルダッチ経験者はいなかったため、すべてがはじめて経験する運動であった。動画がとても有効で、動きをイメージして練習に取り組んだことが技能の向上に役立った。基礎感覚づくりの運動（15分）を教えた後は、子供たちが自分たちで運動に取り組むようになり、ダブルダッチブームが起こった。休み時間になると、すすんで運動に取り組んでいた。ターナーが難しく、安定して縄を回せるようになるまで時間がかかったが、ターナーを経験することで、ジャンパーの縄に入るタイミングなどを体感することができたようである。ターナーをたくさん経験した子供が、上達が早い印象があった。

【成果と今後の課題】

映像とルーブリックが有効で、休み時間でも活動を組むことができるのはよい成果である。技能の高まりも顕著であった。実質、3単位時間程度の指導となってしまったことは課題である。

年　組　番　（　　　　　　　　　　　　　　　　）

ステップ	項目	内容				評価
		◎よくできた	○できた	△もう少し	※ワオ！ 右下の四角に☑をいれよう。	◎○△
1	1本のロープ回しをする。	きれいな円を描いて、左右の円を半回転ずらして回せる。	肘の位置を中心にして、左右対称の大きな円で回せる。	足を肩幅に開き、へその高さに手がくるようにして回せる。	シャドー回旋の仕方が分かる。	
2	2本のロープ回しをする。	2人で向き合って、2本のロープを5回、回せる。	2人で向き合って、2本のロープを3回、回せる。	2人で向き合って、2本のロープを1回、回せる。	2本のロープの回し方が分かる。	
3	ロープを置いて連続跳びをする。	ロープを置いて、連続跳び5回跳びができる。	ロープを置いて、連続跳び4回跳びができる。	ロープを置いて、連続跳び2回跳びができる。	連続跳びの仕方が分かる。	
4	ロープへの入り方をする。	ロープの真ん中に入り、ロープが上に上がった時にスムーズに3回入れる。	ロープの真ん中に入り、ロープが上に上がった時にスムーズに2回入れる。	ロープの真ん中に入り、ロープが上に上がった時にスムーズに1回入れる。	ロープの入り方のコツに気づく。	
5	ロープへの出方をする。	偶数回の時は、ロープの右側に出て、奇数回の時は、ロープの左側に出られる。	偶数回の時、ロープの右側に出られる。	奇数回の時、ロープの左側に出られる。	ロープの出方のコツに気づく。	
6	連続跳びをする。	連続跳びから偶数回は右、奇数回は左へ3回出られる。	連続跳びから偶数回は右、奇数回は左へ2回出られる。	連続跳びが1回跳べる。	連続跳びのコツが分かる。	

2

器械運動

（1）マット運動　■1 後転・前転

1　授業における主張

　後転・前転は前方、後方、両方向への回転力とあごをひく体感が重要である。そのためには、ゆりかご→後転→前転の順に指導する。後転の方が前転より「あごを引く」体感ができるからである。手→後頭部→背→腰→足の順に着くようにする。そのために、子供が意欲的に活動する指導を行う。

> 1．後転から前転の順に指導する。
> 2．グーの手で後転・前転を行ってから、パーの手で行う。

2　指導計画（6時間扱い）

第一次：　学習計画を立て、グルーピングをする。
　　　　　自分の能力に合った場で練習し、やさしい技ができる。　……………………2時間
第二次：　新しい技を工夫し、それに挑戦してできる。
　　　　　　……………………2時間
第三次：　自分で身につけた技を組み合わせてできる。
　　　　　　…………………… 2時間

後転・前転の習熟過程

①ウサギ跳び　②ゆりかご
③横回り　④後転　⑤前転
⑥膝の伸びた前転
⑦開脚後転　⑧開脚前転
⑨伸膝後転　⑩伸膝前転

3　単元全体の指導

（1）目標
　●新しい動きを工夫し、それに挑戦してできる。
　●器具や用具を点検し、互いに協力して練習できる。
（2）準備物：マット、カラーコーン
（3）展開

指示1　太鼓に合わせて、自由に体育館を走ります。先生の指示があったら、動きを変えて走ります。最初は前向き走です。次はスキップ、ギャロップで走ります。止まった時に、友達とぶつからなかったら合格です。
　◆前向き走、後ろ向き走、スキップ、ギャロップで跳感覚、リズム覚、平衡感覚づくりを行う。

スキップ

前向き走・後ろ向き走

太鼓に合わせて走る

◆人と違う方向に走るようにする。合図
　があったら、ぴたりとその場に止まら
　せる。体育館のいろいろな場所に走る
　ようにする。止まった時、両手を広げ
　てぶつからないようにさせる。

指示2　カエルの倒立をします。10秒できたら合
　格です。次は足打ち跳びをします。3回打
　てたら合格です。2人1組をつくります。
　足ジャンケンをして、勝った人が足を持ち、
　負けた人が10歩手押し車をします。壁倒
　立をします。10秒できたら合格です。

◆2人1組をつくる時には、相手を選ば
　ずに、誰とでもつくれるようにする。

◆動きは正確に行い、目標を達成するよ
　うにする。よい動きをしている子供の
　動きを見せる。逆さ感覚、腕支持感覚、
　回転感覚、平衡感覚づくりをさせる。

指示3　場づくりをします。1分30秒でできたら
　「新幹線のぞみ」です。2分は「新幹線ひ
　かり」です。2分30秒は「新幹線こだま」
　です。新幹線のぞみになるように、グルー
　プで協力して行います。終わったら「終
　わりました」と言って、マットの前に座
　ります。

◆8つのグループに分かれて準備する。
　どこにマットを並べるかを確認させて
　から始める。

◆マットを引きずらないように、協力し
　てできるようにさせる。

指示4　動物歩き、アザラシ、ウサギ跳び、横回
　りをします。大きな動きができるように
　します。1人1回ずつ行います。終わっ
　たら、カラーコーンを回ってきて、マッ
　トの前に座ります。

◆マットを使った基礎感覚、基礎技能づ
　くりをする。

◆前転、ウサギ跳び、横回りで回転感覚、
　平衡感覚づくりを行う。

指示5　これからゆりかごをします。次の動きを

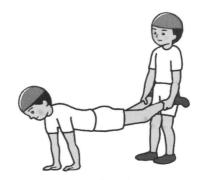

手押し車

逆立ち

クマ歩き

アザラシ

ウサギ跳び

ゆりかご

行います。

①ゆりかご：足を抱えて３回

②しゃがんだ姿勢から３回

③足をピンと伸ばして３回

④足をマットにつけて３回

◆黒板に方法を示して、その後、次の発問をして、ゆりかごのやり方を説明する。

足を抱える

発問１　ゆりかごをします。どちらのやり方がよいですか。

A：腰→背→肩→後頭部　B：腰→背→肩

◆どちらがよいと思うか挙手させる。人数を数えて板書する。それぞれの理由を発表させる。

指示６　実際にやって確かめます。どちらが回りやすかったですか。

腰→背→肩→後頭部の順に着く

説明１　腰→背→肩→後頭部の方が、大きなゆりかごになります。腰→背→肩→後頭部の順番にゆりかご①〜④まで練習します。

◆できない子供には個別指導をする。同じリズムで回れるようにする。

発問２　後転をします。どちらが回りやすいですか。

A：パー　B：グー

◆どちらがよいと思うか挙手させる。人数を数えて板書する。それぞれの理由を発表させる。

指示７　実際にやって確かめます。どちらが回りやすかったですか。

説明２　グーの方が滑らかな後転ができます。後転は、着手の時、手で押すのではなく、体を支持して回ります。

◆その時に、あごを引くと回りやすいことに気づかせる。

ポイント

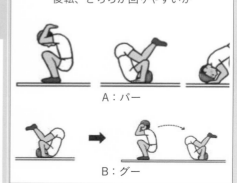

後転、どちらが回りやすいか

A：パー

B：グー

指示８　次の練習をします。何点取れるか挑戦します。最後に、グループの中で、誰が頑張ったかを発表します。

レベル１：ロイター板の坂道マット　１点

レベル２：踏み切り板の坂道マット　２点

レベル３：平らなマットで膝を着く　３点

レベル４：平らなマットで膝を着かないで１回できる

ロイター板坂道の後転

4点

レベル5：平らなマットで膝を着かないで連続3回
　　　　できる　5点

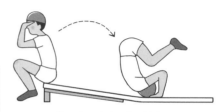

踏み切り板坂道の後転

発問3 前転をします。どちらが回りやすいです
　　　　か。A：パー　B：グー

　　◆どちらがよいと思うか挙手させる。人
　　　数を数えて板書する。それぞれの理由
　　　を発表させる。

指示9 実際にやって確かめます。どちらが回り
　　　やすかったですか。

　　A：パー　　B：グー

ポイント

前転、どちらが回りやすいか

　　◆どちらがよかったか、確認する。グルー
　　　プごとに理由を発表させる。

　　◆グーの動きがしやすくなることを説明
　　　する。グーの方が滑らかな前転ができ
　　　ることを確認させる。

　　◆後転と同じように、着手の時、手で押
　　　すのではなく、体を支持して回ること
　　　を指導する。その時に、あごを引くこ
　　　とを意識させる。

指示10 次の練習をします。何点取れるか挑戦し
　　　ます。最後に、グループの中で、誰がよ
　　　かったか発表します。

レベル1：ロイター板の坂道マット　1点

レベル2：踏み切り板の坂道マット　2点

レベル3：平らなマットで膝を着く　3点

レベル4：平らなマットで膝を着かないで1回できる
　　　　　4点

レベル5：平らなマットで膝を着かないで連続3回
　　　　　できる　5点

　　◆全員1回ずつ挑戦させる。終了後、何
　　　点とれたかを発表させる。

平らなマットで膝を着く前転

　　◆グループごとに得点を集計して、どの
　　　グループが一番頑張ったかを評価させる。

指示11 めあてが達成できたかをルーブリックで
　　　評価し、まとめをします。

　　◆自分の伸びを確かめさせる。

指示12 用具を片付けて、整理運動をします。グ
　　　ループで協力します。

平らなマットで膝を着かない前転

⑴ マット運動　１ 後転・前転

4 アフォーダンス理論を取り入れた場づくり

手順：①ゆりかごを行う。②ロイター板坂道で後転・前転を行う。③踏み切り板坂道で後転・前転を行う。④平らなマットで膝を着いて、後転・前転を行う。⑤平らなマットで膝を着かないで、後転・前転を行う。⑥連続した後転・前転を行う。

ステップ1 ：ゆりかごを行う

- 腰→背→肩→後頭部の順にゆりかごをする。最初は小さいゆりかごから始め、大きなゆりかごができるようにする。

- 最初は膝を抱えたゆりかごがやりやすいことに気づく。慣れてきたら、膝を抱えなくてもできることに気づく。

- 膝を抱える動きと抱えない動きの両方を行い、違いを体感してよりよい動きを発見する。

①体育座りではじめる
②腰→背→肩→後頭部→肩→背→腰と、順々にマットに着く
③はじめは手を着いて起き上がってもよい

ステップ2 ：ロイター板坂道で後転・前転を行う

- ロイター板坂道で後転、前転を足→後頭部→背→腰→足の順に回る。

- スムーズに回るには、足のけりや着手の位置が大事であることに気づく。

- ロイター板坂道で回ると傾斜があるので、回転スピードがつき回りやすいことに気づく。

- 最初はスムーズに連続できなくても、練習する中で最適なスピードをつかんでいく。

ロイター板坂道で回る

ステップ3 ：踏み切り板坂道で後転・前転を行う

- 踏み切り板坂道で後転、前転を足→後頭部→背→腰→足の順に回る。

- スムーズに回るには、足のけりや着手の位置が大事であることに気づく。

- 踏み切り板坂道で回ると傾斜があるので、回転スピードがつき回りやすいことに気づく。

- ロイター板坂道よりも踏み切り板坂道の方が、スピードが必要だと気づく。

踏み切り板の坂道で、
スピードをつけて溝に頭を入れて回る
腰→背中→首→頭の順に接地する

ステップ4：平らなマットで膝を着いて、後転・前転を行う

- 平らなマットで後転、前転を足→後頭部→背→腰→足の順に回る。回転して立ち上がる時、膝はマットに着いてもよい。
- 膝を着くと回りやすいことに気づく。膝を着くのと着かないのでは、どこが違うか気づく。
- スムーズに回るには、回転スピードを調整していく中で、最適なスピードを見つけていく。
- 最初はスムーズに連続できなくても、練習する中で最適なスピードをつかんでいく。

平らなマットで膝を着く。
足の裏はなめらかに着地する

ステップ5：平らなマットで膝を着かないで、後転・前転を行う

- 平らなマットで後転、前転を足→後頭部→背→腰→足の順で回る。回転して立ち上がる時、膝はマットに着かない。
- 膝を着くのと着かないのでは、どこが違うかに気づく。膝を着かないで回るには、足から先に着地するコツを見つける。
- パーで回るよりもグーで回る方が、体を支持してできるので回転しやすいことに気づく。
- スムーズに回るには、回転スピードを調整していく中で、最適なスピードを見つけていく。

平らなマットで膝を着かないで回る
マットを突き放す

ステップ6：連続した後転・前転を行う

- 連続して後転、前転を足→後頭部→背→腰→足の順番に回る。
- 連続して回るには、足のけりや着手の位置が大事であることに気づく。
- 連続して回るには、手の突き放しが必要になるので、手はパーが回りやすいことに気づく。
- 着手の時、手で押すのではなく、体を支持して回ることに気づく。その時に、あごを引くことを意識させる。
- 練習する中で最適なタイミングをつかんでいく。

あごを引いて、連続して回る

P.65のQRコードから動画にアクセス可能

5　追試結果

報告者：井上武／愛媛県南宇和郡愛南町立家串小学校／対象学年：1年生

(1) 体感覚（知覚）や意識の変容（男子4人／女子3人：計7人）

【子供たちの発見と表現】

①手がパーの時とグーの時では、グーの方が回りやすいことに気づく。

②ロイター板や踏み切り板の坂道マットでは、回転の勢いがついて回りやすいことに気づく。

③坂道マットに頭を入れる溝をつくると、首が痛くならず回れることに気づく。

【教師の考察】

①後転をする時に、手をパーにしたりグーにしたりして、どちらが回りやすいか確かめていた。グーの方がスムーズに回転することができた。

②坂道マットを使うと、回転に勢いがついて回りやすい様子であった。平らなマットでうまくいかない子供は、坂道マットに戻って練習していた。

③坂道マットで、マットを2枚使って溝をつくると首が痛くなりにくいので、子供たちも怖がらずに練習に取り組むことができた。

(2) 記録の変容（男子4人／女子3人：計7人）

項　目	初めての試技直後			指導後		
	男　子	女　子	計	男　子	女　子	計
ゆりかご	4　人	2　人	6　人	4　人	3　人	7　人
ロイター板坂道	3　人	2　人	5　人	4　人	3　人	7　人
踏み切り板坂道	3　人	2　人	5　人	4　人	3　人	7　人
平らなマット膝・着く	3　人	1　人	4　人	4　人	3　人	7　人
平らなマット膝・着かない	1　人	0　人	1　人	2　人	1　人	3　人
連続した後転・前転	1　人	0　人	1　人	2　人	1　人	3　人

評価基準：指導前と指導後で、それぞれ、ルーブリックの「◎（よくできた）」の基準を達成した子供の人数を記載。

【教師の考察】

　ロイター板の坂道マットは、マット2枚を使って頭が入る溝をつくった。こうすることで、マット運動が苦手な子供も、それほど怖がらずに挑戦することができた。

　坂道マットを使うと、勢いよく後転をすることができた。坂道マットを置いておくことで、平らなマットでうまく回れない時に坂道マットに戻って練習し、後転の感覚を取り戻して平らなマットに挑戦することができた。

【成果と今後の課題】

　様々なマットを用意することで、子供が自分の課題に応じたマットで練習することができた。後転をして膝を着かずに起き上がることは、低学年の子供にとっては難しい。着地の部分もスモールステップで指導する必要性を感じた。

レベルアップ
ルーブリック

後転・前転

年　　組　　番（　　　　　　　　　　　　）

ステップ	項目	内容				評価
		◎よくできた	○できた	△もう少し	❀ワオ！ 右下の四角に☑をいれよう。	◎○△
1	ゆりかごを行う。	スピードをつけ、足→腰→背→後頭部の順番にできる。	ゆっくりと足→腰→背→後頭部の順番にできる。	足→腰→背→後頭部の順番にできる。	ゆりかごのコツが分かる。	
2	ロイター板坂道で後転・前転を行う。	手をパーに着き、後頭部を入れて、真っ直ぐに連続3回、回れる	手をパーに着き、後頭部を入れて、連続2回、回れる。	手をグーに着き、後頭部を入れて、1回、回れる。	ロイター板の使い方が分かる。	
3	踏み切り板坂道で後転・前転を行う。	手をパーに着き、後頭部を入れて、真っ直ぐに連続3回、回れる。	手をパーに着き、後頭部を入れて、連続2回、回れる。	手をグーに着き、後頭部を入れて、1回、回れる。	踏み切り板の使い方が分かる。	
4	平らなマットで膝を着いて、後転・前転を行う。	手をパーに着き、後頭部を入れて、真っ直ぐに連続3回、回れる。	手をパーに着き、後頭部を入れて、連続2回、回れる。	手をグーに着き、後頭部を入れて、1回、回れる。	膝を着いて回るコツに気づく。	
5	平らなマットで膝を着かないで、後転・前転を行う。	手をパーに着き、後頭部を入れて、真っ直ぐに連続3回、回れる。	手をパーに着き、後頭部を入れて、連続2回、回れる。	手をグーに着き、後頭部を入れて、1回、回れる。	膝を着かないで回るコツに気づく。	
6	連続した後転・前転を行う。	手をパーに着き、後頭部を入れて、真っ直ぐに連続3回、回れる。	手をパーに着き、後頭部を入れて、連続2回、回れる。	手をグーに着き、後頭部を入れて、1回、回れる。	連続して回るコツが分かる。	

（1）マット運動　**2** 開脚前転

1 授業における主張

　主体的・対話的で深い学びの観点から、マット運動の単元を組み、股関節の柔軟性ではなく、スピードのある開脚前転の指導法を明らかにする。そして、深い学びをさせることで誰でも開脚前転ができ、意欲的に活動することができるようにする。

> 開脚前転は、股関節の柔軟性ではなく、スピードのある動きでできる。

2 指導計画（6時間扱い）

第一次：　学習計画を立て、グルーピングをする。
　　　　　自分の能力に合った場で練習し、やさしい技ができる。 ……………………2時間
第二次：　新しい技を工夫し、それに挑戦してできる。
　　　　　 ……………………2時間
第三次：　自分で身につけた技を組み合わせてできる。
　　　　　 ……………………2時間

開脚前転の習熟過程
①ウサギ跳び　②ゆりかご
③横回り　④後転
⑤前転　⑥膝の伸びた前転
⑦開脚後転　⑧開脚前転
⑨伸膝後転　⑩伸膝前転

3 単元全体の指導

（1）目標
　●新しい動きを工夫し、それに挑戦してできる。
　●器具や用具を点検し、互いに協力して練習できる。
（2）準備物：マット、カラーコーン
（3）展開

指示1　動物歩き、アザラシ、ウサギ跳び、横回りをします。大きな動きができるようにします。1人1回ずつ行います。終わったら、カラーコーンを回ってきて、マットの前に座ります。
　◆マットを使った基礎感覚、基礎技能づくりをする。前転、ウサギ跳び、横回りで回転感覚、平衡感覚づくりを行う。

クマ歩き

アザラシ

ウサギ跳び

基礎感覚・基礎技能づくり

発問1 後転をします。どちらが回りやすいですか。

A：パー　B：グー

◆どちらがよいと思うか挙手させる。人数を数えて板書する。それぞれの理由を発表させる。根拠を問うことにより、論理的思考能力を育てる。

指示2 実際にやって確かめます。どちらが回りやすかったですか。

A：パー　B：グー

◆グーの動きがしやすくなることを説明する。グーの方が滑らかな後転ができることを確認させる。後転は、着手の時、手で押すのではなく、体を支持して回ることを指導する。その時に、あごを引くことを意識させる。

ポイント

後転、どちらが回りやすいか

A：パー

B：グー

グーの方が回りやすい

発問2 前転をします。どちらが回りやすいですか。

A：パー　B：グー

◆どちらがよいと思うか挙手させる。人数を数えて板書する。それぞれの理由を発表させる。

指示3 実際にやって確かめます。どちらが回りやすかったですか。

A：パー　B：グー

◆どちらがよかったか、確認する。理由を発表させる。

◆グーの動きがしやすくなることを説明する。グーの方が滑らかな前転ができることを確認させる。後転と同じように、着手の時、手で押すのではなく、体を支持して回ることを指導する。その時に、あごを引くことを意識させる。

ポイント

前転、どちらが回りやすいか

A：パー

B：グー

グーの方が回りやすい

発問3 開脚前転をします。どちらが回りやすいですか。

　　　　A：パー　　B：グー

　◆どちらがよいと思うか挙手させる。人数を数えて板書する。それぞれの理由を発表させる。根拠を問うことにより、論理的思考能力を育てる。

開脚前転、どちらが回りやすいか

A：パー

回転のスピードがなく、立てない　　　マット2枚

指示4 実際にやって確かめます。どちらが回りやすかったですか。

　　　　A：パー　　B：グー

　◆どちらがよかったか、確認する。グループごとに理由を発表させる。

　◆グーの動きがしやすくなることを説明する。グーの方が滑らかな開脚前転ができることを確認させる。前転と同じように、着手の時、手で押すのではなく、体を支持して回ることを指導する。その時に、あごを引くことを意識させる。

開脚前転、どちらが回りやすいか

B：グー

着手が遅れ、立てない　　　マット3枚

発問4 開脚前転をします。手はどこに着いたらよいですか。

　　　　A：足の近く　　B：足より遠く

　◆どちらがよいか挙手させる。人数を数えて板書する。それぞれの理由を発表させる。根拠を問うことにより、論理的思考能力を育てる。

ポイント

開脚前転、手はどこに着いたらよいか

A：足の近く　　B：足より遠く

肘や膝を伸ばす　　足元に力を入れる　　膝を伸ばす

指示5 実際にやって確かめます。どちらが回りやすかったですか。

　　　　A：足の近く　　B：足より遠く

　◆どちらがよかったか、確認する。グループごとに理由を発表させる。足の近くに手を着く動きの方がしやすいことを説明する。足の近くの方が、滑らかな開脚前転ができることを確認させる。

どちらが回りやすいか

指示6 次の場で練習します。何点取れるか挑戦します。最後に、どのグループが一番頑

張ったかを発表します。

レベル１：中マットに小マットを４枚重ねて開脚前転
　　　　　１点

レベル２：中マットに小マットを３枚重ねて開脚前転
　　　　　２点

レベル３：中マットに小マットを２枚重ねて開脚前転
　　　　　３点

レベル４：中マットに小マットを１枚重ねて開脚前転
　　　　　４点

レベル５：小マットだけで１回、開脚前転
　　　　　５点

レベル６：小マットだけで３回連続して、開脚前転
　　　　　６点

　　◆全員１回ずつ挑戦させる。終了後、何点取れたか発表する。グループごとに得点を集計して、どのグループが一番頑張ったかを評価する。

全体の場づくり

小マットを重ねる

【方法】

①前転：足→後頭部→背→腰→足の順番に回れる。

②連続前転：連続して、足→後頭部→背→腰→足の順番に回れる。

③開脚前転４枚重ね：マット４枚重ねで開脚前転が回れる。

④開脚前転３枚重ね：マット３枚重ねで開脚前転が回れる。

⑤開脚前転２枚重ね：マット２枚重ねで開脚前転が回れる。

⑥開脚前転１枚重ね：マット１枚重ねで開脚前転が回れる。

⑦連続開脚前転：連続して開脚前転が回れる。

⑧最後は自分の好きな場所で開脚前転をする。

指示7　めあてが達成できたかをルーブリックで評価し、まとめをします。
　　　　◆自分の伸びを確かめさせる。

指示8　用具を片付けて、整理運動をします。グループで協力します。

4 アフォーダンス理論を取り入れた場づくり

手順：①前転を行う。②グループで話し合う。③開脚前転4枚を行う。④開脚前転3枚を行う。⑤開脚前転2枚を行う。⑥開脚前転1枚を行う。

ステップ1：前転を行う

- 後転・前転を足→後頭部→背→腰→足の順番に回る。手はパーが回りやすいか、グーが回りやすいかを考えながら回る。
- パーよりもグーの方が脇が締まり、腕支持ができるため、グーが回りやすいことに気づく。
- パーとグーの両方を行い、その違いを体感してよりよい動きを発見する。

手はグーが回りやすか、パーがよいかを
考えながら回る

ステップ2：グーがよいかパーがよいかグループで話し合う

- 連続して後転・前転を足→後頭部→背→腰→足の順番に回る。
- 連続して回るには、足のけりや着手の位置が大事であることに気づく。
- 連続して回るには、手の突き放しが必要になるので、手はパーが回りやすいことに気づく。
- 最初はスムーズに連続できなくても、練習する中で最適なタイミングをつかんでいく。

グーがよいかパーがよいかを
グループで話し合う

ステップ3：開脚前転4枚を行う

- マット4枚重ねで開脚前転が回れるようにする。
- 1枚のマットで回るよりも、4枚の方が回りやすいことに気づく。
- 4枚は回れるが、1枚は回れない。どこが違うのかの感覚を考える。
- 着手の速さを調整していく中で、着手を速くすれば回れることに気づく。

4枚→3枚→2枚→1枚の順に回る

ステップ4 ：開脚前転3枚を行う

- 3枚重ねで開脚前転が回れるようにする。3枚の方が回りにくいことに気づく。
- 4枚は回れるが、3枚は回れない。どこが違うのかの感覚を考える。
- 3枚でも回れるには、手の着く速さを調整していく中で、最適な位置を見つけていく。

4枚は回れるが、3枚は回れない時には、
4枚に戻る

ステップ5 ：開脚前転2枚を行う

- 2枚重ねで開脚前転が回れるようにする。2枚の方が回りにくいことに気づく。
- 3枚は回れるが、2枚は回れない。どこが違うのかの感覚を考える。
- 2枚でも回れるには、手の着く速さを調整していく中で、最適な位置を見つけていく。

上手に回るには、手を着く位置や
速さに気をつける

ステップ6 ：開脚前転1枚を行う

- 1枚で開脚前転が回れるようにする。1枚の方が回りにくいことに気づく。
- 2枚は回れるが、1枚は回れない。どこが違うのかの感覚を考える。
- 1枚が回れるようになったら、連続して開脚前転が回れる。連続して回るには、足のけりや着手の位置が大事であることに気づく。
- 連続して回るには、手の突き放しが必要になるので、手はパーが回りやすいことに気づく。
- 最初はスムーズに連続できなくても、練習する中で最適なタイミングをつかんでいく。

最後は1枚のマットで、
手を強く突き放して回る

P.74のQRコードから動画にアクセス可能

5 追試結果

報告者：平松靖行／岡山県倉敷市立郷内小学校／対象学年：5年生

(1) 体感覚（知覚）や意識の変容（男子12人／女子15人：計27人）

【子供たちの発見と表現】

①足を開く時に、つま先を上に向けると立ちやすかった。
②手をグーにすると、力が入りやすかった。
③回転に勢いがないと立てなかった。
④体重を前に乗せると立ちやすかった。
⑤足を早く開きすぎると立てなかった。
⑥体を丸めて回転しないとつっかえる。
⑦座ってから技を始めるのではなく立って始めると勢いがついた。
⑧頭をしっかり入れると回転しやすい。

【教師の考察】

　　マットを重ねた状態で練習をしていた子供の回転スピードが上がった。その際、勢いをつけて回転すればよいことに気づいた。そして、立った状態から技を始めたり、体を丸めたりしてスムーズな回転を意識するようになっていた。

(2) 記録の変容（男子12人／女子 15人：計27人）

項　目	初めての試技直後			指導後		
	男　子	女　子	計	男　子	女　子	計
前転	6 人	1 人	7 人	6 人	7 人	13 人
連続前転	4 人	2 人	6 人	2 人	7 人	9 人
開脚前転4枚	4 人	5 人	9 人	6 人	7 人	13 人
開脚前転3枚	4 人	4 人	8 人	3 人	6 人	9 人
開脚前転2枚	3 人	5 人	8 人	3 人	6 人	9 人
開脚前転1枚	3 人	5 人	8 人	3 人	5 人	8 人
連続開脚前転	2 人	5 人	7 人	2 人	5 人	7 人

評価基準：指導前と指導後で、それぞれ、ルーブリックの「◎（よくできた）」の基準を達成した子供の人数を記載。

【教師の考察】

　　指導前は、自分に合った場を選ぶことができず、ただ回転を繰り返していた子供が多かったので、あまり上達が見られなかった。しかし、指導していく中で、うまく回転できない子供が、マットの枚数を増やすことで自然と回転できることに気づき、自分に合った場を選ぶことができるようになった。自分に合った場で練習を重ねる中で、回転への意識が高まり、上のレベルで挑戦することができるようになってきた。回転の感覚をつかんでいくうちに、立っている状態からお尻が着く状態までの回転がスムーズになったように感じる。頭を中に入れて回転できる子供も増えた。

【成果と今後の課題】

　発問指示が書いてあったこと、動画で指導の様子を見せていただけたので、具体的に指導のイメージができ、ワクワクしながら指導に臨むことができた。変化のある繰り返しで指導のポイントを押さえることができたので、子供たちは時数を重ねるうちに感覚をつかんでいたように感じる。

　課題の1つ目は、マットが足りなかったこと。たくさんの場を設定するためには、マットが一定数必要である。古いマットを活用しても、場の設定をするのにかなり苦労した。環境面を整えることが重要である。

　2つ目は、「開脚前転」以前の指導が必要な子供への対応だ。今回、全員達成は叶わなかった。それは、前転や後転がスムーズにできていないからだ。最初の時間で前転や後転の指導を行ってはいるが、うまくテクニカルポイントを伝える・指導する・体感させることができなかった。だから、できないまま「開脚前転」に突入し、できないまま終わらせてしまった。「開脚前転」に至るまでのポイントに関しても勉強しておく必要があると感じた。今回の指導案の中にあった「手の着き方」「手の着く位置」以外の指導も必要である。自身の勉強不足である。

レベルアップ ルーブリック

開脚前転
（かいきゃくぜんてん）

年（ねん）　組（くみ）　番（ばん）（　　　　　　　　　　　　）

ステップ	項目（こうもく）	内容（ないよう）				評価（ひょうか）
		◎よくできた	○できた	△もう少し（すこし）	※ワオ！ 右下の四角に☑をいれよう。	◎○△
1	手（て）をグーにして、前転（ぜんてん）ができる。	手をグーにして、足（あし）→後頭部（こうとうぶ）→背（せ）→腰（こし）→足（あし）の順番（じゅんばん）に真っ直ぐ（まっすぐ）に3回（かい）、回れる（まわれる）。	手をグーにして、足→後頭部→背→腰→足の順番に真っ直ぐに2回、回れる。	手をグーにして、足→後頭部→背→腰→足の順番に1回、回れる（まわれる）。	手（て）をグーにして、前転（ぜんてん）のコツが分かる（わかる）。	
2	手（て）はグー、パーどちらがよいかをグループで話し（はなし）合うことができる。	手はグー、パーのどちらがよいか、全員参加（ぜんいんさんか）して、協力（きょうりょく）して話し合える（はなしあえる）。	手はグー、パーのどちらがよいか、協力（きょうりょく）して話し合える（はなしあえる）。	手はグー、パーのどちらがよいか、話し合える（はなしあえる）。	話し合い（はなしあい）の仕方（しかた）が分かる（わかる）。	
3	開脚前転（かいきゃくぜんてん）4枚重ね（まいがさ）ができる。	スピードをつけ、マット4枚重ね（まいがさ）を膝（ひざ）を伸ばして（のばして）、回れる（まわれる）。	マット4枚重ね（まいがさ）を順序（じゅんじょ）よく、まっすぐに回れる（まわれる）。	マット4枚重ね（まいがさ）を順序（じゅんじょ）よく、回れる（まわれる）。	スピードをつけて回る（まわる）コツを見つける（みつける）。	
4	開脚前転（かいきゃくぜんてん）3枚重ね（まいがさ）ができる。	スピードをつけ、マット3枚重ね（まいがさ）を膝（ひざ）を伸ばして（のばして）、回れる（まわれる）。	マット3枚重ね（まいがさ）を順序（じゅんじょ）よく、まっすぐに回れる（まわれる）。	マット3枚重ね（まいがさ）を順序（じゅんじょ）よく、回れる（まわれる）。	膝（ひざ）を伸ばして（のばして）、回れる（まわれる）コツを見つける（みつける）。	
5	開脚前転（かいきゃくぜんてん）2枚重ね（まいがさ）ができる。	スピードをつけ、マット2枚重ね（まいがさ）を膝（ひざ）を伸ばして（のばして）、回れる（まわれる）。	マット2枚重ね（まいがさ）を順序（じゅんじょ）よく、まっすぐに回れる（まわれる）。	マット2枚重ね（まいがさ）を順序（じゅんじょ）よく、回れる（まわれる）。	順序（じゅんじょ）よく回る（まわる）コツに気づく（きづく）。	
6	開脚前転（かいきゃくぜんてん）1枚重ね（まいがさ）ができる。	スピードをつけ、マット1枚重ね（まいがさ）を膝（ひざ）を伸ばして（のばして）、回れる（まわれる）。	マット1枚重ね（まいがさ）を順序（じゅんじょ）よく、まっすぐに回れる（まわれる）。	マット1枚重ね（まいがさ）を順序（じゅんじょ）よく、回れる（まわれる）。	まっすぐに回る（まわる）コツに気づく（きづく）。	

知っておきたい！ アフォーダンス理論の基本用語と考え方

2．対象——環境中に配置された、多様な物体

「対象（オブジェクト）」は、私たちをすっかり取り囲んでいる「環境」中に「配置（レイアウト）」された、様々な形や大きさを持った物体のことである。このような定義をすると、動物やヒトもまた環境中の対象である。

対象は様々であり、ユニークである。大きさ、形、触った時の感触、対象から発生し拡散する化学物質などの性質は、それぞれ視覚、聴覚、触覚、嗅覚あるいは味覚によってとらえられ、行為に利用される意味、性質、生態心理学的情報の一部となる。つまり、環境中の対象は動物の知覚によってとらえられ、時にそれが行為のリソースとして利用される。

対象は2つに分類される。1つは、地面や壁に埋め込まれるなどして、力を加えても変形すれども位置が変化しない、地面に「固着した対象」つまり「動かないもの」である。もう1つは、固定されておらず、風で飛ばされたり、動物に力を加えられたりして位置が変化する、地面から「遊離した対象」つまり「動くもの」である。

体育の授業にも、この2種類の対象が用いられる。

鉄棒の多くは、地面に固定されたものである。移動式の鉄棒もあるが、これも使用する時には地面や床に固定される。体育館に設置されているバスケットボールのゴールも基本的には「動かない」対象である。このような対象は、場をつくる際に一つの鍵になり得る。

バスケットボールやサッカーで用いられるボールは、ヒトが手に持って移動することができる「動かせる」対象である。回旋リレーの障害物は両方の性質を持っているが、本書では位置を変えることによって、競技の場そのものがダイナミックに変わることに焦点が当たっている。この場合は「動かせる」対象としての障害物である。

体育の授業で位置を変えられない対象を用いる時には、その「動かないもの」の回りにどのような工夫をするかが環境（場）づくりに欠かせない。

「動かせる」ものを動かすと、様々なことが起こる。対象の位置を変えることで環境が変わり、環境が変わることで行為も変わる。さらに、サッカーボールなどのように決まったルールの中で用いられ、ゲームの勝敗を決める重要な要素になることもある。全く異なる使い方として、フープを含め新体操で用いられるリボンやクラブ（こん棒）のように、操る「身体の使い方」そのものを楽しむこともある。

対象は使い倒すことによって、体育や体操の楽しみを劇的に増やすことができる。

(1) マット運動　❸ 側方倒立回転

1　授業における主張

　できる・分かる・発見する・関わる喜びを実現する体育指導を行い、誰でもできる側方倒立回転の指導を行う。

> 腰の伸びた側方倒立回転がスムーズにできる。

2　指導計画（6時間扱い）

第一次：　学習計画を立て、グルーピングをする。自分の能力に合った場で練習し、やさしい技ができる。　……………………2時間

第二次：　新しい技を工夫し、それに挑戦してできる。
　　　　　・腰の伸びた側方倒立回転ができる。
　　　　　・自分たちのつまずきを考え側方倒立回転の技術ポイントを理解しながら練習できる。　……………………2時間

第三次：　自分で身につけた技を組み合わせてできる。
　　　　　……………………… 2時間

> ### 側方倒立回転の習熟過程
> ①足打ち跳び　②手押し車
> ③壁倒立
> ④片足振り上げ・片足振り下りの壁倒立
> ⑤壁倒立から横に片足着地
> ⑥壁倒立から横に移動

3　単元全体の指導

（1）目標
　　●新しい動きを工夫し、それに挑戦してできる。
　　　・腰の伸びた側方倒立回転ができる。
　　　・自分たちのつまずきを考え側方倒立回転の技術ポイントを理解しながら練習できる。
　　●器具や用具を点検し、互いに協力して練習できる。
（2）準備物：マット、カラーコーン
（3）展開

指示1　　準備運動をします。クマ歩き、クモ歩き、アザラシ歩き、横回り、ウサギ跳びをします。大きな動きができるようにします。1人1回ずつ行います。終わったら、カラーコーンを回って、マットの前に座ります（小マット2枚）。

クマ歩き

アザラシ

ウサギ跳び

💬 手と足を上げます

横回り

基礎感覚・基礎技能づくり

◆マットを使った基礎感覚、基礎技能づくりをする。特にウサギ跳び、横回りで回転感覚、平衡感覚づくりを行う。

指示2 場づくりをします。
①小マットを4枚重ねる
②小マットを3枚重ねる
③小マットを2枚重ねる
④小マット1枚

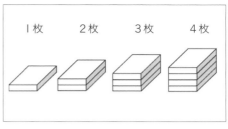

| 1枚 | 2枚 | 3枚 | 4枚 |

マットの場づくり

説明1 小マット4枚を重ねたところで、やり方を説明します。次の順番で行います。先生がやって見せますので、よく見ていてください。マットの角に、左手、右手、右足、左足の順番で着いていきます。
①小マット4枚の角の1つを使って、「ト・トーン・トン・トン」のリズムで跳びます。
②小マット4枚の角を2つ使って、「ト・トーン・トン・トン」のリズムで跳びます。
③小マット4枚の角を3つ使って、「ト・トーン・トン・トン」のリズムで跳びます。
④小マット4枚の角を4つ使って、「ト・トーン・トン・トン」のリズムで跳びます。
⑤大事なのは片手ずつ着手し、片足ずつ着地します。4つの角があるので全部で4回側方倒立回転を行い、1周できるようにします。
⑥左回りをしたら逆の右回りをします。左右1回ずつで合計8回の練習をします。
⑦4枚重ねのマットでできたら3枚、2枚、1枚と減らした場所に挑戦していきます。

マットの角に、左手→右手→右足→左足の順番で着いていく

マットの角を跳ぶ

発問1 手と足、どちらから動かすとよいですか。
A：手　B：足

指示3 自分で動いて、確かめます。手と足の両方を同時に行う動きは難しいです。最初は手を動かし、それから足を動かしていきます。

発問2　側方倒立回転をする時、どんなリズム言葉がよいですか。
A：「トン・トン・トン・トン」
B：「ト・トーン・トン・トン」

ポイント

側方倒立回転をする時、どんなリズム言葉がよいか
A：「トン・トン・トン・トン」
B：「ト・トーン・トン・トン」

指示4　実際に確かめます。どちらがよかったですか。
◆両方の動きをさせて、よい動きに気づかせる。
◆友達の動きを見て、コツを見つけさせる。

説明2　「ト・トーン・トン・トン」のリズムで行います。片手ずつ着手し、片足ずつ着地します。「ト・トーン」で片手ずつ着きます。その時、間をとるようにします。次は、「トン・トン」で片足ずつ着きます。

「ト・トーン・トン・トン」のリズム

発問3　腰が伸びる側方倒立回転をするには、どうしたらよいですか。
A：腰と膝を伸ばす
B：腕と膝を伸ばす

指示5　自分で動いて、確かめます。どちらがよかったですか。
◆両方の動きをさせて、よい動きに気づかせる。
◆友達の動きを見て、コツを見つけさせる。

説明3　腕、膝を伸ばしていくと、腰の伸びた側方倒立回転ができます。「ト・トーン・トン・トン」のリズムで回転していきます。最初は腕を伸ばしていきます。次に膝を伸ばしていきます。最後に腕と膝を伸ばしていきます。

指示6　ルーブリックでどれくらいできるようになったかを調べます。
よくできた◎、できた○、もう少し△。

「ト・トーン・トン・トン」
のリズムで回転する

ステップ１：川跳びができる

　○両手→両足の順に跳ぶ。

　○「トン・トン」のリズムで跳ぶ。

　○両腕でしっかり着手する。

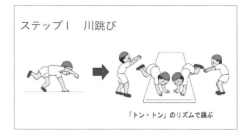

ステップ２：跳び箱で川跳びができる

　○跳び箱で、両手→両足の順に跳ぶ。

　○「トン・トン」のリズムで跳ぶ。

　○右側から跳べたら、左側からも跳ぶ。

ステップ３：くの字側方倒立回転ができる

　○くの字で、手→手→足→足の順で回転する。

　○「ト・トーン・トン・トン」のリズムで回転する。

　○両腕を上にあげてから、着手する。

ステップ４：腰の伸びた側方倒立回転ができる

　○腰を伸ばして、手→手→足→足の順で回転する。

　○「ト・トーン・トン・トン」のリズムで、回転する。

　○おへそが正面を向く。

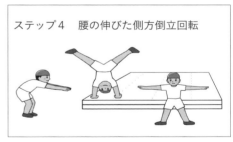

ステップ５：腰の伸びた側方倒立回転ができる

　○腰を伸ばし、連続してスムーズに回転する。

　○手を突き放して、立ち上がる。

　○大きな、ダイナミックな側方倒立回転ができる。

ステップ６：腰の伸びた側方倒立回転を連続で行う

　○腰の伸びた側方倒立回転ができるようになったら、
　　連続してできるようにする。

　○２回、３回と連続していくためには、回転するス
　　ピードが必要なことに気づく。

④ アフォーダンス理論を取り入れた場づくり

手順：①川跳びを行う。②跳び箱で川跳びを行う。③くの字側方倒立回転を行う。④腰の伸びた側方倒立回転を行う（マット4枚→3枚）。⑤腰の伸びた側方倒立回転を行う（マット2枚→1枚）。⑥連続側方倒立回転を行う。

ステップ1：川跳びを行う

- 両手→両足の順に跳ぶ。「トン・トン」のリズムで跳ぶ。両腕でしっかり着手することに気づく。
- 両手に体重をかけ、それから足を上げる。足が床に着いた時には、両手を上げさせる。
- 手を1歩前に着いて、手→足の順に着く。両手と両足が一緒でもよいことに気づく。

川跳び：両手→両足「トン・トン・トン・トン」

ステップ2：跳び箱で川跳びを行う

- 跳び箱で、両手→両足の順に跳ぶ。川跳びの動きと同じであることに気づく。
- 右側から跳べたら、左側からも跳ぶ。両方跳ぶことで、利き足を発見する。
- マットの川跳びと跳び箱の川跳びの違いに気づく。跳び箱だと着手の時、腕が伸びる。腕が伸びると腰が高くなり、跳びやすくなる。しかも、最後の腕の突き放しも強くなり、安定した跳び越しができる。

マットのかわりに跳び箱を1～2段おく
（写真ではマットを使用）

ステップ3：くの字側方倒立回転を行う

- 腰をくの字にして、手→手→足→足の順で回転する。
- 「ト・トーン・トン・トン」のリズムで回転すると、回りやすいことに気づく。
- 両腕を上にあげ、腰を高く上げて、手→手→足→足の順に回転して着地するコツをつかむ。
- 無理に腰を伸ばさないで、くの字で回転する中で、側方倒立回転の動きを体得させる。

くの字側方倒立回転：4枚重ねのマット

ステップ4 ：腰の伸びた側方倒立回転を行う（マット4枚→3枚）

- 90cmの小マット4枚→3枚にして跳ぶ。
- 最初はその場で、「ト・トーン・トン・トン」のリズムを声に出す。
- リズムが身についたら、ゆっくりと手→手→足→足の順序で跳ぶ。
- 腰が伸びる側方倒立回転にするには腕が伸びることに気づく。腕が伸びると腰も伸びることに気づく。

3枚重ねのマット「ト・トーン・トン・トン」

ステップ5 ：腰の伸びた側方倒立回転を行う（マット2枚→1枚）

- 90cmの小マット2枚→1枚にして跳ぶ。
- くの字側方倒立回転は腰が曲がるが、マットの角を使用することで、回転しやすいことに気づく。
- 慣れてきたら、少しずつ腰を伸ばしていく。そのためには、腕や腰を伸ばしていけば回れることに気づく。
- 最後の腕の突き放しを強くすると、安定した回転ができることに気づく。

1枚のマット

ステップ6 ：腰の伸びた側方倒立回転を連続で行う

- 腰の伸びた側方倒立回転ができるようになったら、連続してできるようにする。
- 2回、3回と連続していくためには、回転するスピードが必要なことに気づく。
- 同時に次の動きを先取りして、早めに動くことが連続の動きにつながることに気づく。
- 友達のよい動きを見て、スムーズに回転できるコツを見つける。練習する中で、最適な動きができるようにする。

立ち上がる時、腕を突き放す

P.83のQRコードから動画にアクセス可能

5 追試結果

報告者：小笠原康晃／静岡県公立小学校／対象学年：6年生

（1）体感覚（知覚）や意識の変容（男子16人／女子6人：計22人）

【子供たちの発見と表現】

　・取り組んでいるうちに、だんだんとできるようになった。
　・動画を見ることで、やることや動きが分かった。
　・練習したい場所を選んで、友達と取り組むことができた。

【教師の考察】

　　回を重ねていくたびに、前向きに取り組める子供が増えてきた。項目の細分化により、自分の成長を実感しながら、取り組むことができた子供が多かった。「ト・トーン・トン・トン」と動きを言葉で表すことで、身体の動かし方をイメージしやすかった。

（2）記録の変容（男子16人／女子6人：計22人）

項　目	初めての試技直後			指導後		
	男　子	女　子	計	男　子	女　子	計
川跳び	1　人	0　人	1　人	0　人	0　人	0　人
跳び箱川跳び	0　人	0　人	0　人	0　人	0　人	0　人
くの字側方倒立回転	10　人	0　人	10　人	5　人	0　人	5　人
腰の伸びた側方倒立回転4枚、3枚	0　人	4　人	4　人	3　人	0　人	3　人
腰の伸びた側方倒立回転2枚、1枚	0　人	0　人	0　人	5　人	4　人	9　人
腰の伸びた連続	5　人	2　人	7　人	3　人	2　人	5　人

評価基準：指導前と指導後で、それぞれ、ルーブリックの「◎（よくできた）」の基準を達成した子供の人数を記載。

【教師の考察】

　　技に挑戦する時、足を伸ばすことで、転倒するかもしれないと心配する子供が多かった。しかし、実際の練習映像から自分の体を動かすイメージができ、練習にも意欲的に取り組むことができた。練習項目が細分化され、目指す動きを少しずつ意識しながら練習に取り組めた。

【成果と今後の課題】

　　成果として、限られた時間の指導であっても、大きな効果が得られたことがあげられる。熱中症対策等で運動時間が制限される中、細分化された練習を繰り返した。そうすることで目指す動きを意識したり、体感したりすることでき、全体の記録向上につながった。

　　課題として、腰が曲がってしまう子供への指導があげられる。項目3から項目4にいく時、不安から腰をずっと曲げている子供がいた。このような子供への効果的な指導を追究していきたい。

側方倒立回転
（そくほうとうりつかいてん）

年　　組　　番（　　　　　　　　　　　　　　　　　）

ステップ	項目（こうもく）	内容（ないよう）				評価（ひょうか）
		◎よくできた	○できた	△もう少（すこ）し	※ワオ！ 右下の四角に☑をいれよう。	◎○△
1	川跳び（かわとび） 両手→両足の（りょうて→りょうあし） 順に跳ぶ。（じゅんにとぶ）	「トン・トン」の リズムで 5回跳べる。（かいとべる）	「トン・トン」の リズムで 3回跳べる。（かいとべる）	「トン・トン」の リズムで 1回跳べる。（かいとべる）	川跳びの（かわとび） 仕方が分かる。（しかたがわかる）	
2	跳び箱で（とびばこで） 川跳び（かわとび） を行う。（おこなう）	腰を高くして、（こしをたかくして） 「トン・トン」の リズムで 5回跳べる。（かいとべる）	腰を高くして、（こしをたかくして） 「トン・トン」の リズムで 3回跳べる。（かいとべる）	腰を高くして、（こしをたかくして） 「トン・トン」の リズムで 1回跳べる。（かいとべる）	跳び箱での（とびばこでの） 川跳びの仕方（かわとびのしかた） が分かる。（わかる）	
3	くの字（じ） 側方倒立回転（そくほうとうりつかいてん） を行う。（おこなう）	体をくの字にして、（からだをくのじにして） 「ト・トーン・トン・ トン」のリズムで 5回跳べる。（かいとべる）	体をくの字にして、（からだをくのじにして） 「ト・トーン・トン・ トン」のリズムで 3回跳べる。（かいとべる）	体をくの字にして、（からだをくのじにして） 「ト・トーン・トン・ トン」のリズムで 1回跳べる。（かいとべる）	くの字の（じ） 跳び方のコツを（とびかたのコツを） 見つける。（みつける）	
4	腰の伸びた（こしののびた） 側方倒立回転・（そくほうとうりつかいてん） マット4枚→3枚（まい→まい） を行う。（おこなう）	腰を伸ばして、（こしをのばして） 「ト・トーン・トン・ トン」のリズムで 5回跳べる。（かいとべる）	腰を伸ばして、（こしをのばして） 「ト・トーン・トン・ トン」のリズムで 3回跳べる。（かいとべる）	腰を伸ばして、（こしをのばして） 「ト・トーン・トン・ トン」のリズムで 1回跳べる。（かいとべる）	腰の伸びた（こしののびた） 跳び方のコツを（とびかたのコツを） 見つける。（みつける）	
5	腰の伸びた（こしののびた） 側方倒立回転・（そくほうとうりつかいてん） マット2枚→1枚（まい→まい） を行う。（おこなう）	連続で、（れんぞくで） 腰を伸ばして、（こしをのばして） 「ト・トーン・トン・ トン」のリズムで 5回跳べる。（かいとべる）	連続で、（れんぞくで） 腰を伸ばして、（こしをのばして） 「ト・トーン・トン・ トン」のリズムで 3回跳べる。（かいとべる）	連続で、（れんぞくで） 腰を伸ばして、（こしをのばして） 「ト・トーン・トン・ トン」のリズムで 1回跳べる。（かいとべる）	連続跳びの（れんぞくとびの） コツに気づく。（きづく）	
6	腰の伸びた（こしののびた） 側方倒立回転・（そくほうとうりつかいてん） 連続を行う。（れんぞくをおこなう）	スムーズに連続（れんぞく） で、「ト・トーン・ トン・トン」の リズムで 5回跳べる。（かいとべる）	スムーズに連続（れんぞく） で、「ト・トーン・ トン・トン」の リズムで 3回跳べる。（かいとべる）	スムーズに連続（れんぞく） で、「ト・トーン・ トン・トン」の リズムで 1回跳べる。（かいとべる）	スムーズに 跳ぶコツに（とぶコツに） 気づく。（きづく）	

（1）マット運動　❹ シンクロ側方倒立回転

1　授業における主張

　リズムの変化により側方倒立回転ができるようにする。シンクロしていく中で一体感が生まれ、楽しい学習にする。運動の苦手な子供でも、指示するリズムに合わせて側方倒立回転を行う中で、リズムを軸に、できばえの違う者がリズムを合わせて一緒に行う楽しさを明らかにする。

> リズムを軸に、できばえの違う者がリズムを合わせて一緒に行い、楽しくできる。

2　指導計画（6時間扱い）

第一次：　学習計画を立て、グルーピングをする。
　　　　　自分の能力に合った場で練習し、やさしい技ができる。 …………………… 2時間
第二次：　側方倒立回転に挑戦してできる。
　　　　　　　　　　　　　　　 …………………… 2時間
第三次：　シンクロ側方倒立回転ができる。
　　　　　　　　　　　　　　　 …………………… 2時間

> **シンクロ側方倒立回転の習熟過程**
> ①足打ち跳び　②手押し車
> ③壁倒立　④片足振り上げ・片足振り下りの壁倒立
> ⑤壁倒立から横に片足着地
> ⑥壁倒立から横に移動
> ⑦シンクロ側方倒立回転

3　単元全体の指導

（1）目標
- ●変化のある繰り返しで、リズムのあるシンクロ側方倒立回転ができる。
- ●仲間と協力して、楽しく活動できる。

（2）準備物：マット、カラーコーン

（3）展開

指示1　動物歩き、アザラシ、ウサギ跳び、横回りをします。大きな動きができるようにします。1人1回ずつ行います。終わったら、カラーコーンを回ってきて、マットの前に座ります。
　◆マットを使った基礎感覚、基礎技能づくりをする。前転、ウサギ跳び、横回りで回転感覚、平衡感覚づくりを行う。

指示2　場づくりをします。
　①小マット3枚を連結します。

クマ歩き

アザラシ

ウサギ跳び

手と足を上げます

横回り

基礎感覚・基礎技能づくり

②跳び箱1段を小マット1枚の上に置きます。

③跳び箱1段を小マット1枚の上に置く場を、右の写真のように3組つくります。

全体の場づくり

指示3 これから、シンクロ側方倒立回転をします。やり方を説明します。先生がやってみます。

① 「トン・トン」

② 「ト・トーン・トン／ト・トーン・トン」

③ 「ト・トーン・トン・トン／ト・トーン・トン・トン」

④ 「ト・トーン・トン・トン・ソーレ／ト・トーン・トン・トン・ソーレ」

⑤ 手を着いて「トン・トン」と跳びます（マットに乗り跳び箱の台に手を着いて反対側のマットに下りる）。

⑥ チームごとに、跳ぶ順番を決めます。決まったチームから練習をします。

⑦ 今度は手を片手ずつ着いて跳びます。「ト・トーン・トン／ト・トーン・トン」のリズムです。みんなで声を出すようにします。

リズムを黒板に書く

発問1 手の着き方に違いがあります。どれがよいですか。

A：出前型

B：並行型

C：バレーボール型

ポイント

着手の時の手型は、どれがよいか

A

B

C

指示4 実際にやって確かめます。どれがよかったですか。

説明1 バレーボール型がよいです。着手によって動きの先取りができ、側方倒立回転の動きがしやすくなります。

◆ どれがよいと思うか挙手させる。人数を数えて板書する。それぞれの理由を発表させる。

◆ 小マット3枚を連結する。跳び箱1段を小マット1枚の上に置く。

◆ 着手によって動きの先取りができ、動きがしやすくなることを説明する。

跳び箱を3台並べる

（1）マット運動　④ シンクロ側方倒立回転

指示5 「トン・トン」のリズムで跳びます。最初の「トン・トン」は、川跳びです。両手が一緒で、両足同時の着地をします。跳び箱が3台あり、連続して跳んでいきます。
- ◆両手、両足で跳ぶ。できるだけ腰を高くして跳ぶ。

両手・両足同時の着地

指示6 次は、「ト・トーン・トン」のリズムです。手の着く位置が変わります。トンの足の着地は変わりません。
- ◆「ト・トーン」のリズムによって、手→手の着手に間ができるようにする。
- ◆両手を同時に着くのではなく、片手ずつ着く。

片手ずつ着く

指示5 もう少し難しくします。「ト・トーン・トン・トン」のリズムです。言葉で言ってください。言葉で言うと体に染み込みます。
- ◆「トン・トン」によって片足ずつ着地していく。側方倒立回転のできない子供は、最後の「トン・トン」ができない。両足を一緒に着いてしまう。片足を着いて、間を置いてから最後の着地をするようにさせる。「トン・トン」と言葉を強調する。

片手を着いて、間をおいてから片足を着く

指示6 さらに難しくします。「ト・トーン・トン・トン・ソーレ」のリズムです。最後にソーレを入れます。チームで声を合わせていきます。
- ◆「ソーレ」という掛け声で間を調整する。動きの遅い子供、速い子供がいる。ソーレという声で全体の動きと合わせ、タイミングをそろえることができるようにする。
- ◆大きな掛け声をかけることによって、一体感ができる。

「ソーレ」の動きを入れる

指示7 今度は低くてもよいですから膝を伸ばしてください。つま先に意識をおきます。
- ◆膝を伸ばした側方倒立回転ができるようにする。

指示8 膝が曲がってもよいから高く上がります。

腰を伸ばす

◆腰を伸ばした、大きな側方倒立回転ができるようにする。上手な子供の動きを見せて、イメージをつくるようにする。

全員そろったシンクロ側方倒立回転

発問2 チームごとに発表をします。どうしたら、全員そろったシンクロ側方倒立回転ができますか。チームで話し合ってください。

◆チームで方法を話し合う。言語活用能力を育てる。呼吸を合わせる。声を出して合わせる。前の人の動きに合わせる。

指示9 チームで動いて、実際に確かめます。どれがよかったですか。

◆前の人の動きに合わせて、よい動きに気づかせる。

◆友達の動きを見て、コツを見つけさせる。

チームごとに発表する

指示10 実際にチームごとに発表します。どのチームがよかったか見てください。チームで話し合ったことができるように、力を合わせて跳んでいきます。

（1）声をそろえる。

（2）着手をそろえる。

（3）着地をそろえる。

（4）「ソーレ」をそろえる。

◆動きが異なっても、側方倒立回転ができるようにする。1人1人の動きのできばえが異なっても、同じリズムで連続してできるようにする。コミュニケーション能力が育つようにする。

指示11 どのチームがよかったですか。発表して下さい。理由は何ですか。

◆どのチームがよかったのか、挙手させる。理由を言わせることで、シンクロ側方倒立回転の仕方が分かるようにする。

指示12 後片付けをします。チームで協力して行います。

◆仲間と協力して、あと片付けを行う。

4　アフォーダンス理論を取り入れた場づくり

手順：①「トン・トン」のリズムで跳ぶ。②「ト・トーン・トン」のリズムで跳ぶ。③「ト・トーン・トン・トン」のリズムで跳ぶ。④「ト・トーン・トン・トン・ソーレ」のリズムで跳ぶ。⑤チームで連続して跳ぶ。⑥チームで発表会をする。

ステップ1：「トン・トン」のリズムで跳ぶ

- 「トン・トン」のリズムで跳ぶ。最初の「トン・トン」は、川跳びである。両手が一緒で、両足同時の着地である。跳び箱が3台あり、連続して回転できる場の設定になっている。

- 3台連続跳ぶ中で、「トン・トン」のリズムが習熟していく。個人差が吸収される場づくりになっている。

両手が一緒で、両足同時の着地をする

ステップ2：「ト・トーン・トン」のリズムで跳ぶ

- 「ト・トーン・トン」のリズムである。これは手の着く位置が変わる。トンの足の着地は変わらない。「ト・トーン」のリズムによって、手→手の着手に間ができる。

- 両手を同時に着くのではなく、片手ずつ着くのがポイントである。これも1人で行うと難しいが、集団で行うことによって動きが習熟していく。

両手を同時に着かないで、片手ずつ着く

ステップ3：「ト・トーン・トン・トン」のリズムで跳ぶ

- 「ト・トーン・トン・トン」のリズムで跳ぶ。「トン・トン」によって片足ずつ着地していく。側方倒立回転のできない子供は、この「トン・トン」ができない。

- 両足を一緒に着いてしまう。片足を着いて、間を置いてから最後の着地をするようにさせる。

- このリズムによって、片足ずつ着地するイメージを持つことができる。

- 「トン・トン」という言葉を強調する。言葉で言うと体に染み込み、動きがよくなる。

片足を着いて、間を置いてから最後の着地をする

ステップ4：「ト・トーン・トン・トン・ソーレ」のリズムで跳ぶ

● 「ト・トーン・トン・トン・ソーレ」のリズムで跳ぶ。最後に「ソーレ」を入れる。チームで声を合わせていく。

● 「ソーレ」という掛け声で間を調整する。動きの遅い子供、速い子供がいる。「ソーレ」という声で全体の動きと合わせ、タイミングをそろえることができるようにする。

● 大きな掛け声をかけることによって、動きがそろい、チームの一体感ができる。跳ぶ前に大きな声を出して、掛け声の練習をする。

「ソーレ」の声で両手を上げて、全体の動きを合わせる

ステップ5：チームで連続して跳ぶ

● 「ト・トーン・トン・トン・ソーレ」のリズムで行う。よい動きを真似することができる。1回ではなく、チームで連続して跳ぶ。

● 繰り返しの動きの中で習熟していくことができる。しかも間に「ソーレ」という掛け声が入っていく。「ソーレ」という声で全体の動きと合わせることができる。

● 何回も繰り返すことで、声のリズムに合わせていく中で手の着くタイミング、着地のタイミングが合っていく。

チームで動きを合わせる方法を話し合い、連続で跳ぶ

ステップ6：チームで発表会をする

● チームごとに発表をする。どうしたら、全員そろったシンクロ側方倒立回転ができるか、チームで話し合わせる。

● チームで方法を話し合う。①声をそろえる。②呼吸を合わせる。③声を出して合わせる。④前の人の動きに合わせるなどに気づく。

● 動きが異なっても、側方倒立回転ができるようにする。1人1人の動きのできばえが異なっても、同じリズムで連続してできるようにする。コミュニケーション能力が育つようにする。

チームごとに発表し、よいところを学ぶ
①声を合わせる
②呼吸を合わせる
③前の人の動きに合わせる

P.92のQRコードから動画にアクセス可能

5 追試結果

報告者：数又智明／栃木県足利市立小俣小学校／対象学年：３年生

（1）体感覚（知覚）や意識の変容（男子10人／女子13人：計23人）

【子供たちの発見と表現】

　　手の着き方ＡＢＣ、右手から着くか左手から着くか、跳び箱のあるなし、を試す中で、自分のやりやすいやり方を見つけていた。

　　足が高く伸びている子供の演技が大きくややゆっくり回っていたことから、「ト・トーン」の「トーン」を「トーーーン」と少し伸ばして言わせることで、高く足を上げる意識が少し高まったようだ。

【教師の考察】

　　上手な子供の演技を見て、前（遠く）に手を着くと足が上がりやすいことに気づき、それを真似することでだんだん足を高くして回れるように上達してきた（足が上がるようになるにつれ、跳び箱があるとやりにくいという声が多くなったので、４時間目からは跳び箱なしで行った）。

（2）記録の変容（男子10人／女子13人：計23人）

項　目	初めての試技直後			指導後		
	男　子	女　子	計	男　子	女　子	計
「トン・トン」のリズムで跳ぶ。	9 人	12 人	21 人	10 人	13 人	23 人
「ト・トーン・トン」のリズムで跳ぶ。	9 人	10 人	19 人	10 人	13 人	23 人
「ト・トーン・トン・トン」のリズムで跳ぶ	3 人	7 人	10 人	6 人	11 人	17 人
「ト・トーン・トン・トン・ソーレ」のリズムで跳ぶ。	2 人	7 人	9 人	6 人	10 人	16 人
チームで連続して、跳ぶ。	1 人	3 人	4 人	6 人	10 人	16 人
チームで発表をする。	1 人	1 人	2 人	4 人	10 人	14 人

評価基準：指導前と指導後で、それぞれ、ルーブリックの「◎（よくできた）」の基準を達成した子供の人数を記載。

【教師の考察】

　　家でも自主的に練習する子供が出るなど、意欲的な態度で取り組んでいた。チームごとに相談したり、他のチームのよいところを発表させたりしたことで、互いに学び合う雰囲気ができただけでなく、「はじめはソーレの意味が分からなかったけれど、やってるうちにト・トーン・トン・トンで合っていなかったりした時、ソーレでそろえられることが分かった」など、コツ

に気づきやすくなった。なお、4〜6時間目は約20分程度しかできなかったので、45分間やれれば、◎の数がもう少し増えたかもしれない。

【成果と今後の課題】

　声を出すことで、明るく楽しい雰囲気で取り組めた。また、声をそろえることで息が合い、だんだん演技がそろうようになり、個人の技も上達した。子供の日記に「私がうまくできるのは、みんながじょうずだからなんだと思いました」とあった。個人の技が上達したからそろうという面もあるが、リズムに合わせみんなとそろえようと練習しているうちに技が上達してきたという感じがした。その意味で、「ト・トーン・トン・トン・ソーレ」という掛け声は、大変有効だと感じた。

　評価規準の「腰を伸ばして」と「全員そろった」の評価が難しかった。また、リズムに乗れる子供は上達したが、リズムに乗れない子供への指導に課題が残った。ただ、その子供も「とても楽しい。もう終わりだけれど、つぎがんばりたい」と感想を書いていたので、どの子供も楽しく取り組めたようだ。個人技を個人でやるだけでなく、シンクロさせて友達と協力してやることのよさを改めて感じた。

 レベルアップ ルーブリック　シンクロ側方倒立回転（そくほうとうりつかいてん）

年（ねん）　組（くみ）　番（ばん）　（　　　　　　　　　　　）

ステップ	項目（こうもく）	内容（ないよう）				評価（ひょうか）
		◎よくできた	○できた	△もう少し（すこ）	※ワオ！ 右下の四角に☑をいれよう。	◎ ○ △
1	「トン・トン」の リズムで跳（と）ぶ。	「トン・トン」 のリズムで 5回跳（かい と）べる。	「トン・トン」の リズムで 3回跳（かい と）べる。	「トン・トン」の リズムで 1回跳（かい と）べる。	川跳（かわ と）びの 仕方（しかた）が分かる。	
2	「ト・トーン・トン」 のリズムで跳（と）ぶ。	腰を高くして（こし たか）、 「ト・トーン・トン」 のリズムで 5回跳（かい と）べる。	腰を高くして（こし たか）、 「ト・トーン・トン」 のリズムで 3回跳（かい と）べる。	腰を高くして（こし たか）、 「ト・トーン・トン」 のリズムで 1回跳（かい と）べる。	腰を高くする（こし たか） コツに気（き）づく。	
3	「ト・トーン・トン・ トン」 のリズムで跳（と）ぶ。	体をくの字にして（からだ じ）、 「ト・トーン・トン・ トン」のリズムで 5回跳（かい と）べる。	体をくの字にして（からだ じ）、 「ト・トーン・トン・ トン」のリズムで 3回跳（かい と）べる。	体をくの字にして（からだ じ）、 「ト・トーン・トン・ トン」のリズムで 1回跳（かい と）べる。	体を（からだ） くの字にした（じ） コツを 見つける。	
4	「ト・トーン・トン・ トン・ソーレ」 のリズムで跳（と）ぶ。	腰を伸ばして（こし の）、 「ト・トーン・トン・ トン・ソーレ」 のリズムで 5回跳（かい と）べる。	腰を伸ばして（こし の）、 「ト・トーン・トン・ トン・ソーレ」 のリズムで 3回跳（かい と）べる。	腰を伸ばして（こし の）、 「ト・トーン・トン・ トン・ソーレ」 のリズムで 1回跳（かい と）べる。	「ソーレ」の 動き（うご）のコツに 気（き）づく。	
5	チームで 連続して（れんぞく と）跳ぶ。	チームで連続で（れんぞく）、 腰を伸ばして（こし の）、 「ト・トーン・トン・ トン・ソーレ」の リズムで5回跳（かい と）べる。	チームで連続で（れんぞく）、 腰を伸ばして（こし の）、 「ト・トーン・トン・ トン・ソーレ」の リズムで3回跳（かい と）べる。	チームで連続で（れんぞく）、 腰を伸ばして（こし の）、 「ト・トーン・トン・ トン・ソーレ」の リズムで1回跳（かい と）べる。	チームで 連続して跳ぶ（れんぞく と） コツが 分（わ）かる。	
6	チームで 発表会をする（はっぴょうかい）。	全員そろった（ぜんいん） シンクロ 側方倒立回転（そくほうとうりつかいてん） が5回（かい）できる。	全員そろった（ぜんいん） シンクロ 側方倒立回転（そくほうとうりつかいてん） が3回（かい）できる。	全員そろった（ぜんいん） シンクロ 側方倒立回転（そくほうとうりつかいてん） が1回（かい）できる。	全員そろって（ぜんいん） 跳ぶ（と）コツが 分（わ）かる。	

3．知覚──環境中に実在する情報そのものを捉える

　知覚という言葉を聞いて、まず五感を思い浮かべる方も多いだろう。視覚、聴覚、嗅覚、味覚、触覚の五感が刺激され、脳が情報処理や解釈などを施して知覚される、というのが一般的な「知覚」とされる。この場合、感覚入力さえあれば知覚が可能であるため、環境は実在しなくてもよい、ということになってしまう。

　生態心理学での知覚の定義は異なる。知覚されるのは環境中の情報、意味や価値、性質である。五感が刺激され、脳内で処理されてはじめて知覚情報が脳に生まれるのではない。知覚される情報はすでに環境中に実在し、埋め込まれている。それらの情報は、光の中に、音の中に、化学物質の広がりの中にあり、私たちはそれらを受け取るために様々な相(モード)を持つ感覚器官を利用し、意味や価値、性質を特定する情報を抽出し、それが知覚される、というのが生態心理学での五感の立ち位置である。

　知覚は繰り返すことによって、身体の使い方や知覚の細やかさ、情報抽出の的確さや利用可能な情報の精密化と多様化、タイミングの調整などにより、精緻になっていく。これが「知覚の精緻化」である。ついさっきまで感じ取れなかった体性感覚が「場づくり」によって感じ取れるようになるなど、場づくりの効果は小さくない。

　練習によって巧くできるようになると、その者は知覚を精緻化させ、行為を巧緻にしている。そういう者は「どこにうまくできない原因があるか」を発見できる観察力を持つことがある。

　映画『特別編 響け♪ユーフォニアム〜アンサンブルコンテスト〜』では、吹奏楽部の部長である主人公が、何らかの原因で「合奏に上手く馴染めない」２人の部員を観察し、周囲の部員が思いもよらなかった原因を指摘し助言した結果、その２人の演奏が格段に巧くなる、という場面が描かれている。一つはチューバ担当に対するもので、決まり文句である「周りの音をよく聴いて」とは真逆の「周りの演奏を聴き過ぎている」という指摘である。音を聴きピタリと合わせ楽器に息を入れると、大きな楽器から音が出るまでに生じる若干の遅れによってかえってズレる、と助言した。もう一つはマリンバ担当に対するもので、合奏直後に「息してる？」と確認した。吹奏楽で用いられるほとんどの楽器は息を吹き込んで音を出すが、パーカッション(打楽器)に分類されるマリンバ担当は息を止めて演奏していた。主人公はそれを指摘し、「呼吸を合わせる」ように、周りと一緒に息をして演奏するように助言した。これらの修正によって合奏はより魅力的なものとなった。

　知覚の精緻化は、優れたパフォーマーだけでなく、有能なコーチを生む。

(2) 鉄棒運動　■1 鉄棒遊び

1 授業における主張

　鉄棒は、個人の課題を克服しながら楽しんでいく運動である。他人との競争ではなく、困難な障害に挑戦し、それを克服することに喜びや楽しさがある。鉄棒遊びを通して個人の能力に応じた課題を解決し、鉄棒運動の喜びや楽しさを体験させていく。

> 鉄棒遊びを通して個人の能力に応じた課題を解決し、鉄棒運動の喜びや楽しさを体験する。

2 指導計画（6時間扱い）

第一次：　学習計画を立て、グルーピングをする。
　　　　　自分の能力に合った場で練習し、やさしい技ができる。　……………………… 2時間
第二次：　新しい鉄棒遊びの技に挑戦してできる。
　　　　　　　　　　　　　……………………… 2時間
第三次：　身につけた鉄棒遊びを組み合わせてできる。
　　　　　　　　　　　　　……………………… 2時間

> **鉄棒遊びの習熟過程**
> ①ツバメ　②ふとんほし
> ③ブタの丸焼き
> ④跳び上がり下り
> ⑤足抜き回り　⑥前回り下り
> ⑦逆上がり　⑧組み合わせ技

3 単元全体の指導

（1）目標
　● 新しい鉄棒遊びの技に挑戦してできる。
　● 器具や用具を点検し、互いに協力して練習できる。
（2）準備物：鉄棒
（3）展開

指示1　クマ歩き、アザラシ、クモ歩き、前回り、後ろ回り、手押し車、ダンゴムシをします。大きな動きができるようにします。終わったら、鉄棒の前に座ります。
　◆ 鉄棒に必要な基礎感覚、基礎技能づくりをする。
　◆ 子供が鉄棒遊びを喜び、楽しい授業となるには、強制ではなく、自由な遊びが必要である。自分の意思で行い、鉄棒の楽しさを体感させていく。

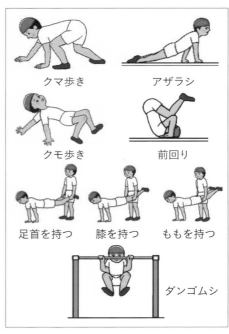

クマ歩き　　　アザラシ
クモ歩き　　　前回り
足首を持つ　膝を持つ　ももを持つ
ダンゴムシ

基礎感覚・基礎技能づくり

指示2 ツバメをします。鉄棒を両手で肩幅に握り、跳び上がります。鉄棒の上でバランスをとります。

発問1 ツバメになるには、どこを見たらよいですか。
A：上　B：前　C：下

指示3 実際にやって確かめます。どれがやりやすかったですか。

◆どれがよかったか、確認する。理由を発表させる。

◆まっすぐ前を見るとやりやすいことを説明する。

A：上　B：前　C：下

指示4 ふとんほしをします。鉄棒に跳び上がり腰で鉄棒をはさみ、力を抜きます。

発問2 ふとんほしになるには、どこを見たらよいですか。
A：上　B：膝　C：下

指示5 実際にやって確かめます。どれが回りやすかったですか。

◆どれがよかったか、確認する。理由を発表させる。

◆下を見るとやりやすいことを説明する。

A：上　B：膝　C：下

指示6 ブタの丸焼きをします。鉄棒を両手で握り、両足で鉄棒をはさみぶら下がります。鉄棒から落ちないようにします。

発問3 鉄棒から落ちないようにするには、どこを見たらよいですか。

A：頭の後　B：両手　C：両足

指示7 実際にやって確かめます。どれがよかったですか。

◆どれがよかったか、確認する。理由を発表させる。

◆両手で鉄棒をしっかり握り、両手を見るようにする。両足でしっかりとはさむ。

A：頭の後　B：両手　C：両足

⑵ 鉄棒運動　　【1】 鉄棒遊び

指示8　跳び上がり下りをします。鉄棒を両手で肩幅に握り、跳び上がります。鉄棒の上でツバメになります 。そのあと、後ろに跳び下ります。

発問4　跳び上がる時、膝はどうしたらよいですか。
　　　　A：曲げる　　B：伸ばす

指示9　実際にやって確かめます。どれがやりやすかったですか。

　　◆どれがよかったか、確認する。理由を発表させる。

　　◆膝は曲げるとやりやすいことを説明する。

A：曲げる　　B：伸ばす

指示10　足抜き回りをします。鉄棒を両手で肩幅に握り、鉄棒にぶら下がります。鉄棒の下を両足でくぐります。最初は鉄棒に両足をかけてもよいです。慣れてきたら、鉄棒に足をかけないで回ります。

発問5　スムーズに回るにはどうしたらよいですか。
　　　　A：両足を伸ばす　　B：両足を縮める

指示11　実際にやって確かめます。どれがやりやすかったですか。

　　◆どれがよかったか、確認する。理由を発表させる。

　　◆両足を縮めるとよい。

A：両足を伸ばす　　B：両足を縮める

指示12　前回り下りをします。鉄棒を両手で肩幅に握り、ツバメの姿勢から腕を曲げ、ゆっくりと下ります。

発問6　どこに下りたらよいですか。
　　　　A：鉄棒の前　　B：鉄棒の真下
　　　　C：鉄棒の後ろ

指示13　実際にやって確かめます。どれがやりやすかったですか。

　　◆どれがよかったか、確認する。理由を発表させる。

　　◆一番よいのは鉄棒の後ろである。最初は鉄棒の前→鉄棒の真下の順に下りるようにする。

A：前　B：真下　C：後ろ

指示14　逆上がりをします。鉄棒を両手で肩幅に握り、足をけって逆上がりをします。

発問7　逆上がりで足をけった時、どこを見たらよいですか。

　　　　A：後ろ　　B：真上(空)　　C：鉄棒

指示15　実際にやって確かめます。どれが回りやすかったですか。

　　◆どれがよかったか、確認する。理由を発表させる。

　　◆後ろを見るとやりやすいことを説明する。

指示16　グループごとに練習し、組み合わせを考えます。

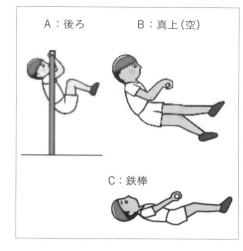

A：後ろ　　　　B：真上(空)

C：鉄棒

発問8　いくつかの技を組み合わせて鉄棒遊びをします。どんな技の組み合わせがありますか。

指示17　どんな組み合わせができたかをグループで見合います。

　　〈組み合わせの例〉

　　◆跳び上がり－ツバメ－ふとんほし－跳び下り

　　◆跳び上がり－前回り下り－足抜き回り－ブタの丸焼き

　　◆逆上がり－ふとんほし－前回り下り－足抜き回り

指示18　よい動きを見て、自分に合った組み合わせができるようにします。何度か練習させ、調子よくできるようにします。

　　◆技を組み合わせる観点を発表させ、動きを工夫する方法を理解させる。・ぶらさがる　・上がる　・回る　・下りる

　　◆組み合わせ方の観点で友達の動きを評価できる。

指示19　めあてが達成できたかをルーブリックで評価し、まとめをします。

　　◆逆上がり、前回り下り、足抜き回り、跳び上がり下りなど自分の伸びを確かめさせる。

指示20　用具を片付けて、整理運動をします。

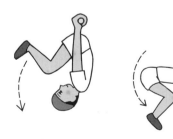

跳び上がり－前回り下り－
足抜き回り－ブタの丸焼き

4　アフォーダンス理論を取り入れた場づくり

手順：①ポートボールの台でツバメを行う。②台を置いてブタの丸焼きを行う。③鉄棒への
　　　跳び上がりを行う。④鉄棒からの跳び下りを行う。⑤足抜き回りを行う。⑥鉄棒に足
　　　をかけずに足抜き回りを行う。

ステップ1：ポートボールの台でツバメを行う

- 鉄棒を両手で肩幅に握り、跳び上がる。ツバメの姿勢になるには、まっすぐ前を見ることに気づかせる。
- 鉄棒に跳び上がれない時には、ポートボールの台を鉄棒の下に置いて補助する。実態に合わせて、台の位置を鉄棒から離していく。
- 体をまっすぐにできない子供には、あごを前に出し、つま先に力を入れるようにさせ、鉄棒の前にあるものを見るようにさせる。

実態に合わせて台の位置を鉄棒から離していく

ステップ2：台を置いてブタの丸焼きを行う

- ブタの丸焼きをする。鉄棒を両手で握り、両足で鉄棒をはさむようにする。順手で握り、手→足→足→手の順番にする。
- 足の上げられない子供には、台を置いて片足ずつのせていくようにさせる。
- 鉄棒をつかんでから、踏み台の上に足をのせ。片足ずつ、鉄棒に絡ませる。
- 鉄棒から落ちないようにするには、両手と両足でバランスをとる感覚を見つけさせる。

①じゅん手で握る
②手→手→足→足の順番

ステップ3：鉄棒への跳び上がりを行う

- 鉄棒を両手で肩幅に握り、跳び上がります。腕を伸ばして、鉄棒の上でツバメになる。
- 跳び上がる時、膝は曲げると高く上がれる。両足をそろえてつま先を伸ばすようにする。
- 次は、2つ目の線、3つ目の線から跳び上がる。しだいに遠くから跳び上がれるようにする。

膝を曲げて跳び上がる

ステップ4 ：鉄棒からの跳び下りを行う

- 鉄棒を両手で肩幅に握り、跳び上がる。腕を伸ばして、鉄棒の上でツバメになる。
- 跳び上がる時、膝は曲げると高く上がる。両足をそろえてつま先を伸ばすようにする。
- 次は、2つ目の線、3つ目の線から跳び上がる。しだいに遠くから跳び上がれるようにする。

膝を曲げて跳び下りる

ステップ5 ：足抜き回りを行う

- 足抜き回りをする。鉄棒を両手で肩幅に握り、鉄棒にぶら下がる。足、または膝の裏を鉄棒にかける。
- 肘が脇腹につくように締める。あごは鉄棒の上にくるようにする。
- 肘や膝を伸ばししっかりと前を見て、前傾姿勢を維持する。

足、または膝の裏を鉄棒にかける
あごを開いて地面を見る

ステップ6 ：鉄棒に足をかけずに足抜き回りを行う

- 最初は鉄棒に両足をかけて回る。慣れてきたら、鉄棒に足をかけないで、鉄棒の下を回る。
- 鉄棒を強く握ると回転ができないので、どのくらいの握り方がよいのかの感覚をつかませる。足抜き回りをしたり、反対に回ったりする。
- スムーズに何回も往復できるようにする。この動きが、逆上がりにつながることに気づかせる。

鉄棒に足をかけずに回る

P.103のQRコードから動画にアクセス可能

5 追試結果

報告者：德永剛／神奈川県公立小学校／対象学年：2年生

(1) 体感覚（知覚）や意識の変容（男子12人／女子15人：計27人）

【子供たちの発見と表現】

①逆上がりは、手首を返したら、回れるよ。

②ふとんほしは、力を抜いてぶらぶらするとできた。

③ブタの丸焼きは、前を見ると、上手にできた。

④跳び上がり下りは、鉄棒を強く押すと遠くに跳べる。

⑤足抜き回りは、鉄棒にお尻を早く近づけると回れる。

【教師の考察】

　ツバメは、鉄棒を押して体を支えることと、体を支えた状態でつま先まで意識できれば、うまくいくと考える。鉄棒の高さが基準となっているワークシートの項目がよい。

　ふとんほしは、体の力を抜かないとできない。回るのが怖い子供には、「おでこに先生の手を当ててごらん」と言いながら、少しずつ手の高さを下げ、足が一気に回らないように抑えながら支援した。ふとんほしは、補助ありで、全員できた。しかし、2名がどうしても怖くて、なかなか取り組めずにいたので、さらなるステップが必要だと感じた。

　ブタの丸焼きは、全員できた。しっかり握るというのは、比較的すぐできた。苦手な子供は、足で挟むことが苦手な印象だった。「足をしっかりクロスしてごらん」と声をかけた。体の重い子供は、足をかけるのに時間がかかっていた。しかし、一度、かけることができると、10秒間ブタの丸焼きに取り組むことができた。

　跳び上がり下りは、ツバメの状態から、「1、2、3……」で後ろに跳ぶ声がけを行った。ラインを引いて、遠くに下がるという目標を持たせると、上手に鉄棒を押すことができていた。

　足抜き回りは、難しかった。鉄棒に足をかけるとできるが、かけないとなるとなかなか難しかった。ワークシートのルーブリックでは、△の基準が「鉄棒に足をかけないで、1回回れる」なので、何も評価がつかない子供が、クラスの3分の1ぐらいいた。低学年であるなら、基準を下げてもいいのではないかと感じた。

　逆上がりでは、ルーブリックに、くるりんベルトと書いてあるのがよかった。くるりんベルトを使って回れる子供がたくさんいた。それでも回れない子供は、3名だった。逆上がりは、難しいので、項目を2倍ぐらい増やしてもよいのではないかと思った。できた子供は、しっかり体をへそに引きつけることができていた。

(2) 記録の変容 (男子12人／女子15人：計27人)

項　目	初めての試技直後			指導後		
	男　子	女　子	計	男　子	女　子	計
ツバメ	9　人	11　人	20　人	12　人	12　人	24　人
ふとんほし	9　人	9　人	18　人	12　人	9　人	21　人
ブタの丸焼き	12　人	12　人	24　人	15　人	12　人	27　人
跳び上がり下り	6　人	9　人	15　人	13　人	11　人	24　人
足抜き回り	1　人	3　人	4　人	1　人	3　人	4　人
逆上がり	4　人	4　人	8　人	6　人	4　人	10　人

評価基準：指導前と指導後で、それぞれ、ルーブリックの「◎(よくできた)」の基準を達成した子供の人数を記載。

【教師の考察】

　ツバメ(腕立て支持)は、「頭を起こし、正面を見る」ことをできなかった子供が、鉄棒を下に押さえ、やや前傾してできるようになった。正しい方法を知れば、比較的すぐにできる技であると分析する。この動作が技の出発点なので、全員できるようにしてあげたい。胸の高さでなくても、前回り下りは、可能ではないかと思われる。

　ふとんほしが、前回り下りの前の段階で必要である。このふとんほしができないと、前回りの時に恐怖で体が固くなってしまう子供がいる。ツバメから、ゆっくり上体を倒して回転をしていく。この時に、足を一緒に回さないように、上体だけを倒していくことを教える必要がある。ここに、大きなステップがあるように感じた。逆さまになる経験をたくさん積んでおかないと、いきなり逆さまになった時に、パニックになってしまう子供がいる。足抜き回り、コウモリなど、多様な動きを事前にやった上で取り組ませたい。

　また、台を用意し、足が着いた状態から、前回りをして逆さまな動きになれるかなどのスモールステップが必要だと考えた。

　ブタの丸焼きは、「体をしめる感覚」が必要だと思った。鉄棒を強く握る、足をかける、などに意識を向かわせるために、基礎運動として取り入れるのが大切だと考える。自分の体を支えられないと、逆上がりなどはなかなか難しい。

　跳び上がり下りは、体を支えた上体から前や後ろに足を振るので、足掛け後ろ回りや空中逆上がりにつながる。低学年では、遊びの中でできるようになればよいのではないかと思う。「1、2……」と足を振る時に、前傾でお腹が浮くようになると、さらに次の技につなげやすくなる。

　逆上がりは、腕で体を引きつけることができない子供、けり上げるのが弱い子供がいた。腕で体をひきつける感覚は、くるりんベルトで培うことができたと思う。

　ベルトの色で自分がどのレベルかを把握できるのも子供たちにとって分かりやすい指標となっていた。子供たちも繰り返し練習することで、肘を曲げて体を引きつけながら回ることが意識できているように見えた。

　一方で、けり上げる指導は、あまりしていなかった。台を用意し、徐々に高さを下げていくなど、場づくりが足りなかったと思う。けり上げるための練習の場も必要だった。

【成果と今後の課題】

〈成果〉

①ルーブリックがあることで、子供が取り組むことが明確になっていた。

②モチベーションを高く持って、取り組むことができたと考える。

③できる技が増えた。

④「鉄棒遊びを通して個人の能力に応じた課題を解決し、鉄棒運動の喜びや楽しさを体験する」を達成できた。

⑤くるりんベルトという教材名がルーブリックに入ることで、子供たちが積極的にくるりんベルトを使っていた。

〈課題〉

①低学年には、達成感があるように、他にも簡単にできるような技のルーブリックが必要だと考える（ナマケモノ、コウモリ、前回り下りなど）。

②ルーブリックは、イラストもあるとさらに分かりやすいのではないか。

③クマ歩き、クモ歩きなどを校庭でやるのに、少し抵抗のある子供がいた（校庭で土に手を着く経験が少ないため）。

④逆上がりのステップは、倍に増やしてもよいのかもしれない（「跳び箱2段→跳び箱1段→踏み切り板」のようなもの）。

⑤足抜き回りのルーブリックに、「足をつけて回れる」も入れて欲しい。

※本文の「記録の変容」の項目と一部、異なっているところがあります。ご了承下さい。

鉄棒遊び

年　　組　　番　（　　　　　　　　　　　　　　　）

ステップ	項目	内容				評価
		◎よくできた	〇できた	△もう少し	※ワオ！ 右下の四角に☑をいれよう。	◎〇△
1	ポートボールの台でツバメを行う。	肘と足を伸ばして、肩の高さの鉄棒でできる。	肘と足を伸ばして、胸の高さの鉄棒でできる。	肘を伸ばして、ポートボール台でできる。	ツバメのコツが分かる。	
2	台を置いてブタの丸焼きを行う。	全身の力を抜いて、両手を下げ、膝を見てできる。	全身の力を抜いて、両手を下げてできる。	全身の力を抜いて、補助をしてできる。	ブタのまる焼きのコツが分かる。	
3	鉄棒への跳び上がりを行う。	腰、膝を伸ばして跳び上がり、3つ目の線から跳び上がれる。	腰、膝を伸ばして跳び上がり、2つ目の線から跳び上がれる。	腰、膝を伸ばして跳び上がり、1つ目の線から跳び上がれる。	跳び上がりのコツが分かる。	
4	鉄棒への跳び下りを行う。	腕を伸ばして、3つ目の線に下りられる。	腕を伸ばして、2つ目の線に下りられる。	腕を伸ばして、1つ目の線に下りられる。	跳び下りのコツが分かる。	
5	足抜き回りを行う。	鉄棒に足をかけて、3回回れる。	鉄棒に足をかけて、2回回れる。	鉄棒に足をかけて、1回回れる。	足抜き回りのコツが分かる。	
6	鉄棒に足をかけずに行う。	鉄棒に足をかけないで、3回回れる。	鉄棒に足をかけないで、2回回れる。	鉄棒に足をかけないで、1回回れる。	足をかけないコツが分かる。	

(2) 鉄棒運動　② 逆上がり

1　授業における主張

　鉄棒は、個人の課題を克服しながら楽しんでいく運動である。他人との競争ではなく、困難な障害に挑戦し、それを克服することに喜びや楽しさがある。逆上がりを通して個人の能力に応じた課題を解決し、鉄棒運動の喜びや楽しさを体験させていく。

> 逆上がりを通して個人の能力に応じた課題を解決し、鉄棒運動の喜びや楽しさを体験する。

2　指導計画（6時間扱い）

第一次：　学習計画を立て、グルーピングをする。
　　　　　自分の能力に合った場で練習し、やさしい技ができる。　……………………2時間
第二次：　新しい技、逆上がりに挑戦してできる。
　　　　　……………………2時間
第三次：　身につけた逆上がりを組み合わせてできる。
　　　　　…………………… 2時間

> ### 逆上がりの習熟過程
> ①ふとんほし　②ブタの丸焼き
> ③前回り下り
> ④ジャングルジム逆上がり
> ⑤登り棒逆上がり　⑥足抜き回り
> ⑦くるりんベルト逆上がり
> ⑧段階別台付き鉄棒

3　単元全体の指導

（1）目標
　●新しい技、逆上がりに挑戦してできる。
　●器具や用具を点検し、互いに協力して練習できる。
（2）準備物：鉄棒、くるりんベルト、跳び箱、踏み切り板
（3）展開

指示1　ふとんほし、ブタの丸焼き、前回り下り、足抜き前回りをします。大きな動きができるようにします。1人1回ずつ行います。終わったら、鉄棒の前に座ります。
　◆鉄棒を使った基礎感覚、基礎技能づくりをする。
　◆子供が鉄棒遊びを喜び、楽しい授業となるには、強制ではなく、自由な遊びが必要である。自分の意思で行い、鉄棒

ブタの丸焼き　ダンゴムシ

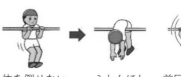
体を倒せない　ふとんほし　前回り下り

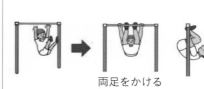
両足をかける

基礎感覚・基礎技能づくり

の楽しさを体感させていく。

指示2 ダンゴムシ（持久懸垂力）をします。鉄棒を両手で握り、ぶら下がります。鉄棒の上にあごがくるようにします。ももは水平です。
◆10秒できたら合格とする。

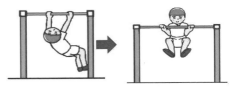

ダンゴムシ

指示3 ジャングルジム逆上がりをします。ジャングルジムで前回り、足抜き回り、逆上がりをします。最初は低い場所で、ゆっくりと回る動きをします。
◆慣れてきたら、高い場所でも安全に気をつけて回る。

前回り　　　足抜き周り　　　逆上がり

指示4 登り棒逆上がりをします。2本の低い登り棒を使って、逆上がりをします。2本の高い登り棒を使って、逆上がりをします。
◆教師が補助をして、回らせる。慣れてきたら1人で回らせる。

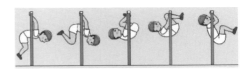

足抜き回り

指示5 足抜き回りをします。地面から両足を上げ、両足を鉄棒にかけて回ります。回れたら、下に足をつけないで、もとに戻る往復の足抜き回りをします。
◆両足そろえてできない時には、片足ずつ登り棒に足をかけて回ってもよい。

登り棒逆上がり

説明1 逆上がりは体を鉄棒に引き上げる動き（上方移動）と鉄棒を回る動き（回転運動）とからできています。できるコツは、脇をしめておへそを鉄棒につけることです。
◆逆上がりの仕組みとコツを示範しながら説明する。

> **逆上がりの仕組みとコツ**
> ①上方移動＋回転運動
> ②脇をしめる（肩角減少感）

(2) 鉄棒運動　2 逆上がり

発問1　逆上がりの立ち足の位置はどれがよいですか。

A：鉄棒の後ろ　B：鉄棒の真下

C：鉄棒の前

◆どれがよいと思うか挙手させる。人数を数える。それぞれの理由を発表させる。根拠を問うことにより、論理的思考能力を育てる。

指示6　実際にやって確かめます。どれが回りやすかったですか。グループで話し合いなさい。

説明1　Cの鉄棒の前の立ち足が回りやすいです。前の方がけりやすく、腰を鉄棒に近づけることができます。鉄棒より後ろが一番難しいです。腰を鉄棒に近づけることが難しいです。

◆「C：前」→「B：真下」→「A：後ろ」の順にできるようにする。

逆上がりの立ち足の位置はどれがよいか

A：後ろ　B：真下　C：前

ポイント

逆上がりで足をけった時、どこを見たらよいか

発問2　逆上がりで足をけった時、どこを見たらよいですか。

A：後ろ　B：真上(空)　C：鉄棒

◆どれがよいと思うか挙手させる。人数を数えて板書する。それぞれの理由を発表させる。

A：後ろ

B：真上(空)

C：鉄棒

指示7　実際にやって確かめます。どれが回りやすかったですか。

◆どれがよかったか、確認する。理由を発表させる。

◆後ろを見る動きがやりやすいことを説明する。後ろを見ることで脇がしまり、体を引き上げることができる。

◆真上を見ると腕が伸びてしまい、体を引き上げることができない。

◆鉄棒を見ると、あごをしめるので体がV字になり、落下してしまう。実際に示範しながら説明する。

指示8 くるりんベルトを使って逆上がりの練習を
します。腰にくるりんベルトを着けて回転
します。最初は跳び箱に踏み切り板をのせ
て、踏み切り板をけって逆上がりをします。
次のステップで行います。

ステップ1　3段の跳び箱に踏み切り板をのせて行う
ステップ2　2段の跳び箱に踏み切り板をのせて行う
ステップ3　1段の跳び箱に踏み切り板をのせて行う
ステップ4　跳び箱1個に踏み切り板をのせて行う
ステップ5　踏み切り板だけで行う
ステップ6　何もなしで行う

くるりんベルトを着ける

【方法】
①：1つのステップが連続して3回以上できたら、
　　次のステップへ上がる。
②：自力でできない時には、補助してもらい回る。
③：①と②を交互に繰り返す。
④：1つの段階が連続3回できたら合格とする。

指示9 実際に練習します。

指示10 段階別台付きで逆上がりの練習をします。
くるりんベルトを着けて行った方法と同じ
です。くるりんベルトを着けてステップ1
からステップ6までできたら、くるりんベ
ルトを外して行います。

指示11 めあてが達成できたかをルーブリックで評
価し、まとめをします。

指示12 用具を片付けて、整理運動をします。グ
ループで協力します。

段階別台付き逆上がり

4 アフォーダンス理論を取り入れた場づくり

手順：①跳び箱3段・くるりんベルトで行う。②跳び箱2段・くるりんベルトで行う。③跳び箱1段・くるりんベルトで行う。④跳び箱1個・くるりんベルトで行う。⑤踏み切り板だけ・くるりんベルトで行う。⑥何もなし・くるりんベルトで行う。

ステップ1：跳び箱3段・くるりんベルトで行う

- くるりんベルトを腰に着けて、3段の跳び箱に踏み切り板をのせて行う。

- くるりんベルトを腰に着けているので落下する心配がなく、安心して行える。

- 踏み切り板は上の方をける。下だと腰の上方移動が難しい。

- 踏み切り板をけると同時に、振り上げ足を伸ばして回転をする。

跳び箱3段・くるりんベルトあり

ステップ2：跳び箱2段・くるりんベルトで行う

- くるりんベルトを腰に着けて、2段の跳び箱に踏み切り板をのせて行う。

- 3段の跳び箱に比べて、踏み切り板の傾斜が緩やかになっているので、上方移動が難しい。

- 踏み切り板のどこをけるか。どのくらいの強さでけったらよいのかを調整する中で、一番よい位置、強さを見つけていく。

跳び箱2段・くるりんベルトあり

ステップ3：跳び箱1段・くるりんベルトで行う

- くるりんベルトを腰に着けて、1段の跳箱に踏み切り板をのせて行う。

- 2段の跳び箱に比べて、踏み切り板の傾斜が緩やかになっているので、上方移動が難しい。

- けっても腰が上がらない。「トン・トン・トーン」のリズムで強く踏み切り板をけるようにする。

- どのくらいの強さでければよいのかを試行錯誤の中で気づいていく。

跳び箱1段・くるりんベルトあり

ステップ4 : 跳び箱1個・くるりんベルトで行う

● くるりんベルトを腰に着けて、1個の跳び箱に踏み切り板をのせて行う。

● 1段の跳び箱に比べて、踏み切り板の傾斜が緩やかになっているので、上方移動が難しい。

● 足をけると同時に反対の振り上げ足を大きく振り込み、回転スピードを高める。

● どのくらいのスピードがよいのかを、何度も試す中で気づいていく。

跳び箱1個・くるりんベルトあり

ステップ5 : 踏み切り板だけ・くるりんベルトで行う

● くるりんベルトを腰に着け、踏み切り板だけで行う。跳び箱の高さがないので、今までより上方移動が難しい。

● 踏み切り板をける強さと振り上げ足のスピードをさらに強くしていく。

● 鉄棒に腰がのったら頭を起こして、回転のスピードを高める。

● どのくらいのスピードがよいかを調整しながら、発見していく。

踏み切り板だけ・くるりんベルトあり

ステップ6 : 何もなし・くるりんベルトで行う

● くるりんベルトを腰に着けて、何もなしで行う。

● 何もないので、上方移動も回転運動もスムーズにできない。

● 一番難しいのは、鉄棒に体を引き上げる時である。肘を曲げて体を上げるタイミングが大事である。

● 足のけり、体を引き上げる、回転するタイミングが一致するように練習する。

● 何度も調整していく中で、最適なタイミングに気づかせる。

何もなし・くるりんベルトあり

※くるりんベルトでできるようになったら、くるりんベルトなしで行う。
※くるりんベルトは株式会社東京教育技術研究所で購入できる。

P.111のQRコードから動画にアクセス可能

5 追試結果

報告者：三島麻美／島根県松江市公立小学校／対象学年：3年生

(1) 体感覚（知覚）や意識の変容（男子2人／女子5人：計7人）

【子供たちの発見と表現】

①跳び箱を3段の時は、ける位置が高くなりけりやすかった。けり方のコツが分かると、跳び箱を低くしていっても逆上がりができるようになった。

②地面よりも、踏み切り板の方がけりやすかった。踏み切り板がなくなると回りにくくなったが、地面の遠くをけり、体の回転を速くするように気をつけると回れるようになった。

【教師の考察】

①跳び箱があると足の振り上げが高くなり、体の上方移動もしやすくなった。くるりんベルトを着けると、おへそが鉄棒から離れなくなった。

②立ち足の位置を考えさせ、鉄棒より前に出すことで、ける位置が鉄棒より遠くになり、足の振り上げが高くなった。

(2) 記録の変容（男子14人／女子15人：計29人）

項　目	初めての試技直後			指導後		
	男　子	女　子	計	男　子	女　子	計
3段の跳び箱	3　人	6　人	9　人	2　人	1　人	3　人
2段の跳び箱	1　人	5　人	6　人	1　人	5　人	6　人
1段の跳び箱	0　人	0　人	0　人	0　人	0　人	0　人
1個の跳び箱	0　人	0　人	0　人	0　人	0　人	0　人
踏み切り板だけ	0　人	0　人	0　人	0　人	0　人	0　人
何もなし	6　人	5　人	11　人	8　人	10　人	18　人

評価基準：指導前と指導後で、それぞれ、ルーブリックの「◎（よくできた）」の基準を達成した子供の人数を記載。

【教師の考察】

跳び箱3段とくるりんベルトを合わせて使うことで、29人中26人の子供が逆上がりをすることができ、その後の活動の意欲につながった。跳び箱やくるりんベルトを使って逆上がりができた子供には、回転感覚を忘れないうちに連続で逆上がりを行わせると、自然と回転速度が上がっていった。

【成果と今後の課題】

くるりんベルトと跳び箱を両方使うことで、子供たちは自分で少しずつレベルを上げたり、1つステップを下げたりでき、徐々に逆上がりの感覚をつかむことができていた。くるりんベルトを着け、跳び箱を3段にしても逆上がりができない子供が2名いた。体を後ろ向きに逆さまにすることに抵抗があり、強くけったり、後ろを向いたりすることができなかった。今後は、下に柔らかいものを敷くなど、恐怖心を取り除く指導を取り入れていきたい。

逆上がり（さかあがり）

年（ねん）　組（くみ）　番（ばん）（　　　　　　　　　　　　　）

ステップ	項目（こうもく）	内容（ないよう）				評価（ひょうか）
		◎よくできた	○できた	△もう少（すこ）し	❀ワオ！ 右下の四角に☑をいれよう。	◎○△
1	3段の跳び箱に踏み切り板をのせる。	踏み切り板の上をけれる。	踏み切り板の真ん中をけれる。	踏み切り板の下をけれる。	踏み切り板の使い方が分かる。	
2	2段の跳び箱に踏み切り板をのせる。	踏み切り板を強くけれる。	踏み切り板をやや強くけれる。	踏み切り板のけりが弱い。	踏み切り板をける音に気づく。	
3	1段の跳び箱に踏み切り板をのせる。	振り上げ足が頭の上まで上がる。	振り上げ足が鉄棒の上まで上がる。	振り上げ足が鉄棒より下になる。	振り上げ足の位置に気づく。	
4	1個の跳び箱に踏み切り板をのせる。	わきをしめて、3回上がれる。	わきをしめて、2回上がれる。	わきをしめて、1回上がれる。	わきをしめるコツに気づく。	
5	踏み切り板だけで行う。	足をけって上がる時、後ろを見て3回上がれる。	足をけって上がる時、空を見て2回上がれる。	足をけって上がる時、空を見て1回上がれる。	けって上がる時の目線が分かる。	
6	何もなしで行う。	踏み切り足を鉄棒より前でけり、3回できる。	踏み切り足を鉄棒の真下でけり、2回できる。	踏み切り足を鉄棒より後ろでけり、1回できる。	踏み切り足の位置が分かる。	

（2）鉄棒運動　❸ 後方支持回転

1 授業における主張

　鉄棒は、個人の課題を克服しながら楽しんでいく運動である。他人との競争ではなく、困難な障害に挑戦し、それを克服することに喜びや楽しさがある。後方支持回転を通して個人の能力に応じた課題を解決し、鉄棒運動の喜びや楽しさを体験させていく。

> 後方支持回転を通して個人の能力に応じた課題を解決し、後方支持回転の喜びや楽しさを体験する。

2 指導計画（6時間扱い）

第一次：　学習計画を立て、グルーピングをする。
　　　　　自分の能力に合った場で練習し、やさしい技ができる。　……………………2時間
第二次：　新しい技、後方支持回転に挑戦してできる。　……………………2時間
第三次：　身につけた後方支持回転を組み合わせてできる。　……………… 2時間

後方支持回転の習熟過程

①前回り下り　②足抜き回り
③くるりんベルト逆上がり
④段階別台付き逆上がり
⑤逆上がり　⑥連続逆上がり
⑦後方支持回転

3 単元全体の指導

（1）目標
- ●新しい技、後方支持回転に挑戦してできる。
- ●器具や用具を点検し、互いに協力して練習できる。

（2）準備物：鉄棒、くるりんベルト、跳び箱、踏み切り板

（3）展開

指示1　ふとんほし、ブタの丸焼き、前回り下り、足抜き前回りをします。大きな動きができるようにします。1人1回ずつ行います。終わったら、鉄棒の前に座ります。
- ◆鉄棒を使った基礎感覚、基礎技能づくりをする。
- ◆子供が鉄棒遊びを喜び、楽しい授業となるには、強制ではなく、自由な遊びが必要である。自分の意思で行い、鉄

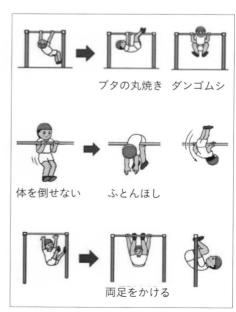

ブタの丸焼き　ダンゴムシ

体を倒せない　　ふとんほし

両足をかける

基礎感覚・基礎技能づくり

棒の楽しさを体感させていく。

指示2 後方支持回転ができるには、逆上がりをできるようにします。逆上がりで、体を鉄棒に引き上げ、回転することができない時には、段階別台付き鉄棒で練習します。最初はくるりんベルトで練習し、次はくるりんベルトなしで練習します。

◆跳び箱に踏み切り板をのせて、踏み切り板をけって逆上がりをする。1つの段階が連続3回できたら合格とする。

◆跳び箱の高さは3段→2段→1段→踏み切り板→なしの順で行う。

〈つまずきに応じた指導〉

①：体を鉄棒に引き上げ、回転することができない。

◆段階別鉄棒の練習をする。

◆跳び箱に踏み切り板をのせて、踏み切り板をけって逆上がりをする。跳び箱の高さは3段→2段→1段→踏み切り板→なしの順で行う

◆1つの段階が連続3回できたら合格とする。

②：回転力が弱いために、頭が上にあがらず、回れない。

◆腰にくるりんベルトを着けて回転する。跳び箱に踏み切り板をのせて、踏み切り板をけって逆上がりをする。

◆1つの段階が連続3回できたら合格とする。

説明1 後方支持回転は、下半身を軽く振り上げ、背中から倒すように回転に入ります。できるコツは、腰が鉄棒から離れないことです。鉄棒の上に腰を早くのせ、手首を返して腕立ての姿勢になります。

◆後方支持回転の仕組みとコツを示範しながら説明する。

踏み切り板をける

くるりんベルトを着ける

跳び箱と踏み切り板を使う

後方支持回転の仕組みとコツ

①鉄棒を軸にした回転運動
②脇をしめる（肩角減少感覚）

発問1　後方支持回転をします。腕立ての姿勢の時、どこを見たらよいですか。

A：正面　B：鉄棒　C：空

◆どれがよいと思うか挙手させる。人数を数える。それぞれの理由を発表させる。根拠を問うことにより、論理的思考能力を育てる。

指示3　実際にやって確かめます。どれが回りやすかったですか。グループで話し合いなさい。

説明2　正面がやりやすいです。正面を見て、腕で支持してから後方支持回転するとできます。腰を伸ばして回転に入ります。最初は小さく後方に足を上げます。回転が始まったら体を丸め、腹を鉄棒にのせるようにします。

A：後ろ　B：真下　C：前

発問2　後方支持回転を入れて、組み合わせ技をつくるには、どんな組み合わせがよいですか。友達の組み合わせ技を見ます。どこが上手か見つけます。

◆友達の動きを見て、上がる－回る－下りるの技を入れて、スムーズな組み合わせ技ができていることが分かる。

指示4　自分の考えた組み合わせ技を練習します。上がる－回る－下りるの技を組み合わせて練習します。

逆上がり→後方支持回転→前回り下り

〈組み合わせ技の例〉

　逆上がり－後方支持回転－前回り下り

　逆上がり－後方支持回転－振り跳び

　足かけ上がり－後方支持回転－前方支持回転－前回り下り

〈つまずきに応じた指導〉

　①：回転加速を出して回れないために、落下する。

　　〈方法〉

　　◆腰にくるりんベルトを着けて回転する。

　　◆最初はベルトをきつく締め、だんだんゆるめていく。最後はベルトなしで行う。

　　〈チェックポイント〉

　　◆1つの段階が連続3回できたら合格とする。

　　◆くるりんベルトをだんだんゆるめて3回ずつ回る。

落下する　　　　　⇒　　　　くるりんベルトを着ける　　　　　回れる

　②：手首の返しがなく、鉄棒に上がれない。

　　〈方法〉

　　◆鉄棒のそばで肩と腰を補助して回転する。

　　◆だんだん回れるようになったら、補助の力を弱めていく。

　　〈チェックポイント〉

　　◆肩を押して、回転加速をつけるようにする。

　　◆腰を補助し、鉄棒から離れないようにする。

鉄棒に上がれない　　　⇒　　　腰と肩で補助をする　　　　鉄棒に上がれる

4　アフォーダンス理論を取り入れた場づくり

　手順：①足抜き回りを行う。②補助具あり逆上がりを行う。③補助具なし逆上がりを行う。④補助具あり後方支持回転を行う。⑤補助あり後方支持回転を行う。⑥後方支持回転を行う。

ステップ1：足抜き回りを行う

- 足抜き回りをする。鉄棒を両手で肩幅に握り、鉄棒にぶら下がる。鉄棒の下を両足でくぐる。
- 最初は鉄棒に両足をかけて回る。慣れてきたら、鉄棒に足をかけないで、鉄棒の下を回る。
- 鉄棒を強く握ると回転ができない。どのくらいの握り方がよいのかの感覚をつかむ。

①鉄棒の下を両足でくぐる
②最初は両足を鉄棒にかけ、
　次は鉄棒に足をかけないで回る

ステップ2：補助具あり逆上がりを行う

- くるりんベルトを腰に着けて、跳び箱1〜3段に踏み切り板をのせて行う。
- 踏み切り板は上の方をける。下だと腰の上方移動が難しい。
- 踏み切り板をけると同時に、振り上げ足を伸ばして回転をする。
- 最後は、跳び箱、踏み切り板なしで行う。

①くるりんベルトを着けて逆上がりをする
②次はくるりんベルトなしで逆上がりをする

ステップ3：補助具なし逆上がりを行う

- くるりんベルトを着けないで、跳び箱1〜3段に踏み切り板をのせて行う。
- 跳び箱の数が少ないと、踏み切り板の傾斜が緩やかになっているので、上方移動が難しい。
- けっても腰が上がらない。「トン・トン・トーン」のリズムで強く踏み切り板をけるようにする。
- どのくらいの強さでければよいのかを試行錯誤の中で気づいていく。
- 最後は、跳び箱、踏み切り板なしで行う。

①胸を鉄棒に引きつける
②振り上げた足を鉄棒より高く上げる
③けり上げた足で振り上げた足を追い越す

ステップ4：補助具あり後方支持回転を行う

- くるりんベルトを腰に着けて、後方支持回転を行う。
- 正面を見て、腕で支持し、腰を伸ばしてから後方支持回転をする。
- 最初は小さく後方に足を上げる。回転が始まったら体を丸め、腹を鉄棒にのせる。
- どのくらいのスピードがよいのかを、何度も試す中で気づいていく。

①3回できたら次の長さへ
②最も長くなったら補助具に体重をかけない

ステップ5：補助あり後方支持回転を行う

- 手首の返しがなく、鉄棒に上がれない時には、鉄棒のそばで肩と腰を補助して回転する。
- だんだん回れるようになったら、補助の力を弱めていく。
- 肩を押して、回転加速をつけるようにする。
- 腰を補助し、鉄棒から離れないようにする。

①鉄棒のそばで肩と腰を補助して回転する
②回れるようになったら補助の力を弱める

ステップ6：後方支持回転を行う

- くるりんベルト、補助なしで後方支持回転をする。何もないので、腰が鉄棒から離れて回転運動がスムーズにできない。
- 一番難しいのは、鉄棒に腰をつけて回転する時である。脇を締めて腰が鉄棒から離れないようにして、回転するタイミングが大事である。
- 何度も調整していく中で、最適なタイミングに気づかせる。

①鉄棒に腰をつけて回転する
②脇をしめて腰が鉄棒から離れないようにする

P.119のQRコードから動画にアクセス可能

5 追試結果

報告者：禾几啓吾／石川県金沢市立小坂小学校／対象学年：5年生

(1) 体感覚（知覚）や意識の変容（男子13人／女子16人：計29人）

【子供たちの発見と表現】

- ・太ももを鉄棒から離さないようにするとよかった。
- ・足を前に振って反動をつけるとよかった。
- ・足を大きく後ろに振り上げるとできた。

【教師の考察】

「鉄棒の上に腰を乗せる」といったような具体的な言葉があることで、動きの変化が見られた子供がいた。また、技のポイントは指導するが、自分自身で感じたコツを自分の言葉で書き出すことができた子供は少なかった。

(2) 記録の変容（男子12人／女子16人：計28人）

項　　目	初めての試技直後			指導後		
	男　子	女　子	計	男　子	女　子	計
足抜き回り	6　人	3　人	9　人	10　人	14　人	24　人
補助具あり逆上がり	5　人	8　人	13　人	10　人	14　人	24　人
補助具なし逆上がり	5　人	7　人	12　人	7　人	9　人	16　人
補助具あり後方支持回転	1　人	1　人	2　人	9　人	13　人	22　人
補助あり後方支持回転	1　人	1　人	2　人	8　人	8　人	16　人
後方支持回転	1　人	1　人	2　人	3　人	3　人	6　人

評価基準：指導前と指導後で、それぞれ、ルーブリックの「◎（よくできた）」の基準を達成した子供の人数を記載。

【教師の考察】

体をスイングすることは、多くの子供ができたが、そこから体を後ろに倒すことに対する抵抗感が見られた。補助具を使うことで、少しずつ慣れていったが、補助具なしとなると難しく、感覚づくりに時間がかかると感じた。ルーブリックにそって学習を進めることで、逆上がりができない子供にとっては、補助具ありの逆上がりから取り組めることで安心して学習に取り組むことができたが、なかなかコツを掴めない子供にとっては体育の時間のみの取り組みとなってしまい、習得が難しかった。

【成果と今後の課題】

授業で「できそうだ」と手応えをつかんだ子供は、休み時間などで自ら取り組み、技を習得することができた。単元終了後も友達同士で練習し、習得した子供も見られた。体を前方にスイングする時に、しっかりとつま先を鉄棒より高く上げるようにすることで鉄棒からお腹を離さずに上手く回転することができた子供が見られた。一方で逆上がりが難しい子供にとっては逆上がりから練習になり、単元の時間の中で後方支持回転の習得には至らなかった。技の習熟度のバランスがとれたグルーピングをすることも必要だった。

年　組　番（　　　　　　　　　　　　　）

ステップ	項目（こうもく）	内容（ないよう）			※ワォ! 右下の四角に☑をいれよう。	評価（ひょうか） ◎○△
		◎よくできた	○できた	△もう少（すこ）し		
1	足抜（あしぬ）き回（まわ）り を行（おこな）う。	鉄棒（てつぼう）に足（あし）をかけないで、ゆっくり3回回（かいまわ）れる。	鉄棒（てつぼう）に足（あし）をかけないで、ゆっくり2回回（かいまわ）れる。	鉄棒（てつぼう）に足（あし）をかけないで、ゆっくり1回回（かいまわ）れる。	足抜（あしぬ）き回（まわ）りの仕方（しかた）が分（わ）かる。	
2	くるりんベルトあり逆上（さかあ）がりを行（おこな）う。	くるりんベルトを腰（こし）に着（つ）けて、スムーズに3回逆上（かいさかあ）がりができる。	くるりんベルトを腰（こし）に着（つ）けて、踏（ふ）み切（き）り板（ばん）を使（つか）って3回逆上（かいさかあ）がりができる。	くるりんベルトを腰（こし）に着（つ）けて、跳（と）び箱（ばこ）に踏（ふ）み切（き）り板（ばん）をのせて1回（かい）逆上（さかあ）がりができる。	くるりんベルトの使（つか）い方（かた）に気（き）づく。	
3	くるりんベルトなし逆上（さかあ）がりを行（おこな）う。	くるりんベルトなしで、スムーズに3回逆上（かいさかあ）がりができる。	くるりんベルトなしで、踏（ふ）み切（き）り板（ばん）を使（つか）って3回逆上（かいさかあ）がりができる。	くるりんベルトなしで踏（ふ）み切（き）りをのせて3回逆上（かいさかあ）がりができる。	くるりんベルトなしの仕方（しかた）を見（み）つける。	
4	くるりんベルトあり後方支持回転（こうほうしじかいてん）を行（おこな）う。	くるりんベルトを腰（こし）に着（つ）けて、スムーズに3回（かい）後方支持回転（こうほうしじかいてん）ができる。	くるりんベルトを腰（こし）に着（つ）けて、2回（かい）後方支持回転（こうほうしじかいてん）ができる。	くるりんベルトを腰（こし）に着（つ）けて、1回（かい）後方支持回転（こうほうしじかいてん）ができる。	くるりんベルトでコツを見（み）つける。	
5	補助（ほじょ）あり後方支持回転（こうほうしじかいてん）を行（おこな）う。	補助（ほじょ）ありで、スムーズに3回（かい）後方支持回転（こうほうしじかいてん）ができる。	補助（ほじょ）ありで2回（かい）後方支持回転（こうほうしじかいてん）ができる。	補助（ほじょ）ありで、1回（かい）後方支持回転（こうほうしじかいてん）ができる。	補助（ほじょ）ありの仕方（しかた）が分（わ）かる。	
6	何（なに）もなしで後方支持回転（こうほうしじかいてん）を行（おこな）う。	大（おお）きな動（うご）きで、スムーズに3回（かい）後方支持回転（こうほうしじかいてん）ができる。	スムーズに2回（かい）後方支持回転（こうほうしじかいてん）ができる。	1回（かい）後方支持回転（こうほうしじかいてん）ができる。	後方支持回転（こうほうしじかいてん）のコツが分（わ）かる。	

（3）跳び箱　１ 開脚跳び

1　授業における主張

　自分に合った課題を持ち、それに挑戦し達成する喜びが味わえる工夫を図る。自分のできる跳び越し方を確かめさせる。そのあと高さと向きに挑戦させていく。開脚跳びで、やさしい障害から難しい障害を行うようにする。

> 開脚跳びを通して個人の能力に応じた課題を解決し、跳び箱運動の喜びや楽しさを体験する。

2　指導計画（6時間扱い）

第一次：　学習計画を立て、グルーピングをする。
　　　　　今できる跳び方で、高さや距離に挑戦して練習できる。　……………………… 2時間
第二次：　新しい技、開脚跳びに挑戦してできる。
　　　　　　　　　　　　　　 ……………………… 2時間
第三次：　身につけた開脚跳びで高さや距離に挑戦してできる。　……………………… 2時間

> **開脚跳びの習熟過程**
> ①足打ち跳び　②手押し車
> ③ウサギ飛び　④タイヤ跳び
> ⑤連続タイヤ跳び　⑥馬跳び
> ⑦連続馬跳び　⑧またぎ越し
> ⑨横・開脚跳び
> ⑩縦・開脚跳び

3　単元全体の指導

（1）目標
- ●新しい技、開脚跳びに挑戦してできる。
- ●器具や用具を点検し、互いに協力して練習できる。

（2）準備物：跳び箱、踏み切り板
（3）展開

指示1　動物歩き、手押し車、ウサギ跳び、タイヤ跳び、馬跳びをします。大きな動きができるようにします。終わったら、跳び箱の前に座ります。
- ◆跳び箱に必要な基礎感覚、基礎技能づくりをする。
- ◆子供が跳び箱遊びを喜び、楽しい授業となるよう、開脚跳びに必要な腕支持、逆さ感覚を身につけさせる。その後、跳び箱の楽しさを体感させていく。

クマ歩き　足打ち跳び

ウサギ跳び

タイヤ跳び

馬跳び

基礎感覚・基礎技能づくり

指示2 手押し車をします。車になる人は、両手をしっかりと床に着けます。車の足を持つ人は、足首を持ちます。

◆足を伸ばして、両手をしっかりと着けさせる。

◆片足ずつの足首をゆっくりと持たせる。

◆持った足首は、静かにゆっくりと下ろさせる。

◆手に体重をかけ、それから足を上げさせる。

膝が曲がる　　　膝を伸ばす

手押し車

指示3 ウサギ跳びをします。その場で、足→手→足の順に着きます。手を1歩前に着いて、足→手→足の順に着きます。「トン」で両手を床に着き両足で跳びます。「パッ」で両足を床に着き、両手を前に出します。

◆最初はその場で「トン・パッ」のリズムで何回も跳ばせる。

◆「トン・パッ」のリズムが身についたら1歩前に跳ばせる。

足　　手　　足

ウサギ跳び

指示4 タイヤ跳びをします。1人でタイヤ跳びをします。1人でできたら連続タイヤ跳びをします。

◆手の突き放しができるようにさせる。

◆リズミカルに跳べるようにさせる。

1人で　　連続で

タイヤ跳び

指示5 馬跳びをします。2人1組で馬跳びをします。1人が馬をつくり、もう1人が跳びます。1人3回跳んだら交代します。1人でできたら連続馬跳びをします。

◆馬の背中を強く突き放すようにさせる。

◆できるだけ、遠くに着地するようにさせる。

馬跳び

説明1 開脚跳びは、腕を支点とした体重移動です。自分の手に体重をかけ、移動する感覚をつけることが大事です。そのために、足打ち跳び、ウサギ跳び、タイヤ跳び、馬跳びは効果があります。

開脚跳びの仕組みとコツ

①腕を支点とした体重移動

②ウサギ跳びのリズムで跳ぶ

(3) 跳び箱　　**1** 開脚跳び

発問1　開脚跳びで、跳び箱のどこに手を着いたらよい
　　　　ですか。
　　　　　A：先端　B：まん中　C：手前

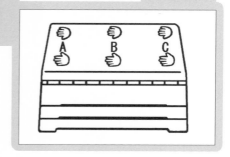

指示6　跳べる人と跳べない人とではどこが違うか、跳
　　　　べる人と跳べない人を見て比べます。
　　　　◆示範は、手が跳び箱の前に着き、体重移動
　　　　　ができている子供に2回させる。
　　　　◆跳べない示範は教師がする。助走のスピード、
　　　　　踏み切りの強さは同じにして、着手を変える。

説明2　動きを比べて、どこが違うかが分かりましたね。
　　　　跳べる人の手の位置は跳び箱の前に着いていま
　　　　す。
　　　　手の突き放しがよくできています。手の着く位
　　　　置は先端がよいです。

発問2　開脚跳びで、肩は着手の位置より前に出る方が
　　　　よいですか。それとも、後ろに残る方がよいで
　　　　すか。
　　　　A：着手より前に出る
　　　　B：着手より後ろに残る
　　　　◆A、Bは板書して、肩の線をはっきりと確認
　　　　　させる。
　　　　◆A、Bのどちらがよいかを挙手させて、人数
　　　　　を調べる。
　　　　◆A、Bの理由を聞く。

指示7　実際にやって確かめます。どちらが跳びやすかっ
　　　　たですか。

説明3　Bのように、肩が後ろに残っていると突き放し
　　　　ができず、体重移動ができません。肩は着手の
　　　　位置より前に出る方がよいです。

発問3　開脚跳びで跳び越す時、目はどこを見たらよい
　　　　ですか。
　　　　　A：正面　B：マット　C：手元
　　　　◆A、B、Cのどれがよいかを挙手させて、人
　　　　　数を調べる。A、B、Cの理由を聞く。

指示8　実際にやって確かめます。どれが跳びやすかっ
　　　　たですか。

ポイント

開脚跳びで、肩は着手の位置より前
に出る方がよいか
A：着手より前に出る
B：着手より後ろに残る

(A)

(B)

<u>説明4</u>　Bのように、マットの先を見るのがよいです。
Aのように正面を見ると、腕の突き放しができ
ないために跳び越せません。Cのように手元を
見るとストップしてしまいます。

<u>指示9</u>　自分の力に合った跳び箱を選び、めあてに従っ
て練習します。跳べない人は、先生と一緒に向
山型A式、向山型B式、向山型C式を練習します。

　A：跳び箱・横4段で跳ぶ。
　B：跳び箱・縦4段で跳ぶ。
　C：跳び箱・横5段で跳ぶ。
　D：跳び箱・縦5段で跳ぶ。
　E：向山型A式で跳ぶ。
　F：向山型B式で跳ぶ。
　G：向山型C式で跳ぶ（向山型C式は、根津盛吾
　　　氏TOSS掛川合宿 体育特別分科会資料より
　　　引用）。

【方法】
　①：1つのステップが連続して3回以上できたら、次の
　　　ステップへ進む。
　②：自力でできない時には、教師に補助してもらい跳
　　　べるようにする。向山型A式、向山型B式、向山
　　　型C式を行う。
　③：跳べるようになったら、跳び箱・横4段、跳び箱・
　　　縦4段、跳び箱・横5段、跳び箱・縦5段で跳ぶ。
　④：1つの段階が連続3回できたら合格とする。
　⑤：跳べない時には、無理をしないでやさしい場に移
　　　り練習する。跳ぶコツをつかんだら、難しい場に
　　　挑戦する。
　⑥：上手に跳べている友達の動きを観察して、よいと
　　　ころを自分の動きに取り入れていく。

向山型C式
着手位置

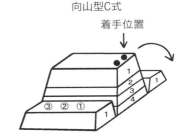

①～③は足の位置

ステップ1→①から下りる
ステップ2→②から下りる
ステップ3→③から下りる

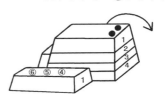

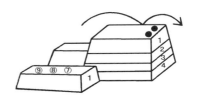

<u>指示10</u>　めあてが達成できたかをルーブリックで評価し、
まとめをします。
　　◆自分の伸びを確かめさせる。
　　◆本時のまとめをし、次時のねらいをつかませる。
<u>指示11</u>　用具を片付けて、整理運動をします。グループ
で協力します。

4 アフォーダンス理論を取り入れた場づくり

手順：①床でのウサギ跳びを行う。②馬跳びを行う。③向山型A式を行う。④向山型B式を行う。⑤跳び箱4段の横・縦を行う。⑥跳び箱5段の横・縦を行う。

ステップ1 ：床でのウサギ跳びを行う

- 最初はマットの上で行う。両腕で体を支持する感覚と逆さになる感覚を体感させる。ウサギ跳びのできない子供には、腕支持感覚と逆さ感覚を身につけさせる。そのためにウサギ跳びは有効である。

- 次に、足→手→足の順に着く動きの感覚をつかませる。手を1歩前に着いて、足→手→足の順に着く。両足で跳んで、「トン」で両手を床に着く。両足が床に着く前に「パッ」と両手を前に出す。

①手→足の順で着く
②手より足が前に出るとよい

ステップ2 ：馬跳びを行う

- 最初は2人1組で、1人が馬をつくり、もう1人が跳ぶ。馬跳びは、高いところでのウサギ跳びである。高くなってもウサギ跳びと同じように、腕支持をして強く突き放して着地できるようにする。

- どのくらいの力で突き放すと跳び越えられるかに気づかせる。

- 1人の次は、連続馬跳びをする。連続で跳ぶには、遠くに着地することが大事である。練習する中で、最適な突き放し感覚をつかませる。

連続で跳び越せるとよい

ステップ3 ：向山型A式を行う

- 向山型A式を行う。

- 跳び箱にまたいで座る。

- 跳び箱の端に手を着いて跳び下りる。

- 両手に体重をかけ、腕を突き放す感覚をつかませる。どのくらいの突き放しがよいかの感覚を気づかせる。

- 体を持ち上げて、ゆっくりと跳び下りる。体を持ち上げる時にゆっくり行うことで、体重移動の感覚を体感させる。

向山型A式指導

ステップ4 ：向山型B式を行う

- 向山型B式を行う。
- 教師が跳び箱の横に立つ。
- 助走してくる子供の腕を片手でつかみ、お尻を片手で支えて跳ばせる（平行に送る）。
- 手にかかる体重が少なくなってきたら、補助の手を引く。
- 教師の補助で、次第に腕を支点とした体重移動ができるようになる。次第に補助の力が少なくなり、体重移動を調整する中で、跳ぶ感覚に気づいていく。

向山型B式指導

ステップ5 ：跳び箱4段の横・縦を跳ぶ

- 長さ90cmの跳び箱を跳ぶ前に、写真のような幼児用の跳び箱を跳ぶ。着手の位置を跳び箱の先端、中央、手元でどれが一番跳びやすいかを確かめる。練習する中で先端がよいことに気づかせる。
- 幼児用跳び箱の横・縦が跳べるようになったら、長さ90cmの跳び箱4段の横に挑戦させる。跳び箱が長くなっても、腕を支点とした体重移動を調整する中で、跳び箱が跳べる感覚に気づかせる。
- 横ができたら縦に挑戦させる。

手を跳び箱の前に着く

ステップ6 ：跳び箱5段の横・縦を跳ぶ

- 長さ90cm の跳び箱5段の横・縦に挑戦する。安全な跳び方をするには、写真のようにマットの先を見るのがよい。正面、マットの先、手元のどこを見ると跳び越しやすいのかを試す。
- 正面を見ると、腕の突き放しができない。手元を見るとストップしてしまう。
- 一番よいのはマットの先を見ることである。マットの先を見ると、腕の突き放しが強くできる。自分で試してみたり、友達の動きを見て、目線を調整していく中で、最適な跳び方を見つけていく。視覚調整感覚の大切さに気づく。

開脚跳びの一連の流れ

P.127のQRコードから動画にアクセス可能

5 追試結果

報告者：黒田陽介／東京都青梅市立第一小学校／対象学年：４年生

(1) 体感覚（知覚）や意識の変容（男子16人／女子16人：計32人）

【子供たちの発見と表現】

①ウサギ跳びのように手を強くつけば、上手く跳べた。

②「トン・パッ・トン」とリズムに気をつけると、軽く跳べたような気がした。力強く踏み切ろうとすると、体がガチガチになって、上手く跳べなかった。

③跳び箱が高くなると、高く踏み切れなくなって跳び箱の上に乗ってしまった。助走の勢いをつけて、スピードに乗って踏み切ると跳ぶことができた。

【教師の考察】

「力強く踏み切れば跳べる」と考える子供が多かった。その意識で跳ぶと、踏み切りの局面で余計な力が入り、体が止まってしまう。開脚跳びができない子供の多くが、踏み切りでスピードが止まっていた。感覚づくり運動の「ウサギ跳び」が効果的で、「トン・パッ」のリズムを意識して練習することで、踏み切りから着地までの動きがスムーズになる。その結果、踏み切りで力む子供が減り、助走のスピードを活かして勢い良く踏み切り、体を投げ出して空中局面につなげられるようになった。

(2) 記録の変容（男子16人／女子16人：計32人）

項　　目	初めての試技直後			指導後		
	男　子	女　子	計	男　子	女　子	計
ウサギ跳び	11　人	11　人	22　人	12　人	13　人	25　人
馬跳び	5　人	4　人	9　人	7　人	6　人	13　人
向山型Ａ式	9　人	6　人	15　人	12　人	12　人	24　人
向山型Ｂ式	2　人	4　人	6　人	11　人	11　人	22　人
跳び箱４段	2　人	3　人	5　人	11　人	10　人	21　人
跳び箱５段	1　人	1　人	2　人	10　人	7　人	17　人

評価基準：指導前と指導後で、それぞれ、ルーブリックの「◎（よくできた）」の基準を達成した子供の人数を記載。

【教師の考察】

４年生７月の実践である。指導前、32人中11人が開脚跳びが跳べないと答えた。第１時で跳べない子供10名が跳べるようになった。そのうち８名は、向山型Ｂ式で「腕を支点とした体重移動」の感覚をつかんで跳べるようになった。残り１名は見学であったが、第２時で個別指導（向山型Ｃ式）を行うことで跳び箱を跳ぶ感覚をつかみ、32名全員が跳べるようになった。ルーブリックで毎時間、個別のめあてを立て、動きを意識して運動したことで、多くの子供に動きの改善が見られた。感覚づくり運動として行った「ウサギ跳び」「手押し車」の効果で、手の突き放し感覚がつき、跳び箱が高くなっても手の突き放しができて大きな開脚跳びで跳び越せる子供が多かった。

【成果と今後の課題】

ルーブリックを活用して自分でめあてを立てて技能を伸ばす子供が多く見られた。次時には跳べなくなる子供や補助を嫌がる子供への手立て（向山型Ｃ式など）は考えておく必要がある。

開脚跳び
（かいきゃくと）

年　組　番　（　　　　　　　　　　　　　）
（ねん）（くみ）（ばん）

ステップ	項目（こうもく）	内 容（ないよう）				評価（ひょうか）
		◎よくできた	○できた	△もう少し（すこ）	❋ワオ！ 右下の四角に ☑をいれよう。	◎○△
1	床での（ゆか） ウサギ跳びをする。（と）	「トン・パッ」の リズムで5回（かい）、 大きな ウサギ跳びが（と） できる。	「トン・パッ」の リズムで3回（かい）、 ウサギ跳びが（と） できる。	「トン・パッ」の リズムで、 その場で（ば） 1回跳べる。（かいと）	ウサギ跳びの（と） 仕方が分かる。（しかたわ）	
2	馬跳びをする。（うまと）	背中を強く突き（せなか）（つよ）（つ） 放し、遠くに（はな）（とお） 着地できる。（ちゃくち） 5人連続して（にんれんぞく） 跳べる。（と）	背中を（せなか） 強く突き放し、（つよ）（つ）（はな） 3人連続して（にんれんぞく） 跳べる。（と）	1人の馬を（ひとり）（うま） 往復1回跳べる。（おうふく）（かいと）	馬跳びの（うまと） 仕方が分かる。（しかたわ）	
3	向山型 A式で（むこうやまがたしき） 跳ぶ。（と）	跳び箱をまたい（と）（ばこ） で、両手に体重（りょうて）（たいじゅう） をかけ、1回で（かい） 跳び下りること（と）（お） ができる。	跳び箱をまたい（と）（ばこ） で、両手に体重（りょうて）（たいじゅう） をかけ、3回で（かい） 跳び下りること（と）（お） ができる。	跳び箱をまたい（と）（ばこ） で、両手に体重（りょうて）（たいじゅう） をかけ、5回で（かい） 跳び下りること（と）（お） ができる。	向山型 A式の（むこうやまがたしき） コツを見つける。（み）	
4	向山型 B式で（むこうやまがたしき） 跳ぶ。（と）	跳び越す時、（と）（こ）（とき） 肩と腰を補助し（かた）（こし）（ほじょ） てもらい、1回（かい） で跳び箱を跳（と）（ばこ）（と） ぶことができる。	跳び越す時、（と）（こ）（とき） 肩と腰を補助（かた）（こし）（ほじょ） してもらい、3回（かい） で跳び箱を跳（と）（ばこ）（と） ぶことができる。	跳び越す時、（と）（こ）（とき） 肩と腰を補助し（かた）（こし）（ほじょ） てもらい、5回（かい） で跳び箱を跳（と）（ばこ）（と） ぶことができる。	向山型 B式の（むこうやまがたしき） コツを見つける。（み）	
5	跳び箱4段（と）（ばこ）（だん） 横・縦を跳ぶ。（よこ）（たて）（と）	肩が（かた） 着手の位置より（ちゃくしゅ）（いち） 前に出て、（まえ）（で） マットを見て、（み） 5回跳べる。（かいと）	肩が（かた） 着手の位置より（ちゃくしゅ）（いち） 前に出て、（まえ）（で） マットを見て、（み） 3回跳べる。（かいと）	肩が（かた） 着手の位置より（ちゃくしゅ）（いち） 前に出て、（まえ）（で） マットを見て、（み） 1回跳べる。（かいと）	肩を前に出して（かた）（まえ）（だ） 跳ぶことに気づく。（と）（き）	
6	跳び箱5段（と）（ばこ）（だん） 横・縦を跳ぶ。（よこ）（たて）（と）	肩が（かた） 着手の位置より（ちゃくしゅ）（いち） 前に出て、（まえ）（で） マットを見て、（み） 5回跳べる。（かいと）	肩が（かた） 着手の位置より（ちゃくしゅ）（いち） 前に出て、（まえ）（で） マットを見て、（み） 3回跳べる。（かいと）	肩が着（かた） 手の位置より（いち） 前に出て、（まえ）（で） マットを見て、（み） 1回跳べる。（かいと）	肩を前に出して（かた）（まえ）（だ） 跳ぶことに気づく。（と）（き）	

（3）跳び箱　2 抱え込み跳び

1 授業における主張

　自分に合った課題を持ち、それに挑戦し達成する喜びが味わえる工夫を図る。自分のできる跳び越し方を確かめさせる。そのあと高さと向きに挑戦させていく。抱え込み跳びで、やさしい障害から難しい障害へ行っていくようにする。

> 抱え込み跳びを通して個人の能力に応じた課題を解決し、跳び箱運動の喜びや楽しさを体験する。

2 指導計画（6時間扱い）

第一次：　学習計画を立て、グルーピングをする。
　　　　　今できる跳び方で、高さや距離に挑戦して練習できる。　……………………2時間
第二次：　新しい技、抱え込み跳びに挑戦してできる。　……………………2時間
第三次：　身につけた抱え込み跳びで高さや距離に挑戦してできる。　……………………2時間

抱え込み跳びの習熟過程
①足打ち跳び　②手押し車
③ウサギ跳び　④タイヤ跳び
⑤馬跳び　⑥連続馬跳び
⑦またぎ越し　⑧開脚跳び
⑨横・抱え込み跳び
⑩縦・抱え込み跳び

3 単元全体の指導

（1）目標
　●新しい技、抱え込み跳びに挑戦してできる。
　●器具や用具を点検し、互いに協力して練習できる。
（2）準備物：跳び箱、踏み切り板、マット
（3）展開

指示1　足打ち跳び、手押し車、ウサギ跳び、タイヤ跳び、馬跳びをします。大きな動きができるようにします。終わったら、跳び箱の前に座ります。

　◆跳び箱に必要な基礎感覚、基礎技能づくりをする。

　◆子供が跳び箱遊びを喜び、楽しい授業となるよう、抱え込み跳びに必要な腕支持、逆さ感覚を身につけさせる。その後、跳び箱の楽しさを体感させていく。

クマ歩き　足打ち跳び

ウサギ跳び

タイヤ跳び

馬跳び

基礎感覚・基礎技能づくり

指示2 ウサギ跳びをします。その場で、足→手→足の順に着きます。手を1歩前に着いて、足→手→足の順に着きます。「トン」で両手を床に着き両足で跳びます。「パッ」で両足を床に着き、両手を前に出します。

◆ 最初はその場で「トン・パッ」のリズムで何回も跳ばせる。

◆ 「トン・パッ」のリズムが身についたら1歩前に跳ばせる。

ウサギ跳び

指示3 マット1枚を跳び越せたら、次は2枚目に挑戦します。2枚目が跳び越せたら3枚目、4枚目に挑戦します。完全に跳び越せなくてもよいです。リズミカルに連続して跳んでいきます。

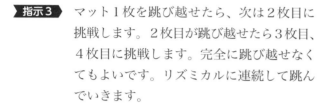

マットを連続して跳ぶ

説明1 ウサギ跳びができるようになると、抱え込み跳びができるようになります。横4段の着地点に跳び箱と同じ高さのマットが置いてあります。そこに集まります。

ポイント

発問1 手はどこに着いたら跳び越しやすいですか。

A：マット　B：跳び箱

◆ どちらがよいかを挙手させる。理由も考えさせる。

マットと跳び箱、どちらに手を着くか

指示4 どちらが跳びやすいか、跳んで確かめます。AとBの両方を跳びます。

◆ どちらが跳びやすかったかを確認する。するとほとんどの子供がマットと答える。

発問2　どうしてマットに手を着くと跳びやすいのですか。

　　　◆子供からは、「手が前に着くので突き放しが強くできる」という意見が出る。

説明2　その通りです。腕と体の間を有効着手角度と言います。体と腕の間が広くなると、強い突き放しができるので跳べるのです。跳び箱だと狭いので跳べません。

マットに手を着く

指示5　最初に跳び箱に手を着いて、抱え込み跳びをします。手に体重がかからず、上に跳ぶ動きになり、スムーズな抱え込み跳びではありません。今度は、マットに手を着いて、遠くにウサギ跳びをします。着手が遠くなったので有効着手角度が大きくなり、ダイナミックな抱え込み跳びができます。

　　　◆マットと跳び箱の両方を跳び、有効着手角度のある跳び方がよいことを確かめさせる。

跳び箱に手を着く

発問3　今度は、有効着手角度の大きい跳び方で、跳び箱に着手します。どうしたらよいですか。

　　　◆子供からは、「踏み切り板を離せばよいです」という意見が出る。そこで、20cmの踏み切り調節器を2つ置くことにする。踏み切り板を40cm離す。

　　　◆動きは一変する。有効着手角度が大きくなったので、マットに手を着いた時と同じようにダイナミックな抱え込み跳びになる。

跳び箱に手を着くには？

指示6　次は4段横・着地点に3枚の小マットです。今までは着地のマットは1枚でしたが、3枚にしました。いきなり1枚にすると恐怖心があります。そこで3枚にして恐怖心を和らげます。次は、1枚の小マットです。着地のマットを4枚→3枚→1枚にする。

着地のマットを4枚→3枚→1枚

指示7 今度は、縦5段の場で横4段と同じように行います。
　①：縦5段　着地点に跳び箱と同じ高さのマット
　②：縦5段　着地点に3枚の小マット
　③：縦5段　着地点に1枚の小マット

有効着手角度を大きくする

説明3 マットに着手するためには、手を遠くに着かないと跳べません。自然に有効着手角度が大きくなります。この場を経験すると抱え込み跳びができるようになります。

指示8 最後は自分の好きな場所で抱え込み跳びをします。跳び箱と同じマットがある場、横4段、縦4段、横5段、縦5段を自分で選択して跳びます。同じところが3回跳べたら、新しい跳び箱に挑戦していきます。

跳び箱・横の場

跳び箱・縦の場

指示9 めあてが達成できたかをルーブリックで評価し、まとめをします。
　◆自分の伸びを確かめさせる。

指示10 用具を片付けて、整理運動をします。グループで協力します。

抱え込み跳びの仕組みとコツ
①腕を支点とした体重移動
②ウサギ跳びのリズムで跳ぶ

4 アフォーダンス理論を取り入れた場づくり

手順：①ウサギ跳びを行う。②マット重ねのウサギ跳びを行う。③マットに着手しての抱え
込み跳びを行う。④跳び箱に着手しての抱え込み跳びを行う。⑤横の跳び箱での抱え
込み跳びを行う。⑥縦の跳び箱での抱え込み跳びを行う。

ステップ1：ウサギ跳びを行う

●最初はマットの上で行う。両腕で体を支持
する感覚と逆さになる感覚を体感させる。
ウサギ跳びのできない子供には、腕支持感
覚と逆さ感覚を身につけさせる。そのため
にウサギ跳びは有効である。

●次に、足→手→足の順に着く動きの感覚を
つかませる。手を1歩前に着いて、足→手→
足の順に着く。両足で跳んで、「トン」で両
手を床に着く。両足が床に着く前に「パッ」
と両手を前に出す。

リズムよく跳ぶ

ステップ2：マット重ねのウサギ跳びを行う

●マットを1枚→2枚→3枚→4枚と重ねた場
で行う。マットが高くなるにつれて、強く突
き放して着地できるようにする。どのくらい
の力で突き放すとマットを跳び越えられるか
に気づかせる。

重ねた4枚のマット（縦）にウサギ跳び

●最初は跳び越せなくてもよい。連続で跳び
越すには、マットの遠くに着手することが大
事である。遠くに着地するには、どのくらい
の強い突き放しがよいかを練習する中で、
最適な突き放し感覚をつかませる。

重ねた2枚のマット（横）にウサギ跳び

ステップ3：マットに着手しての抱え込み跳びを行う

●4段横の着地点に跳び箱と同じ高さのマット
を置く。マットに着手すると跳び越しやすい
ことに気づかせる。

●マットの着手位置を変えることにより、有効
着手角度が変わることに気づかせる。着手
位置を調整する中で、自分の最適な位置を
発見させる。着手の位置で有効着手角度が
変わることに気づかせる。

跳び箱とマットは同じ高さ。
マットに着手してマットに着地

ステップ4：跳び箱に着手しての抱え込み跳びを行う

- 横4段の着地点に跳び箱と同じ高さのマットを置く。跳び箱に着手すると跳び越しにくいことに気づかせる。跳び箱に着手すると、有効着手角度が狭くなり、腕を突き放せない感覚をつかませる。
- 跳び箱に着手して跳び越すには、踏み切り板と跳び箱の間の距離を広くする。広くなると、有効着手角度が大きくなり、強い突き放しができるので、跳び越せることに気づかせる。

踏み切り版と跳び箱を少し離す。
跳び箱に着手してマットに着地

ステップ5：横の跳び箱での抱え込み跳びを行う

- 横4段の跳び箱で抱え込み跳びをする。着地点のマットは4枚→3枚→2枚→1枚と減らしていく。最初からマット1枚にすると恐怖心が強く跳べない。そこで着地点の位置を変えることで、恐怖心がなくなる感覚をつかませる。
- 踏み切り板と跳び箱の間の距離を広くすると、有効着手角度が大きくなり、強い突き放しができることに気づかせる。どのくらいの距離がよいのかを調整して、最適な距離を見つける。4段ができたら5段に挑戦。

手の突き放しを強くする。
横の跳び箱で抱え込み跳び

ステップ6：縦の跳び箱での抱え込み跳びを行う

- 縦4段の跳び箱で抱え込み跳びをする。着地点のマットは4枚→3枚→2枚→1枚と減らしていく。縦の跳び箱にすると恐怖心が強く跳べない。着地点が見えないと恐怖心がある。そこで着地点のマットの高さを変えることで、恐怖心がなくなる感覚をつかませる。
- 縦にすると、跳び箱が長くなる。そのために、踏み切り板と跳び箱の間の距離を広くし、有効着手角度を大きくする。そして、強い突き放しが必要であることに気づかせる。どのくらいの距離がよいのかを調整して、最適な腕の突き放しを見つける。

胸の前に膝を包み込む。
縦の跳び箱で抱え込み跳び

P.135のQRコードから動画にアクセス可能

5 追試結果

報告者：飯間正広／香川県公立小学校／対象学年：3年生

(1) 体感覚（知覚）や意識の変容（男子16人／女子16人：計32人）

【子供たちの発見と表現】

①マットの前の方に手のひら全体を着くと、ウサギ跳びができた。
②ウサギ跳びのコツは、手を遠くに着くことだと分かった。
③跳び箱の前のマットに手を着くと、抱え込み跳びができた。
④両手を跳び箱に着いて力強く押すと、抱え込み跳びができた。

【教師の考察】

　追試をすると、「もっと跳び箱をやりたい！」という声が跳び箱の苦手な子供たちからも聞こえるようになった。また、体育館に跳び箱を用意するだけで、何も言わなくても子供たちが次々に練習を始めるようになった。これは「授業における主張」の「抱え込み跳びを通して個人の能力に応じた課題を解決し、跳び箱運動の喜びや楽しさを体験する」が、この実践を通して子供たちが体感できたからだと考える。

(2) 記録の変容（男子16人／女子16人：計32人）

項　　目	初めての試技直後			指導後		
	男　子	女　子	計	男　子	女　子	計
ウサギ跳び	3　人	4　人	7　人	16　人	16　人	32　人
マット重ねのウサギ跳び	3　人	4　人	7　人	16　人	16　人	32　人
マットに着手して	3　人	4　人	7　人	16　人	16　人	32　人
跳び箱に着手して	3　人	4　人	7　人	14　人	15　人	29　人
横の跳び箱	3　人	4　人	7　人	14　人	15　人	29　人
縦の跳び箱	2　人	3　人	5　人	12　人	13　人	25　人

評価基準：指導前と指導後で、それぞれ、ルーブリックの「◎（よくできた）」の基準を達成した子供の人数を記載。

【教師の考察】

　どの項目も、はじめの段階では体操教室に通っている子供ができていた。しかし、指導をしていくことで、ルーブリックの「できた」の基準を達成した子供が増え、その後「よくできた」の基準を達成していった。これは、「場を選択させ、やさしい場から段階的に指導する」本実践が効果的だったと考えられる。

　また、毎時間「足打ち跳び・手押し車・ウサギ跳び・馬跳び」をすることを通して、跳び箱に必要な基礎感覚・基礎技能づくりができたからだと考える。

【成果と今後の課題】

　ウサギ跳びでは、しっかり手のひらを着けることができていても、跳び箱で跳ぶ段階になると、跳ぶ直前に一瞬だけ手を着き、跳ぶ瞬間に手を離していた子供がいた。跳び箱に手のひらを着くことができていないので、縦の跳び箱では腰が高く上がらず、跳び箱を跳び越えられなかったり足抜き跳びになったりしていた。マットでの活動と跳び箱での活動がつながっていない子供に対して、どう指導していくかが課題だと思う。

抱え込み跳び

年　　組　　番（　　　　　　　　　　　　　　）

ステップ	項目	内容				評価
		◎よくできた	○できた	△もう少し	❋ワオ！ 右下の四角に☑をいれよう。	◎○△
1	ウサギ跳びをする。	「トン・パッ」のリズムで5回、大きなウサギ跳びができる。	「トン・パッ」のリズムで3回、ウサギ跳びができる。	「トン・パッ」のリズムで、その場で1回、ウサギ跳びができる。	ウサギ跳びの仕方が分かる。	
2	マット重ねのウサギ跳びをする。	横のマット1枚→2枚→3枚→4枚を連続して、リズミカルに3回跳べる。	横のマット1枚→2枚→3枚→4枚を連続して、2回跳べる。	横のマット1枚→2枚→3枚まで連続して1回跳べる。	マット重ねのウサギ跳びのコツに気づく。	
3	マットに着手しての抱え込み跳びをする。	マットの遠くに着手して、踏み切り調節器2個で跳び越せる。	マットに着手して、踏み切り調節器1個で跳び越せる。	マットに着手して、踏み切り調節器なしで跳び越せる。	横の跳び箱で、マットの着手位置を見つける。	
4	跳び箱に着手しての抱え込み跳びをする。	マットの遠くに着手して、踏み切り調節器2個で跳び越せる。	マットに着手して、踏み切り調節器1個で跳び越せる。	マットの遠くに着手して、踏み切り調節器なしで跳び越せる。	縦の跳び箱で、マットの着手位置を見つける。	
5	横の跳び箱での抱え込み跳びをする。	有効着手角度を大きくして、踏み切り調節器2個で跳び越せる。	有効着手角度を大きくして、踏み切り調節器1個で跳び越せる。	有効着手角度を大きくして、踏み切り調節器なしで跳び越せる。	有効着手角度が分かる。	
6	縦の跳び箱での抱え込み跳びをする。	有効着手角度を大きくして、踏み切り調節器2個で跳び越せる。	有効着手角度を大きくして、踏み切り調節器1個で跳び越せる。	有効着手角度を大きくして、踏み切り調節器なしで跳び越せる。	有効着手角度が分かる。	

（3）跳び箱　**❸ 頭はね跳び**

1　授業における主張

自分に合った課題を持ち、それに挑戦し達成する喜びが味わえる工夫を図る。自分のできる跳び越し方を確かめさせる。そのあと高さと向きに挑戦させていく。頭はね跳びで、やさしい障害物から難しい障害物へ行っていくようにする。

> 頭はね跳びを通して個人の能力に応じた課題を解決し、跳び箱運動の喜びや楽しさを体験する。

2　指導計画（6時間扱い）

第一次：　学習計画を立て、グルーピングをする。
　　　　　今できる跳び方で、高さや距離に挑戦して練習できる。………………………… 2時間
第二次：　新しい技、頭はね跳びに挑戦してできる。
　　　　　………………………… 2時間
第三次：　身につけた抱え込み跳びで高さや距離に挑戦してできる。………………………… 2時間

> **頭はね跳びの習熟過程**
> ①前転　②膝の伸びた前転
> ③台上前転
> ④膝の伸びた台上前転
> ⑤ステージからの頭はね跳び
> ⑥跳び箱連結の頭はね跳び
> ⑦跳び箱連結の頭はね跳び
> ⑧横・頭はね跳び
> ⑨縦・頭はね跳び

3　単元全体の指導

（1）目標
- ●新しい技、頭はね跳びに挑戦してできる。
- ●器具や用具を点検し、互いに協力して練習できる。

（2）準備物：跳び箱、、踏み切り板、マット、まくら

（3）展開

指示1　クマ歩き、ウサギ跳び、前転、膝の伸びた前転、台上前転、膝の伸びた台上前転をします。大きな動きができるようにします。終わったら、跳び箱の前に座ります。
- ◆頭はね跳びに必要な基礎感覚、基礎技能づくりをする。
- ◆子供が跳び箱遊びを喜び、楽しい授業となるよう、頭はね跳びに必要な腕支持、逆さ感覚を身につけさせる。その後、跳び箱の楽しさを体感させていく。

クマ歩き　足打ち跳び

ウサギ跳び

タイヤ跳び

馬跳び

基礎感覚・基礎技能づくり

説明1 イラストや写真のような跳び方を頭はね跳びといいます。頭を跳び箱に着けて足を跳ね、体を反らして回ります。

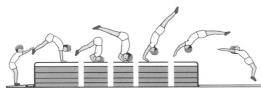

いきなりはできません。次の練習をしていくとできます。

指示2 前転をします。手→後頭部→背→腰→足の順に着きます。両手を前に着き、腰角度を大きくします。足でけり、腰を高く上げます。膝を使って、腰を高くします。

前転ができるようになったら、膝の伸びた前転ができるようにします。完全に伸びなくてもよいです。つま先を残すようにして前転するとできます。

マット4枚

指示3 台上前転をします。小マットを1枚→2枚→3枚→4枚と重ねて台上前転をします。マットを高くすると跳び箱の高さになります。次は跳び箱1段→2段→3段→4段の順に台上前転をします。足首を伸ばし、膝の伸びた台上前転ができるようにします。

指示4 跳ねるタイミングをステージで練習します。ステージの下に安全マットを置き、ステージからのはね跳びをします。膝を見て、足が頭上にきた時に大きく跳ねます(動画参照)。

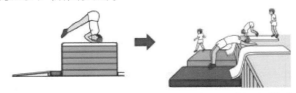
ステージからの頭はね跳び

ステージからの頭はね跳び

指示5 連結した跳び箱で練習をする。最初は同じ跳び箱を2台連結します。次は低い跳び箱と高い跳び箱を連結して、頭はね跳びをします。

◆跳び箱4段2台連結したところで、頭はね跳びをする。

◆跳び箱2段と4段を連結したところで、頭はね跳びをする。

◆最後まで跳び箱を両手で押し続ける。

◆あごを突き出し、体を大きく反らせはね跳びをする。

4段2台連結

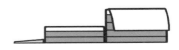
2段と4段連結

(3) 跳び箱　**③ 頭はね跳び**

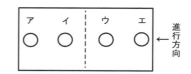

発問1　跳び箱のどこに頭を着いたらよいですか。

　　　　ア　イ　ウ　エ

　　　　◆どれがよいかを挙手させる。理由も考えさせる。

指示6　どこが跳びやすいか、上手に跳べる人に跳んでもらい、確かめます（跳べる子供がいない時には写真か動画を見せる）。イが跳びやすいことを確認する。

説明2　写真のようにイの部分に着くのがよいです。アだと床に落ちる心配があります。エだと跳び箱に背中を打ちます。イとウが残ります。ウよりもイの方が背中を打たないで頭はね跳びができます。

ポイント

ア：曲げる　　イ：伸ばす

発問2　膝は伸ばした方がよいですか、曲げた方がよいですか。2枚の写真を見て、考えて下さい。

説明3　膝はイのように伸ばした方がよいです。下の写真のように膝を伸ばすと大きなはね跳びができます。膝を曲げると腰が折れ、台上前転になりはね跳びができません。ですから膝を伸ばすようにします。

発問3　ア・イ・ウのどこで、足を跳ねたらよいですか。

　　　　ア　イ　ウ

　　　　3つの中から1つ選択します。上手な子供や写真の動きから選択します。

　　　　◆跳べる子供がいない時には、写真や動画を見せる。

説明4　イのように頭の上にきたら跳ねます。足を見ながら跳ねます。ガラスを割るようにするとよいです。

発問4　腕を突き放すのは、ア・イ・ウのいつがよいですか。

　　　　3つの中から1つ選択します。上手な子供や写真の動きから選択します。

　　　　◆跳べる子供がいない時には、写真や動画を見せる。

説明5　ウのように最後まで手を着いてはね跳びをします。そうすると、体が反ったはね跳びになります。

【方法】

① 前転をする。手→後頭部→背→腰→足の順に着く。両手を前に着き、腰角度を大きくする。

② 前転ができるようになったら、膝の伸びた前転ができるようにする。完全に伸びなくてもよい。つま先を残すようにして前転すると膝が伸びる。

③ 台上前転をする。小マットを1枚→2枚→3枚→4枚と重ねて台上前転をする。次は跳び箱1段→2段→3段→4段の順に台上前転をする。

④ 次は跳び箱1段→2段→3段→4段の順に台上前転をする。足首を伸ばし、膝の伸びた台上前転ができるようにする。

⑤ 跳ねるタイミングが遅く、体を反らせない子供が多い。いきなり跳び箱でやる前に、ステージの上からのはね跳びをする。膝を見て、足が頭上にきた時に跳ねる。できない子供には、腕で体を支え、足首を伸ばすようにする。

⑥ 連結した跳び箱で練習をする。最初は同じ跳び箱を2台連結する。

⑦ 次は低い跳び箱と高い跳び箱を連結して、頭はね跳びをする。

⑧ 横の跳び箱4段で、頭はね跳びを練習する。

⑨ 発問1：跳び箱のどこに手を着いたらよいですか。

⑩ 説明1：左ページの一番上のイラストのイの部分に着くのがよい。イの部分が一番安全にできる。

⑪ 発問2：膝は伸ばした方がよいですか、曲げた方がよいですか。ア：曲げる　イ：伸ばす

⑫ 説明2：膝はイのように伸ばした方がよい。膝を伸ばすと大きなはね跳びができる。

⑬ 発問3：ア・イ・ウのどこで、足を跳ねたらよいですか。

⑭ 説明3：イのように頭の上にきたらける。足を見ながらける。ガラスを割るようにする

⑮ 発問4：腕を突き放すのは、ア・イ・ウのどこがよいですか。

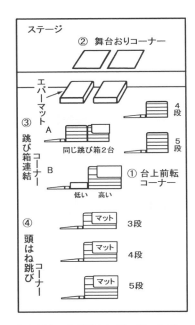

⑯ 説明4：ウのように最後まで手を着いて頭はね跳びをする。体が反った頭はね跳びになる。

⑰ 横4段で頭はね跳びをする。次に縦4段で行う。

⑱ 横5段で頭はね跳びをする。次に縦5段で行う。

指示7 めあてが達成できたかをルーブリックで評価し、まとめをします。

指示8 用具を片付けて、整理運動をします。グループで協力します。

4 アフォーダンス理論を取り入れた場づくり

手順：①前転・膝の伸びた前転を行う。②ステージからの頭はね跳び・まくらありを行う。③ステージからの頭はね跳び・まくらなしを行う。④連結した跳び箱で、頭はね跳び・まくらありを行う。⑤連結した跳び箱で、頭はね跳び・まくらなしを行う。⑥跳び箱1台で頭はね跳びを行う。

ステップ1：前転・膝の伸びた前転を行う

- 前転をする。手→後頭部→背→腰→足の順に着く。両手を前に着き、腰角度を大きくする。つま先でけり、膝を使うと腰が高く上がることに気づかせる。

- 前転ができたら、膝の伸びた前転ができるようにする。つま先を残すようにすると、膝が伸びた前転ができる感覚をつかませる。1枚→2枚→3枚→4枚と高さを変えていく。

膝の伸びた前転をする。
つま先を伸ばすようにすると膝が伸びる

ステップ2：ステージからの頭はね跳び・まくらありを行う

- 跳ねるタイミングをステージで練習する。ステージの下に安全マットを置き、ステージからの頭はね跳びをする。

- 最初にマットにまくらを置いて、「まくらはね跳び」を行う。そうすると、恐怖心がなくなり大きな頭はね跳びができることに気づかせる。

- おでこをまくらに着けると「ため」ができるので、体を反らした大きな頭はね跳びができる。

最初にまくらを置いて行う。恐怖心がなく
「ため」ができるので跳ねることができる

ステップ3：ステージからの頭はね跳び・まくらなしを行う

- 今度はまくらなしの頭はね跳びをする。マットに直接頭を着ける。「ため」をつくりやすいのは、①まくら頭はね跳び、②まくらなし頭はね跳び、のどちらかを考えさせる。

- 膝を見て、足が頭上にきた時に大きく跳ねると、体が反った頭はね跳びができることに気づかせる。

- 最初はまくら頭はね跳びをする。慣れてきたらまくらなしで頭はね跳びをする。

まくらなしで行う。足が頭の上にきた時に
跳ねると、大きく跳ねられる

ステップ4：連結した跳び箱で頭はね跳び・まくらありを行う

- 連結した跳び箱で練習をする。最初は跳び箱を3台連結にする。次は低い跳び箱と高い跳び箱を2台連結して、頭はね跳びをする。最初はまくらなしで行う。
- 最後まで跳び箱を両手で押し続ける。あごを突き出し、体を大きく反らせはね跳びをすると、できることに気づかせる。
- 補助は両手を背中に当てて、体を起こさせる。

同じ高さの跳び箱を2台連結し、頭はね跳びを行う

ステップ5：連結した跳び箱で頭はね跳び・まくらなしを行う

- 今度はまくらなしで、連結した跳び箱で練習する。跳び箱のどこに頭を着くかが大事である。跳び箱の真ん中から上の部分に着くのがよい。一番前は床に落ちる心配がある。手前だと跳び箱に背中を打つ。練習する中で、どの位置が最適かに気づかせる。
- 膝は伸ばした方がよい。膝を伸ばすと大きなはね跳びができる。膝を曲げると腰が折れ、台上前転になりはね跳びができない。跳べる子供がいない時には、写真や動画を見て気づかせる。

高さの違う跳び箱を2台連結し、頭はね跳びを行う

ステップ6：跳び箱1台で頭はね跳びを行う

- 足を跳ねるタイミングは、頭の上にきたらける。足を見ながらけり、ガラスを割る感覚に気づかせる。
- 腕を突き放すのは、最後がよい。最後まで手を着いてはね跳びをすると、体が反ったはね跳びになる感覚をつかませる。
- 踏み切り板と跳び箱の間の距離を広くし、有効着手角度を大きくする。そして、強い突き放しが必要であることに気づかせる。どのくらいの距離がよいのかを調整して、最適な腕の突き放しを見つける。

跳び箱1台で頭はね跳びを行う。最後まで手を着いて、突き放しをする

P.143のQRコードから動画にアクセス可能

5 追試結果

報告者：禾几真紹／石川県金沢市立犀桜小学校／対象学年：6年生

(1) 体感覚 (知覚) や意識の変容 (男子12人／女子14人：計26人)

【子供たちの発見と表現】

・伸膝を意識することがはね跳びにつながった。
・腰をそらせて、足を前に出すことを意識した。
・手を力一杯押すことが大切だと分かった。

【教師の考察】

　マットでの伸膝前転で膝を伸ばすことを意識させた。するとステージからの前転時も膝を伸ばす様子が見られた。しかし、そこから跳ねを意識させると首はね跳びになる子供が多いと分かった。そこでまくらを準備し、この上で跳ねることを伝えると、子供たちは自然と頭はね跳びに近づいていった。また、実際にお手本の子供の様子を見ることで、跳ねるタイミングが分かる子供も増えていった。

(2) 記録の変容 (男子12人／女子14人：計26人)

項　目	初めての試技直後			指導後		
	男　子	女　子	計	男　子	女　子	計
前転をする	2 人	5 人	7 人	7 人	10 人	17 人
台上前転をする	0 人	2 人	2 人	5 人	8 人	13 人
ステージからの頭はね跳び	0 人	1 人	1 人	4 人	6 人	10 人
連結跳び箱で、頭はね跳び	0 人	1 人	1 人	2 人	3 人	5 人
横・跳び箱4段	0 人	1 人	1 人	2 人	3 人	5 人
縦・跳び箱4段	0 人	1 人	1 人	2 人	3 人	5 人

評価基準：指導前と指導後で、それぞれ、ルーブリックの「◎ (よくできた)」の基準を達成した子供の人数を記載。

【教師の考察】

　本学級の子供は、跳び箱運動に対する苦手意識がある子供が大変多く、消極的であった。しかし、ステージからのはね跳びには大変興味をもって運動していた。ジェットコースター感覚と言う子供もいた。これによって台上前転に挑戦する子供は増えた。しかし、頭はね跳びまで挑戦しようとする子供は数名だった。落ちるのではないかという恐怖心が根底にはあった。セーフティマットなど安心して挑戦できる場づくりの必要性を感じた。

【成果と今後の課題】

　台上前転・台上伸膝前転ができない子供が大半を占める中で、頭はね跳びを全員に挑戦させるのは大変難しかった。しかし、スモールステップの場・やさしい場を設定することが子供の恐怖心を和らげ、やってみたいと思わせる工夫の1つであることが分かった。

頭（あたま）はね跳（と）び

年　　組　　番（　　　　　　　　　　　　　　　）

ステップ	項目（こうもく）	内　容（ないよう）				評価（ひょうか）
		◎よくできた	○できた	△もう少（すこ）し	※ワオ！ 右下の四角に☑をいれよう。	◎○△
1	前転（ぜんてん）をする。	膝（ひざ）の伸（の）びた前転（ぜんてん）が、連続（れんぞく）3回（かい）できる。	膝（ひざ）の伸（の）びた前転（ぜんてん）が、2回（かい）できる。	前転（ぜんてん）が1回（かい）できる。	前転（ぜんてん）の仕方（しかた）が分（わ）かる。	
2	ステージからの頭（あたま）はね跳（と）び・まくらあり。	まくらありで、膝（ひざ）の伸（の）びた頭（あたま）はね跳（と）びが、連続（れんぞく）3回（かい）できる。	まくらありで、膝（ひざ）の伸（の）びた頭（あたま）はね跳（と）びが、2回（かい）できる。	まくらありで、頭（あたま）はね跳（と）びが1回（かい）できる。	頭（あたま）はね跳（と）びの仕方（しかた）が分（わ）かる。	
3	ステージからの頭（あたま）はね跳（と）び・まくらなし。	まくらなして、膝（ひざ）の伸（の）びた頭（あたま）はね跳（と）びが、連続（れんぞく）3回（かい）できる。	まくらなして、膝（ひざ）の伸（の）びた頭（あたま）はね跳（と）びが、2回（かい）できる。	まくらなして、膝（ひざ）の伸（の）びた頭（あたま）はね跳（と）びが1回（かい）できる。	ステージからの膝（ひざ）の伸（の）びた頭（あたま）はね跳（と）びのコツを見（み）つける。	
4	連結（れんけつ）した跳（と）び箱（ばこ）で、頭（あたま）はね跳（と）び・まくらあり。	まくらありで、連結（れんけつ）した跳（と）び箱（ばこ）2個（こ）で、膝（ひざ）の伸（の）びた頭（あたま）はね跳（と）びが3回（かい）できる。	まくらなして、同（おな）じ高（たか）さの連結（れんけつ）した跳（と）び箱（ばこ）2個（こ）で、膝（ひざ）の伸（の）びた頭（あたま）はね跳（と）びが2回（かい）できる。	まくらなして、同（おな）じ高（たか）さの連結（れんけつ）した跳（と）び箱（ばこ）2個（こ）で、1回（かい）頭（あたま）はね跳（と）びできる。	連結（れんけつ）した跳（と）び箱（ばこ）で、頭（あたま）はね跳（と）びのコツが分（わ）かる。	
5	連結（れんけつ）した跳（と）び箱（ばこ）で、頭（あたま）はね跳（と）び・まくらなし。	まくらなして、連結（れんけつ）した跳（と）び箱（ばこ）2個（こ）で、膝（ひざ）の伸（の）びた頭（あたま）はね跳（と）びが3回（かい）できる。	まくらなして、同（おな）じ高（たか）さの連結（れんけつ）した跳（と）び箱（ばこ）2個（こ）で、膝（ひざ）の伸（の）びた頭（あたま）はね跳（と）びが2回（かい）できる。	まくらなして、同（おな）じ高（たか）さの連結（れんけつ）した跳（と）び箱（ばこ）2個（こ）で、頭（あたま）はね跳（と）びが1回（かい）できる。	連結（れんけつ）した跳（と）び箱（ばこ）で、頭（あたま）はね跳（と）びのコツが分（わ）かる。	
6	跳（と）び箱（ばこ）1台（だい）で、頭（あたま）はね跳（と）びをする。	縦（たて）5段（だん）の跳（と）び箱（ばこ）で膝（ひざ）の伸（の）びた頭（あたま）はね跳（と）びが3回（かい）できる。	縦（たて）4段（だん）の跳（と）び箱（ばこ）で膝（ひざ）の伸（の）びた頭（あたま）はね跳（と）びが1回（かい）できる。	跳（と）び箱（ばこ）で膝（ひざ）の曲（ま）がる頭（あたま）はね跳（と）びができる。	跳（と）び箱（ばこ）で頭（あたま）はね跳（と）びのコツが分（わ）かる。	

3

陸上運動

（1）短距離走

1　授業における主張

「走ることが楽しい」と思えるのは、運動の得意な子供、足の速い子供である。運動嫌いな子供は「走ること」を苦手に感じることが多い。そこには、「走ること＝苦しいこと」というイメージがある。それを授業の中で「楽しい」に変えていく。「楽しい」を２つの観点でとらえる。①走って楽しい。②記録が伸びて楽しい。この２つの楽しいを基本に短距離走の指導を行う。

> 1．走って楽しい体験をする。
> 2．記録が伸びる楽しさを体験する。

2　指導計画（6時間扱い）

第一次：　学習計画を立て、グルーピングをする。
　　　　　自分の能力に合った場で練習し、やさしい走り方ができる。　………………… 2時間
第二次：　走り方を工夫し、それに挑戦してできる。
　　　　　　　　　　　　　　 ………………… 2時間
第三次：　自分で身につけた走り方ができる。
　　　　　　　　　　　　　　 ………………… 2時間

> **短距離走の習熟過程**
> ①鬼遊び　②ジグザグ走
> ③曲線走　④ネコとネズミ
> ⑤折り返し走　⑥30m走
> ⑦40m走　⑧50m走

3　単元全体の指導

（1）目標
- 変化のある繰り返しで、リズムのある短距離走ができる。
- 仲間と協力して、楽しく練習できる。

（2）準備物：ストップウオッチ、カラーコーン

（3）展開

指示1　太鼓に合わせて、自由に体育館を走ります。先生の指示があったら、動きを変えて走ります。最初は前向き走です。次はスキップ、ギャロップで走ります。止まった時に、友達とぶつからなかったら合格です。

◆短距離走の基礎感覚、基礎技能づくりをする。前向き走、後ろ向き走、スキップ、ギャ

スタート練習

全力走

前向き走・後ろ向き走

太鼓に合わせて走る

ロップで跳感覚、リズム感覚、平衡感覚づくりを行う。

指示2 2人1組で足ジャンケンをします。3人に勝ったらカラーコーンの前に順番に座ります。カラーコーンは4個あります。

◆勝った順にカラーコーンの前に座らせる。カラーコーンは4個あるので、並び終わった時には4チームができている。1チーム5～6人とする。

指示3 30m走をします。4人1組で走り、タイムを計時します。タイムを言われたら、記録用紙に記入して下さい。学習後、もう一度、計時します。

発問1 腕振りで、グーとパーではどちらが速いですか。
A：グー　B：パー

◆黒板に方法を書いた図を示して、説明する。その後、示範と説明をもとにして腕振りのやり方を説明する。

◆グーは親指を中に入れて握るように指示する。パーは5本の指を広げるように指示する。

パーで走る

指示4 実際にやって確かめます。どれがよかったですか。
A：グー　B：パー

◆パーにする理由を子供に聞く。パーの方が振りやすい。肩の力が入らないという意見が出る。グーだと力が入るが、パーはリラックスする。リラックスして走ると速くなることを次のように説明する。

説明1 腕振りによって股関節が回転します。腕振りと股関節の動きを見てください。股関節を動かすために必要な手の振りは、肩甲骨が柔らかくな

後ろ足のかかとを上げる

147

いとできません。「腕振りはパーで90度」です。
みんなで言ってみます。

◆みんなで「腕振りはパーで90度」と言う。言
　葉で言うことにより、動きが確認できる。で
　きない子供には個別指導をする。股関節の動
　きを意識させる。

腕振りはパーで90度

発問2　スタートの練習をします。スタートで、後ろ足
のかかとは地面に着けた方がよいですか。上げ
た方がよいですか。

A：着ける　B：上げる（はなす）

◆どちらがよいと思うか挙手させる。人数を数
　えて板書する。それぞれの理由を発表させ
　る。根拠を問うことにより、論理的思考能力
　を育てる。

A：着ける

指示5　実際にやって確かめます。どちらがよかったで
すか。

A：着ける　B：上げる（はなす）

◆どちらがよかったか、挙手させる。人数を数
　えて板書する。体験をもとに理由を発表させ
　る。後ろのかかとの動きによって、体重移動
　がしやすくなることを説明する。

説明2　Aだと体重が後になり、スタートが遅くなりま
す。

Bはかかとを上げているので、体重が前にかか
り、走りやすいです。かかとを上げただけで、
重心が前にいき、走りやすくなります。「スター
トダッシュ　１　２　３」です。みんなで言っ
てみましょう。

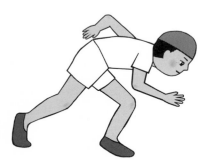
B：上げる（はなす）

◆Aのようにかかとを着けると姿勢は立ってし
　まう。
　しかしBのようにかかとを上げると腰が下がる。
　スタートの時に低い姿勢になるので、走りや
　すくなる。
　そして、スタートダッシュが素早くできる。
　最初の１、２、３歩を強くキックできるよう
　にする。

発問3 全力走で、地面に着いた瞬間、膝は曲げますか、伸ばしますか。

    A：曲げる　　B：伸ばす

    ◆チームで話し合う。言語活用能力を育てる。なぜかを話し合わせ、理由を発表させる。

指示6 実際にやって確かめます。どれがよかったですか。

    A：曲げる　　B：伸ばす

    ◆Aを最初にやる。膝を曲げるとかかとが着く。かかとが着くと重心は後方にかかる。Bの伸ばすをやると、かかとは地面に着かない。そのために重心は前方になり、前傾姿勢ができダッシュができる。

説明3 Bのように、地面に着いた瞬間に膝を棒のように伸ばします。そうするとかかとは地面に着かないので重心は前方になり、前傾姿勢ができ、ダッシュができます。棒のように伸ばして走ります。「全力走でポン・ポン・ポン」です。みんなで言ってみましょう。

    ◆どのチームがよかったのか、挙手させる。理由を言わせることで、正しい動き方が分かる。

膝が曲がっている

膝が伸びている

指示7 キック力を高める方法として、ポン・ポン走があります。1本の棒にして「ポン・ポン・ポン」とジャンプします。これができると速く走れるようになります。

    ◆実際に、ポン・ポン走を行う。膝を伸ばしてキックしていくことを意識させる。

指示8 30m走をします。4人1組で走り、タイムを計時します。タイムを言われたら、記録用紙に記入して下さい。学習と比較をしてください。タイムの上がった人はいますか。

    ◆最初の記録と比較して、記録がどのように変わったのかを調べる。次の時間、もう一度行うことを話す。

指示9 めあてが達成できたかをルーブリックで評価し、まとめをします。自分の伸びを確かめます。

指示10 用具を片付けて、整理運動をします。グループで協力します。

「ポン・ポン」とジャンプする

つま先を着く

4　アフォーダンス理論を取り入れた場づくり

手順：①1回目の30m走を行う。②腕振りの練習を行う。③スタートの練習を行う。④全力
　　　走の練習を行う。⑤キック力を高める練習をする。⑥2回目の30m走を行う。

ステップ1 ：1回目の30m走を行う

●学習する前に1回目の30m走を行う。細か
　い指導をしないで、自分の走りやすい動
　きで走る。

●どんなところに気をつけて走ったらよいか
　を考えながら走らせる。

●速く走る子供の動きを見て、走り方のポイ
　ントをつかみ、自分の走り方に活かせる
　ようにする。

1回目の30mを走り、自分の課題を見つける

ステップ2 ：腕振りの練習を行う

●手はパーが走りやすいか、グーが走りや
　すいかを考えながら腕振りを行う。

●グーよりもパーの方が肩の力が抜け、リ
　ラックして腕振りができることに気づく。

●パーとグーの両方を行い、その違いを体
　感してよりよい動きを発見する。

●最初はスムーズに連続できなくても、練
　習する中で最適なタイミングをつかんで
　いく。

グーよりもパーの方が肩の力が抜け、走りやすい

ステップ3 ：スタートの練習を行う

●かかとは地面に着けた方がよいか、上げ
　た方がよいかを考えながら練習を行う。

●かかとを着けるとスタートが遅くなる。か
　かとを上げると、体重が前にかかり、ス
　タートがしやすい。かかとを上げただけで、
　重心が前になることに気づく。

●かかとを上げるのと上げないのと、両方
　を行い、その違いを体感してよりよい動
　きを発見する。

かかとを上げると体重が前にかかり、走りやすい

ステップ4 ：全力走の練習を行う

- 地面に着いた瞬間に膝を棒のように伸ばす。かかとは地面に着かないので、重心は前方になり、前傾姿勢ができる。

- そうすると、ダッシュができる。膝を棒のように伸ばして走る。膝を調整していく中で、最適な速さを見つけていく。

- 最初はスムーズに連続できなくても、練習する中で最適なタイミングをつかんでいく。

地面に着いた瞬間、膝を棒のように伸ばして走る

ステップ5 ：キック力を高める練習を行う

- キック力を高めるためにポンポン走を行う。足を1本の棒にして、「ポンポンポン」とジャンプしていく。ジャンプを調整していく中で、最適なキックを見つけていく。

- 次はピュンと前に足を出していく。「ポン・ピュン」の動きをリズミカルに行うことで、速く走る動く感覚を見つける。

- 最初はスムーズに連続できなくても、練習する中で最適なタイミングをつかんでいく。

足を1本の棒にして、
「ポン・ポン・ポン」とジャンプして走る

ステップ6 ：2回目の30m走を行う

- 学習の最後に2回目の30m走を行う。学習して身につけた走り方のコツに気をつけて走る。

- 腕の振り、スタートの仕方、途中の全力走の方法を体で表現して走らせる。

- 速く走る子供の動きを見て、自分の走り方と比較しながら、よい走り方のコツに気づく。

- 最初はスムーズに連続できなくても、練習する中で最適なタイミングをつかんでいく。

2回目の30mを走り、走り方のコツを身につける

P.153のQRコードから動画にアクセス可能

（1）短距離走

（1）体感覚（知覚）や意識の変容（男子12人／女子8人：計20人）

【子供たちの発見と表現】

- 手をグーにして走ると窮屈に感じた。パーにすると走りやすかった。
- スタートで、後ろのかかとを地面に着けるのと上げるのと、どちらもやってみた。後ろのかかとを上げた方がスタートをしやすかった。今度からも気をつけて走りたい。

【教師の考察】

　　2つの動きを示した上で、どちらがよいか予想させ、理由も確認する。その後、よい動きとよくない動きとをどちらも体感させるという活動の組み立てによって、動きのポイントをつかみやすかったようだ。予想を実際に確かめてみたいという活動への意欲化にもつながっていた。「パーの方が走りやすい！」「グーは走りにくい！」「かかとを着けたら遅い！」等と、教師が促さなくても、子供の口から動きに関する気づきが発せられていた。

（2）記録の変容（男子12人／女子8人：計20人）

項　目	初めての試技直後			指導後		
	男　子	女　子	計	男　子	女　子	計
1回目の30m走	9 人	6 人	15 人	10 人	7 人	17 人
腕振りの練習	7 人	4 人	11 人	11 人	7 人	18 人
スタートの練習	7 人	4 人	11 人	10 人	6 人	16 人
全力走の練習	2 人	1 人	3 人	7 人	4 人	11 人
キック力を高める練習	3 人	1 人	4 人	11 人	7 人	18 人
2回目の30m走	0 人	0 人	0 人	0 人	0 人	0 人

評価基準：指導前と指導後で、それぞれ、ルーブリックの「◎（よくできた）」の基準を達成した子供の人数を記載。

【教師の考察】

　　腕振りとスタートの動きの違いは感覚として分かりやすかったようで、ルーブリックでの自己評価◎の割合が高い。「全力走で、地面に着いた瞬間、膝を伸ばす」というのは、感覚として分かりにくいようだった。また、頭で理解しても動きにすることが難しいようだった。ポンポン走を行うと、着地時に膝を曲げるより伸ばした方が地面から反発を得られることが感覚として分かりやすいので、その後の走りに変化が出ている子供が多く見られた。

【成果と今後の課題】

　　指導前より指導後の方が、全員タイムが縮んだ。このことから本学級においては指導の効果があったと思われる。ただ、ルーブリックのステップ6「2回目の30m走を行う」において◎の評定基準を満たす子供は0人だった。これは評定基準が「1回目の記録よりも3秒速く走れる」だったためだ。30m走において1単元の期間で3秒速く走ることは困難である。一番タイムが縮まった子供で0.6秒、学級平均では0.3秒だった。縮まったタイムを評価基準にするのであれば、◎を「1回目の記録より0.3秒速く走れる」にしてはどうかと考えた。

年（ねん）　組（くみ）　番（ばん）（　　　　　　　　　　　）

ステップ	項目（こうもく）	内容（ないよう）				評価（ひょうか）◎○△
		◎よくできた	○できた	△もう少し	※ワオ！右下の四角に☑をいれよう。	
1	1回目（かいめ）の30m走を行う（おこな）。	まっすぐ前（まえ）を見（み）て、スピードを落（お）とさないで、最後（さいご）まで走れる（はし）。	まっすぐ前（まえ）を見（み）て、スピードを落（お）とさないで、走れる（はし）。	まっすぐ前（まえ）を見（み）て、最後（さいご）まで走れる（はし）。	30mの走り方（はしかた）が分（わ）かる。	
2	腕振り（うでふ）の練習（れんしゅう）を行う（おこな）。	腕振り（うでふ）で股間節（こかんせつ）を回転（かいてん）して、腕（うで）を90度（ど）にして、手（て）をパーで走れる（はし）。	腕振り（うでふ）で腕（うで）を90度（ど）にして、手（て）をパーにして走れる（はし）。	腕振り（うでふ）で手（て）をパーにして走れる（はし）。	腕振り（うでふ）でパーの走り方（はしかた）に気（き）づく。	
3	スタートの練習（れんしゅう）を行う（おこな）。	スタートで、後ろ（うし）のかかとを地面（じめん）から上げ（あ）て、体重（たいじゅう）を前（まえ）にして走れる（はし）。	スタートで、後ろ（うし）のかかとを地面（じめん）から上げ（あ）て、素早く（すばや）走れる（はし）。	スタートで、後ろ（うし）のかかとを地面（じめん）から上げ（あ）て走れる（はし）。	かかとを上げる（あ）スタートのコツを見つける（み）。	
4	全力走（ぜんりょくそう）の練習（れんしゅう）を行う（おこな）。	地面（じめん）に着（つ）いた瞬間（しゅんかん）、ひざを棒（ぼう）のように伸ばし（の）、かかとは地面（じめん）に着（つ）かないで、前傾姿勢（ぜんけいしせい）で走れる（はし）。	地面（じめん）に着（つ）いた瞬間（しゅんかん）、ひざを棒（ぼう）のように伸ばし（の）、かかとは地面（じめん）に着（つ）かないで、走れる（はし）。	地面（じめん）に着（つ）いた瞬間（しゅんかん）、かかとは地面（じめん）に着（つ）かないで、走れる（はし）。	膝（ひざ）を棒（ぼう）にして走る（はし）コツを見つける（み）。	
5	キック力（りょく）を高める（たか）練習（れんしゅう）をする。	1本（ぼん）の棒（ぼう）のように膝（ひざ）を伸ばし（の）て「ポン・ポン・ポン」とジャンプして走れる（はし）。	1本（ぼん）の棒（ぼう）のように膝（ひざ）を伸ばし（の）て「ポン・ポン・ポン」と走れる（はし）。	「ポン・ポン・ポン」とジャンプして走れる（はし）。	ポン・ポン走（そう）の走り方（はしかた）が分（わ）かる。	
6	2回目（かいめ）の30m走（そう）を行う（おこな）。	1回目（かいめ）の記録（きろく）よりも3秒（びょう）速く（はや）走れる（はし）。	1回目（かいめ）の記録（きろく）よりも2秒（びょう）速く（はや）走れる（はし）。	1回目（かいめ）の記録（きろく）よりも1秒（びょう）速く（はや）走れる（はし）。	1回目（かいめ）より速く（はや）走れる（はし）コツが分（わ）かる。	

（2）回旋リレー

1　授業における主張

　従来の回旋リレーは、障害物の位置が固定されていたために、勝つためには走り方、回り方に指導の焦点が置かれてきた。上手に回れる子供や速く走れる子供は意欲的に学習できたが、走るのが遅い子供は進んで参加できなかった。そこで、従来のように障害物の位置を固定するのではなく、チームの作戦によって決めることができるようにする。

> 1．回旋リレーの楽しい体験をする。
> 2．回旋リレーの記録の伸びる楽しさを体験する。

2　指導計画（6時間扱い）

第一次：　学習計画を立て、グルーピングをする。
　　　　　　自分の能力に合った場で練習し、やさしい
　　　　　　走り方ができる。……………………2時間
第二次：　走り方を工夫し、それに挑戦してできる。
　　　　　　　　　　　　……………………2時間
第三次：　自分で身につけた走り方ができる。
　　　　　　　　　　　　……………………2時間

回旋リレーの習熟過程

①前向き走　②後ろ向き走
③スキップ　④ギャロップ
⑤短距離走　⑥回旋リレー

3　単元全体の指導

（1）目標
- 変化のある繰り返しで、リズムのある回旋リレーができる。
- 仲間と協力して、楽しく練習できる。

（2）準備物：ストップウオッチ、カラーコーン、腰かけ台、ポートボール台

（3）展開

指示1　太鼓に合わせて、自由に体育館を走ります。先生の指示があったら、動きを変えて走ります。最初は前向き走です。次はスキップ、ギャロップで走ります。止まった時に、友達とぶつからなかったら合格です。

前向き走・後ろ向き走

スタート練習

スタート　　全力走

太鼓に合わせて走る

◆回旋リレーの基礎感覚、基礎技能づくりをする。前向き走、後ろ向き走、スキップ、ギャロップで跳感覚、リズム感覚、平衡感覚づくりを行う。

小回りで走る

指示2 2人1組で足ジャンケンをします。3人に勝ったらカラーコーンの前に順番に座ります。カラーコーンは4個あります。

◆勝った順にカラーコーンの前に座らせる。カラーコーンは4個あるので、並び終わった時には4チームができている。1チーム5～6人とする。

説明1 回旋リレーのルールを次のようにします。
①5人1組で走る。
②1人40m走る。
③障害物は等間隔にする。
④障害物は3個置き必ず1回ずつ回旋する。
⑤走る順番はグループで決める。

◆50m走の記録をもとに、4つのチームをつくる。どのチームのタイムも同じになるようにする。

◆チームの走力差が大きくならないようにする。50mの平均タイムは均等にする。

素早く回る

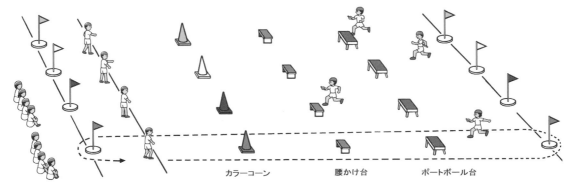

カラーコーン　　　腰かけ台　　　ポートボール台

全体の場づくり

⑵回旋リレー

発問1 障害物をどこに置いたら、速く走れますか。チームでどこに置いたらよいか、作戦を立てなさい。次の4つの障害物の中から3つ選びなさい。

①カラーコーン、②ポートボール台、③旗立て台、④腰かけ台

◆黒板に方法を書いた図を示して、説明する。その後、チームごとに作戦を話し合わせる。

◆チームごとに、作戦板を使って障害物の置き方を工夫させる。

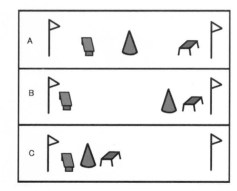

A、B、Cの置く場所

指示3 自分たちで立てた作戦で、はじめのゲームをしなさい。

◆A、B、Cの置く場所で、勝敗が変わる。

◆2チームずつ競走をさせる。自分たちの立てた作戦がよいかを見させる。

◆障害物を回旋する時には、体を内側に傾けて、外側の腕を大きく振るようにして回る。

赤玉

赤玉まできたら走りはじめる

発問2 はじめのゲームの結果をもとに、障害物をA、B、Cのどこに置いたら速く走れるか、チームで作戦を立てる。

◆はじめのゲームの結果をもとに、A、B、Cのどの置き方がよいかを考えさせる。

◆A、B、Cのいずれかが選択でき、その根拠を説明できる。

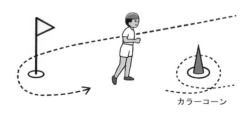

カラーコーン

小回りで走る

指示4 はじめのゲームの結果をもとに、2回目のゲームをします。作戦を立てなさい。

◆作戦が不十分であれば手直しをさせ、よりよい作戦を立てさせる。

指示5 自分たちで立てた新しい作戦で、2回目のゲームをしなさい。

◆力いっぱい走ることができたか、障害物の置き方の工夫がよかったかをチームで評価させる。

バトンを渡す

3つの障害物をまとめる

◆バトンの受け渡しは、マークを決めてお
　く。マークまできたら思い切りスタート
　する。紅白玉などを用意する。
◆折り返し地点でスピードが落ちないよう
　にする。

(発問3) 障害物をCに置くと、なぜ速く走れるので
　すか。

◆ゲームの結果から、障害物をCに置くと
　速く走れることが分かる。その理由を記
　録から考えさせる。

(説明2) 最初にまとめた3つの障害物を回旋し、直
　線距離を長く走った方が速く走れます。回
　旋リレーは、走ることが遅くても、チーム
　の作戦やルールを工夫することで、勝つチャ
　ンスが出てきます。チームで協力して作戦
　やルールを工夫することが大事です。

体を内側に傾ける

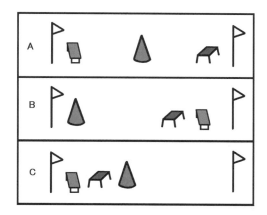

◆最初の記録と比較して、記録がどのよう
　に変わったのかを調べる。次の時間、も
　う一度行うことを話す。

(指示6) めあてが達成できたかをルーブリックで評
　価し、まとめをします。自分の伸びを確か
　めます。

(指示7) 用具を片付けて、整理運動をします。グ
　ループで協力します。

バトンを「ハイ」と言って渡す

⑵ 回旋リレー

4 アフォーダンス理論を取り入れた場づくり

手順：①等間隔の練習を行う。②速く走れる作戦を立てる。③作戦で1回目のゲームを行う。④A、B、Cのどこに置くかの作戦を立てる。⑤自分たちの立てた作戦で、2回目のゲームを行う。⑥Cに置くとなぜ速く走れるのかを考える。

ステップ1：等間隔の練習を行う

- 等間隔の練習を行う。どんなところに気をつけて走ったらよいかを考えながら走らせる。
- 回旋物を小回りで素早く回り、最後まで走れる方法を考える。
- 回旋物をスピードを落とさないで走るコツを見つける。

障害物は等間隔にする

ステップ2：速く走れる作戦を立てる

- 回旋物をどこに置いたら速く走れるか、チームで協力して話し合い、作戦を立てる。
- 等間隔に置くよりも、回旋物の置く位置を変えることで、回旋リレーの速さが変わることに気づく。
- 最初はスムーズに回旋できなくても、練習する中で最適な回旋物の置き方を発見していく。

障害物をどこに置いたら
速く走れるか作戦を立てる

ステップ3：作戦で1回目のゲームを行う

- チームで立てた作戦で、障害物をスムーズに回旋をしてゲームを行う。
- 等間隔に置くよりも、回旋物を置く位置を変えることで、回旋リレーの速さが変わることに気づかせる。
- バトンパスを素早く、スムーズにすることで、回旋リレーが速くなることを発見させる。

チームで立てた作戦ではじめのゲームをする

ステップ4 ： A、B、Cのどこに置くかの作戦を立てる

- A、B、Cのどこに置いたらよいのか、理由を明らかにして、作戦が立てられる。
- 2つの障害物をまとめた方がよいのか、3つの障害物をまとめた方がよいかを話し合える。
- 何回か練習する中で、どの置き方がよいのかを見つけていく。

障害物をA、B、Cのどこに置いたら速く走れるか

ステップ5 ： 自分たちの立てた作戦で2回目のゲームを行う

- 新しい作戦で、1回目よりスムーズなバトンパスができ、最適な障害物の置き方を見つけていく。
- ゲームの結果から、2つの障害物をまとめるよりも、3つの障害物をまとめた方が速く走れることを発見する。
- なぜ、3つの障害物をまとめた方が速く走れるのかの理由が分かる。

自分たちの立てた作戦で2回目のゲームをする

ステップ6 ： Cに置くとなぜ速く走れるのかを考える

- Cに置くと、なぜ速く走れるかを考えて走れるようにする。速く走れるコツに気をつけて走らせる。
- 障害物の置き方、バトンパスの仕方、障害物を小回りにするなどの工夫をすることで、相手チームに勝てることを発見させる。
- 最初はスムーズに連続できなくても、練習する中で最適な走り方をつかんでいく。

障害物をCに置くとなぜ速く走れるのかを考える

P.162のQRコードから動画にアクセス可能

(2) 回旋リレー

5 追試結果

報告者：大本英生／山口県宇部市立新川小学校／対象学年：2年生

（1）体感覚（知覚）や意識の変容（男子11人／女子17人：計28人）

【子供たちの発見と表現】

　①チームのみんなでいっしょに考える楽しさに気づいた。

　②回旋物を置く位置を変えることで、回旋リレーの速さが変わることに気づいた。

　③バトンパスの仕方や障害物を小回りにすることでタイムが速くなることに気づいた。

　④3つの障害物をまとめた方が、速く走れることを発見した。

　⑤3つの障害物をまとめた方が速く走れる理由が分かった。

【教師の考察】

　「回旋リレーはどうだったか」を4段階で聞くと、指導前は、「とても楽しかった」が22人、「楽しかった」が4人、「少し楽しくなかった」が2人であった。楽しかった理由は、障害物の場所を変えた点、作戦を考えた点、タイムが上がった点であった。少し楽しくなかった子供の理由は、2人とも、もう少し話し合いがしたかったということであった。自分の意見を伝えたり友達の意見を聞いたりする時間が十分ではなかったのかもしれない。指導後は、「とても楽しかった」が20人、「楽しかった」が8人であった。楽しかった理由を見ると、チームでしっかりと話し合いができ、応援をされて嬉しかったこと、記録がさらに伸びたことが挙げられていた。

（2）記録の変容（男子11人／女子17人：計　28人）

項　目	初めての試技直後			指導後		
	男　子	女　子	計	男　子	女　子	計
等間隔の練習	7　人	10　人	17　人	6　人	12　人	18　人
置き方の作戦	8　人	11　人	19　人	9　人	12　人	21　人
作戦で1回目のゲーム	6　人	8　人	14　人	7　人	9　人	16　人
A、B、Cのどこに置くか	5　人	9　人	14　人	8　人	11　人	19　人
2回目のゲーム	8　人	10　人	18　人	9　人	11　人	20　人
チームを変えて	8　人	15　人	23　人	9　人	16　人	25　人

評価基準：指導前と指導後で、それぞれ、ルーブリックの「◎（よくできた）」の基準を達成した子供の人数を記載。

【教師の考察】

　「A、B、Cのどこに置いたらよいと思うか」の問いには、指導前、Aが0人、Bが11人、Cが8人、分からないが9人であった。理由として、Cを選んだ子供は、「はじめに全部回って、後は走るだけだから」「最初にまとめて回ると後から速くなるから」と書いていた。しかし、Bを選んだ子供では、理由を書けている子供はいなかった。指導後、同じ問いを投げかけると、多くの子供が、Cと回答した。理由は「スピードを落とさずに走れる距離が長いから」ということであった。また、作戦でCを選んだチームのタイムが縮まったことも要因である。さらに、障害物の回り方を考えさせた。小回りで回っている子供と、大回りをしている教師の悪い例を見せて比較させることで、多くの子供は小刻みにステップを踏んで回っていた。さらに、重心を障害物に傾けて回っている子供がいたので取り上げ、全体で共有した。そうすることで、回り方が上手になり、タイムが上がったとも考えられる。

【成果と今後の課題】

〈成果〉

①ホワイトボードに記録表を掲示し、ゲームごとのタイムをチームごとにそれぞれ記入した。作戦を話し合って走り、タイムが縮まったことが視覚的に分かることで意欲の向上につながった。

②どの置き方がもっともよいのかチームで考えさせたり、他のチームの置き方を見せ合ったりすることで、より協力してチームごとに作戦を考えることにつながった。

③よい動きをしている子供や協力して作戦を立てているチームを褒め続けた。こうすることで、動きや話し合いの仕方のよさが広まっていった。

〈課題〉

今回は、バトンパスについては指導しなかった。効果的なバトンパスを考えたり試したりすることで、さらに記録の向上につながったであろう。

(2) 回旋リレー

 レベルアップ ルーブリック　**回旋リレー**（かいせん）

年（ねん）　組（くみ）　番（ばん）（　　　　　　　　　　　　　　　　）

ステップ	項目（こうもく）	内容（ないよう）				評価（ひょうか）
		◎よくできた	○できた	△もう少し（すこ）	※ワオ！ 右下の四角に☑をいれよう。	◎○△
1	等間隔の（とうかんかく）練習を行う。（れんしゅう おこな）	障害物を小回りで素早く回り、スピードを落とさないで、最後まで走れる。（しょうがいぶつ こまわ すばや まわ お さいご はし）	障害物を小回りで回り、スピードを落とさないで、最後まで走れる。（しょうがいぶつ こまわ まわ お さいご はし）	障害物を小回りで回り、最後まで走れる。（しょうがいぶつ こまわ まわ さいご はし）	障害物の走り方が分かる。（しょうがいぶつ はし かた わ）	
2	置き方の（お かた）作戦を行う。（さくせん おこな）	障害物をどこに置いたらよいか、チームで協力して話し合い、作戦が立てられる。（しょうがいぶつ お きょうりょく はな あ さくせん た）	障害物をどこに置いたらよいか、チームで話し合い、作戦が立てられる。（しょうがいぶつ お はな あ さくせん た）	障害物をどこに置いたらよいか、作戦が立てられる。（しょうがいぶつ お さくせん た）	障害物の置き方の作戦が分かる。（しょうがいぶつ お かた さくせん わ）	
3	作戦で（さくせん）1回目の（かい め）ゲームを行う。（おこな）	チームで立てた作戦で、スムーズなバトンパスをしてゲームができる。（た さくせん）	チームで立てた作戦で、ルールを守り、ゲームができる。（た さくせん まも）	チームで立てた作戦で、全力で走り、ゲームができる。（た さくせん ぜんりょく はし）	作戦が正しかったか分かる。（さくせん ただ わ）	
4	A、B、Cのどこに置くかの（お）作戦を立てる。（さくせん た）	A、B、Cのどこに置いたらよいのか、理由を明らかにして、作戦が立てられる。（お りゆう あき さくせん た）	A、B、Cのどこに置いたらよいのか、チームで協力して、作戦が立てられる。（お きょうりょく さくせん た）	A、B、Cのどこに置いたらよいのか、作戦が立てられる。（お さくせん た）	A、B、Cのどれがよいかに気づく。（き）	
5	新しい作戦で（あたら さくせん）2回目の（かい め）ゲームを行う。（おこな）	新しい作戦で、1回目よりスムーズなバトンパスができる。（あたら さくせん かい め）	新しい作戦で、1回目より小回りしてゲームができる。（あたら さくせん かい め こまわ）	新しい作戦で、ゲームができる。（あたら さくせん）	新しい作戦の工夫が分かる。（あたら さくせん くふう わ）	
6	チームを変えて行う。（か おこな）	チームを変えて、1回目の記録よりも3秒速く走れる。（か かい め きろく びょうはや はし）	チームを変えて、1回目の記録よりも2秒速く走れる。（か かい め きろく びょうはや はし）	チームを変えて、1回目の記録よりも1秒速く走れる。（か かい め きろく びょうはや はし）	記録を伸ばすコツが分かる。（きろく の わ）	

4．身体——動物が知覚し、行為するための基本

　私たちヒトを含め、動物には「身体」がある。そして、私たちの身の回りをすっかり取り囲んでいるのが「環境」である。「環境」の中に「身体」を持っている私たちがいる。

　身体は単に物質的な肉体のことだけを意味しているのではない。身体は動物にとって知覚し、行為するための基盤である。身体の存在が私たちの実在を保証している一面もあるだろう。しかし、身体は物体としての存在であるだけではない。動物には身体を動かす「こころ」がある。それが自由なのかどうか、どちらが先かはここでは問わないが、「こころに沿って」私たちは身体を動かす。それが動物の行為である。こころを持つ身体こそが周囲を知覚し、行為に活かす。

　身体は動物にとって、また環境にとって非常にユニークな存在である。生態心理学はヒトや動物のこころの謎を解くための学問の一つだが、環境と身体から話が始まり、こころはなかなかその姿を現してくれない（ように感じられる）。そこに生態心理学の分かりにくい一面がある。生態心理学は「身体の謎を解く」また「知覚の謎を解く」学問でもある。

　小学校、中学校の「体育」の授業では、身体について様々なことを教え、学ぶ。体育の実習では、実際に身体を動かして様々なことに取り組む。身体の動かし方や扱い方を学ぶことは、時に命に関わるほどに重要な意味を持っている。

　その一方で、生活を送るためでも生き残るためでもなく身体を動かすこともある。音楽に合わせて「踊る」ことや、身体を動かして「祭る」こともまた、私たちにとって身近な「身体を動かすこと」である。

　ダンスのように「表現」に分類される動きもある。この「表現」に分類される、あるいは「遊び」「スポーツ」に当たる動き、行為は山のようにある。このような場合、身体を動かすこと、身体を使うことそのものが目的になっている。

　ヒトが身体を動かすこと、身体が変化すること、あるいは身体のかたちについて発見したことは、このような多様な身体があるという事実だろう。身体によって、何らかの情報がそれを知覚している他の動物に影響し、行為に利用されていく。

　こうして身体は動物によって、特にヒトによって、様々な意味を持つ情報源であることが発見され、コミュニケーションにさえも利用されてきた。

　身体の発見は、自分の身体の使い方だけでなく、身体そのものが他の動物、特に他のヒトの行為の資源、アフォーダンスとして活用できることの発見でもあったのだ。

⑶ リレー

1　授業における主張

　リレーは一定のルールのもとで、スピードを落とさずにバトンパスをし、集団と集団が競い合ったり記録に挑戦したりして楽しむ運動である。また、集団の力によってどのチームが勝つか分からないという結果の確定しない魅力もある。そのため、走ることの苦手な子供でもチームの一員として参加でき、全力で走ることを通して短距離走の力もつけていく指導を行う。

> 1．バトンパスをして競争や記録に挑戦する。
> 2．走ることの苦手な子供でもチームの一員として参加できる。

2　指導計画（6時間扱い）

第一次：　学習計画を立て、グルーピングをする。
　　　　　自分の能力に合った場で練習し、やさしい競争の仕方でリレーができる。
　　　　　　　　　　　　　　　　　……………………2時間
第二次：　工夫した競争の仕方に挑戦してできる。
　　　　　　　　　　　　　　　　　……………………2時間
第三次：　工夫した競争の仕方で、記録に挑戦できる。
　　　　　　　　　　　　　　　　　……………………2時間

リレーの習熟過程

①鬼遊び　②ジグザグ走
③曲線走　④ネコとネズミ
⑤折り返し走　⑥30m走
⑦40m走　⑧50m走　⑨リレー

3　単元全体の指導

（1）目標
　●対戦相手を決めたり、バトンゾーンの工夫をしたりしてリレーができる。
　●仲間と協力して、楽しく練習できる。
（2）準備物：ストップウオッチ、バトン、赤玉
（3）展開

指示1　太鼓に合わせて、自由に体育館を走ります。先生の指示があったら、動きを変えて走ります。最初は前向き走です。次はスキップ、ギャロップで走ります。止まった時に、友達とぶつからなかったら合格です。

　　◆短距離走の基礎感覚、基礎技能づくりをす

スタート練習

スタート　全力走

前向き走・後ろ向き走

太鼓に合わせて走る

る。前向き走、後ろ向き走、スキップ、ギャロップで跳感覚、リズム感覚、平衡感覚づくりを行う。

指示2 2人1組で足ジャンケンをします。3人に勝ったらカラーコーンの前に順番に座ります。カラーコーンは4個あります。

　◆勝った順にカラーコーンの前に座らせる。カラーコーンは4個あるので、並び終わった時には4チームができている。1チーム5〜6人とする。

指示3 60mリレーを行います。チームごとに直線コースでバトンパスの競走をします。チームの走る順番、距離は話し合いで決めます。

　◆全力で走りながら、バトンパスができる。

　◆前の走者と後の走者のスピードが同じになるように走らせる。

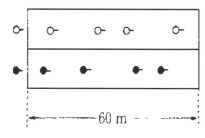

直線コースでバトンパス

指示4 自分のチームと同じくらいのチームを決めてリレーをします。タイムをもとにして、自分のチームと同じくらいのチームを決めます。

　◆同じくらいのタイムのチームでリレーができる。

　◆相手を変えて競走ができる。

発問1 どんなオーダーを決めたら、速く走れますか。

　A：速い順にする　B：遅い順にする

　◆チームの中で、速い順に走った方が勝てるか、後に速い者をおいた方が勝てるか作戦を立てさせる。

　◆チームの中で話し合い、オーダーを決めさせる。

手を高くしてバトンを受ける

指示5 実際にやって確かめます。記録を計って、どんなオーダーがよいか確かめます。どれがよかったですか。

　◆速い順のオーダーと遅い順のオーダーの記録をとる。両方の記録を比較して、確かめさせる。

説明1 速い順に走ったオーダーの方が勝てる場合が多いです。チームで作戦を立て、一番よいオーダーにします。

　◆チームによっては、遅い順にして途中で速い順にする、最後にまた速い順にする、などの作戦も考えられる。チームの作戦を尊重する。

スピードを落とさないでバトンパス

⑶ リレー

発問2 スタートするタイミングが分からず、スピードが落ちます。どうしたら、スピードを落とさないでバトンパスができますか。

A：「ハイ」と声を言いながら渡す

B：黙って渡す

◆どちらがよいと思うか挙手させる。人数を数えて板書する。それぞれの理由を発表させる。

スタートのタイミングが合わない

指示6 実際にやって確かめます。2人、4人で軽く走りながら、バトンパスをします。AとB、どちらがやりやすかったですか。

◆どちらがよかったか確認する。

◆「ハイ」と言いながらバトンの受け渡しをする方が、バトンを受け渡しやすいことに気づく。

説明2 「ハイ」と声を言いながら渡した方がよいです。その他に、次の方法があります。

①赤玉を置いて、ダッシュする。

②バトンの受け渡しは、手を高くして行う。

スムーズなバトンパスをする

赤玉を置く

「ハイ」と声をかける

◆バトンの受け渡し方が分からないためバトンを落とす。その場合には、次の方法がある。

①2人で歩きながら交互にバトンパスをする。

②4人で歩きながら交互にバトンパスをする。

③2人、4人で軽く走りながら、バトンパスをする。

④先頭を交代しながら受け渡しをする。

説明3 次のようなコースをつくり、リレーをします。

4つのコースをつくり、誰がどこを走るか作戦を立てて、リレーをします。方法は次の通りです。

①1周が176mのトラックをつくる。これを基準にして半周の大きさが4mずつ小さく

なるようなトラックをつくる。Aが88m、Bが84m、Cが80m、Dが76mとなる。

②5人で1チームとし、チームの走る距離はみな同じとする。誰がどのコースを走るかはチームの作戦とする。短い距離が得意な子供、長い距離が得意な子供と個人差が活かせるように話し合い、コースを選択させていく。

③個人差に応じて走る中で、短い距離を走る子供の走力も高められていく。

◆各学校の運動場に応じて、トラックの大きさは変更する。

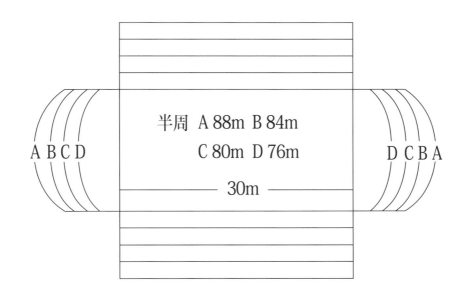

半周　A 88m　B 84m
C 80m　D 76m
30m

A B C D　　　D C B A

⟩発問3⟩ Dコース（距離が一番短い）は、誰が走ったらよいですか。

A：遅い人　B：速い人

◆チームで話し合う。お互いの長所を認め合って、よいところを引き出し合い、力を合わせることによって、走る楽しさが味わえるようにする。

指示7　実際にやって確かめます。記録を計って、どんな作戦がよいか確かめます。

◆誰がDコースを走るのか作戦を立てさせ、実際に競争をして確かめさせる。

説明4　短いコースは、遅い人が走り、長いコースは速い人が走るようにするとよいです。チームの勝利のために、決められた距離を力一杯走ります。しかし、距離が長すぎたり短すぎたりして、決められた距離を走り終わっても、まだ走れる人と最後までスピードが持続できない人がいます。そこで、力に合った距離を全力で走ることを通して、誰もが、リレーの楽しさを味わえるようにします。

◆勝てない時には、別の作戦を立てさせる。いつも同じ子供が同じコースを走るのではなく、他のコースも選択し、楽しくリレーができるようにしていく。

指示8　めあてが達成できたかをルーブリックで評価し、まとめをします。自分の伸びを確かめます。

指示9　用具を片付けて、整理運動をします。グループで協力します。

（3）リレー

4　アフォーダンス理論を取り入れた場づくり

手順：①歩きながらバトンの受け渡しを行う。②走りながらバトンの受け渡しを行う。③スタートの練習を行う。④作戦１：走る順番を決め、リレーを行う。⑤作戦２：走るコースを決め、リレーを行う。⑥立てた作戦で、リレーを行う。

ステップ1：歩きながらバトンの受け渡しを行う

- 歩きながらバトンの受け渡しを行う。右手でバトンを受け、左手に持ち替えて渡す。最初はその場で行い、慣れてきたら歩きながら行う。
- バトンの受け渡しを行う時に、バトンのどこを持つとよいかを考えながら歩かせる。
- 上手な子供の動きを見て、バトンの受け渡しのポイントをつかみ、自分のバトンの受け渡しにに活かせるようにする。

2人1組でのバトン受け渡し練習

ステップ2：走りながらバトンの受け渡しを行う

- 歩きながらの受け渡しができたら、走りながらのバトンパスを行う。最初は2人で行う。スムーズにできるようになったら4人で行う。
- バトンはできるだけ高い位置で受け渡しをする。高い位置でのバトンパスは、肘が伸びて速く受け渡しができることを発見させる。
- 最初はスムーズに連続できなくても、練習する中で最適なタイミングをつかんでいく。

「ハイ」で肩まで腕を上げる

ステップ3：スタートの練習を行う

- バトンの受け渡しの時、スタートのタイミングが遅くなったり速くなったりする。いつスタートするか、考えながら練習を行う。
- 赤玉を置いて、スタートの目印にする。赤玉を目印にすれば、タイミングよくバトンを受け渡しできることに気づかせる。
- タイミングが合わない時には赤玉の位置を調整し、違いを体感してよりよい動きを発見させる。

丸で囲んだ目印の玉まで来たら走り出す

ステップ4 ：作戦1　走る順番を決めてリレーを行う

- 走る順番によって、勝敗が決まることに気づく。速い順に走った方がよいか、遅い順に走った方がよいかを話し合わせる。

- 何度か話し合って作戦を立て、実際にリレーを行う。その中でチームの最適な順番を見つけていく。固定された順番ではなく、全員が納得する作戦にしていく。

- 最初はスムーズに連続できなくても、練習する中で最適なタイミングをつかんでいく。

良いところを活かして次の作戦を考える

ステップ5 ：作戦2　走るコースを決めてリレーを行う

- A～Dコースを誰が走るのかの作戦を立てる。それぞれの長所を活かして話し合う中で、最適なコースを選択できる。

- 作戦を立て、実際にリレーを行う。その中でチームの最適なコースを見つけていく。固定されたコースではなく、いろいろな作戦を試す。調整していく中で、最適なコースを見つけていく。

- 最初はスムーズに連続できなくても、練習する中で最適なコースを1つ選択させる。

コースや走順を考えた作戦

ステップ6 ：立てた作戦でリレーを行う

- 学習して身につけたバトンパスの受け渡し、スタートの走り方のコツを活かして走る。

- 相手チームの特長に合わせて、走る順番、走るコースを選択していけば、相手チームに勝てることに気づかせる。

- 速く走れるチームの動きを見て、自分のチームの走り方と比較しながら、よいリレーの仕方のコツを発見させる。

- 最初はスムーズに作戦通りできなくても、練習する中で最適な作戦をつかんでいく。

コース・走順で順位が入れ替わる

P.171のQRコードから動画にアクセス可能

⑶ リレー

⑴ 体感覚（知覚）や意識の変容（男子36人／女子28人：計64人）

【子供たちの発見と表現】

①バトンの受け渡しを行う時に、バトンのどこを持つとよいかが分かる。
②赤玉を目印にすれば、タイミングよくバトンを受け渡しできることに気づく。
③作戦を立て、実際にリレーを行う中で、チームの最適なコースが見つかる。

【教師の考察】

　　最初に歩いてバトンパスをする方が、走ってバトンパスをするよりもテクニカルポイントを意識して練習することができていた。バトンをもらう子供の中で、肩の高さまで手を上げることが難しい子供がいた。その場合は、教師が補助をして、手を上げさせた。もらう側のスタートは、赤玉を置くことでスムーズに行うことができた。はじめは、バトンパスをせずにスタートだけ切らせるようにした。それを繰り返すことで、余裕をもってスタートが切れるようになった。協力して何度も練習を行い、話し合い活動をこまめに入れているチームほど、相手に勝ったり、タイムが縮んだりして、最適なコースを見つけることができた。

⑵ 記録の変容（男子36人／女子28人：計64人）

項　目	初めての試技直後			指導後		
	男　子	女　子	計	男　子	女　子	計
歩きながらの受け渡し	26　人	20　人	46　人	36　人	28　人	64　人
走りながらの受け渡し	14　人	11　人	25　人	36　人	28　人	64　人
スタートの練習	22　人	19　人	41　人	34　人	25　人	59　人
走る順番を決めて	18　人	15　人	33　人	36　人	28　人	64　人
走るコース決めて	19　人	17　人	36　人	36　人	28　人	64　人
立てた作戦でリレー	18　人	17　人	35　人	33　人	24　人	57　人

評価基準：指導前と指導後で、それぞれ、ルーブリックの「◎（よくできた）」の基準を達成した子供の人数を記載。

【教師の考察】

　　すべてのチームにおいて、最初のタイムを上回った。記録が向上することが目に見えて分かるので、子供たちは積極的に練習を行っていた。特にスタート練習において、何度も話し合ってスタート位置を検討しているチームほど、記録の伸びが大きかった。また、スタートが遅れる子供には、前走者が「ゴー！」と声を掛けるようにすると、タイミングよくスタートすることができた。走順では、全16チーム中、すべてのチームが速い順にしたところ、最高タイムが出た。ただし、直線を走ることが得意な子供とカーブが走ることが得意な子供とで、走順を変えたチームもあった。走順の視点を自分たちで発見したところに楽しさを見出していた。

【成果と今後の課題】

　　早い段階で、目標タイムを達成したチームほど、記録の伸びは低かった。目標設定の方法だけでなく、さらに上手なバトンパスを行うための視点を持たせる発問を考えていきたい。

リレー

年　　組　　番（　　　　　　　　　　　　　　）

ステップ	項目	内容				評価
		◎よくできた	○できた	△もう少し	❊ワオ！ 右下の四角に☑をいれよう。	◎○△
1	歩きながらバトンの受け渡しを行う。	6人で歩きながら互いにバトンパスができる。	4人で歩きながら互いにバトンパスができる。	2人で歩きながら互いにバトンパスができる。	バトンの受け渡し方が分かる。	
2	走りながらバトンの受け渡しを行う。	6人で軽く走りながら互いにバトンパスができる。	4人で軽く走りながら互いにバトンパスができる。	2人で軽く走りながら互いにバトンパスができる。	バトンの受け渡しのコツが分かる。	
3	スタートの練習を行う。	スタートして、「ハイ」と言いながらバトンパスができる。	赤玉を置いた地点からスタートして、バトンパスができる。	後ろを見ないでスタートできる。	スタートするタイミングを見つける。	
4	作戦1 走る順番を決め、リレーを行う。	チームで話し合い、速く走れる順番を決め、リレーができる。	チームで話し合い、勝てる順番を決め、リレーができる。	チームで話し合い、勝てる順番を決め、リレーができる。	速く走れる順番が分かる。	
5	作戦2 走るコースを決め、リレーを行う。	長所を認め合い、だれがどのコースを走るかを決め、リレーができる。	力に合ったコースを話し合いで決め、リレーができる。	だれがどのコースを走るかを決め、リレーができる。	走るコースの決め方が分かる。	
6	立てた作戦で、リレーを行う。	立てた作戦でリレーに勝ち、記録を伸ばすことができる。	立てた作戦でリレーに勝つことができる。	立てた作戦で、記録を伸ばすことができる。	リレーに勝つ方法を理解し、実践できる。	

(4) 立ち幅跳び

1 授業における主張

　立ち幅跳びは、小学校の運動能力テストの種目に入っている。全学年で指導されている。どうしても5cmしか跳べない成人女性に2時間指導した結果、143cm跳ぶことができたことがある。ちょっとした指導で記録が伸びる。子供に立ち幅跳びの記録達成の喜びを体験させる指導を行う。

> 1．立ち幅跳びをして競争や記録に挑戦する。
> 2．自分に合った目標を決め、遠くへ跳ぶ。

2 指導計画（4時間扱い）　※特別単元のため第二次まで

第一次：　学習計画を立て、グルーピングをする。
　　　　　自分の能力に合った場で、立ち幅跳びの練習をする。　　……………………2時間
第二次：　いろいろな場で立ち幅跳びに挑戦して、記録を伸ばすことができる。
　　　　　　　　　　　　　　……………………2時間

> **立ち幅跳びの習熟過程**
> ①ケンケン相撲　②大股跳び
> ③跳び箱1段の台から跳ぶ
> ④踏み切り板から跳ぶ
> ⑤マットの上で跳ぶ
> ⑥マットの上で連続して跳ぶ

3 単元全体の指導

（1）目標
- ●いろいろな場で立ち幅跳びに挑戦して、記録を伸ばすことができる。
- ●仲間と協力して、楽しく練習できる。

（2）準備物：マット、巻き尺

（3）展開

指示1　太鼓に合わせて、自由に体育館を走ります。先生の指示があったら、動きを変えて走ります。最初は前向き走です。次はスキップ、ギャロップで走ります。止まった時に、友達とぶつからなかったら合格です。次は、ケンケン相撲をします。相手の足が床に着いたら勝ちです。
　◆立ち幅跳びの基礎感覚、基礎技能づくりをする。

両手を合わせる　　片足を持つ

腕を組む　　頭を抱える

前向き走・後ろ向き走

基礎感覚・基礎技能づくり

前向き走、後ろ向き走、スキップ、ギャロップ、ケンケン相撲、大股跳びで跳感覚、リズム感覚、平衡感覚づくりを行う。

指示2 2人1組で足ジャンケンをします。3人に勝ったらカラーコーンの前に順番に座ります。カラーコーンは4個あります。

◆①グループをつくる。1グループ5〜6名
　②場づくりをし、子供の人数でマットの場を決める。
　③指導前の記録をとる。1人2回行い、よい記録を記入する。

◆マットから跳ぶ。計測はつま先からかかとまで。

◆中・高学年は、グループで計測して、記録用紙に記入する。低学年は教師が計測する。

グループをつくる

指示3 先生が跳べない方法と跳べる方法でやってみます。どこが違うか、よく見ていて下さい（ゆっくり2回行う）。

A：跳べない　B：跳べる

発問1 AとB、どちらが遠くへ跳べますか。手を挙げて下さい。人数を黒板に書きます。

◆人数を確認した後、次の発問をする。

A：跳べない　B：跳べる

発問2 どうしてBの方が遠くへ跳べるのですか。意見のある人は発表してください。

◆A、Bの理由を発表させる。

【跳べない理由】①膝が伸びている、②かかとが着いている、③手の振り上げ・振り下げができていない

【跳べる理由】①膝が曲がっている、②つま先で跳んでいる、③手の振り上げ・振り下げができている

マットが動かない工夫

説明1 みんなの意見をまとめます。立ち幅跳びのコツは3つあります。

①膝を曲げます。この時、息を吐きながら、両手を下におろします。

②つま先で跳びます。つま先でけると同時に息を吸いながら、両手を上に振り上げ

つま先で跳ぶ

ます（最初からつま先立ちの姿勢になる）。

③着地する前、両手を下におろしながら、
　息を吐きます。膝は曲げます。

説明2　遠くに跳ぶには、呼吸に合わせて、動いて
　いきます。

①で全部息を吐き切ります。すると自然に
膝は曲がります。両手を下ろしながらする
と自然に呼吸は吐けます。ここで一瞬息を
止め、間をつくります。

つま先立ちは跳ぶ瞬間にするのではなく、
最初からつま先立ちになっています。

つま先立ちになっていると、自然に前傾姿
勢になり、斜め前方に跳べます。けると同
時に両手を上げます。手足の協応動作が
できます。跳ぶタイミングが大切です。息
を吸います。最後は両手を下に下げながら
着地します。この時、息を吐きます。息を
吐くと、膝は自然に曲がります。「イチ、
ニー、サン」と声を出して跳ぶと呼吸を強
調しなくてもできます。

①膝を曲げる　　息を吐く　　イチ
②つま先でける　息を吸う　　ニー
③着地する　　　息を吐く　　サン

◆①②③のコツは次のように板書か画用紙
　に書いて明示する。

①膝を曲げる　　息を吐く　　イチ
②つま先でける　息を吸う　　ニー
③着地する　　　息を吐く　　サン

◆「イチ、ニー、サン」と何度も声を出す
　練習をする。次に声に合わせて膝を曲げ
　る、つま先でける、両手を振り下ろして
　膝を曲げる。跳ばないで、その場で練習
　する。

指示4　3つのコツを身につけて、遠くへ跳ぶ練習
　をします。

①跳び箱1段の台から跳びます。つま先を
　台にかけて跳びます。

②次は踏み切り板の角につま先をかけて跳
　びます。

着地をする

立ち幅跳びの仕組みとコツ		
①膝を曲げる　　息を吐く		イチ
②つま先でける　息を吸う		ニー
③着地する　　　息を吐く		サン

跳び箱1段の台から跳ぶ

③最後はマットから跳びます。最初から最後までつま先で立ち、跳びます。

跳び箱、踏み切り板、マットの順番で跳びます。

◆次の場で練習を行う。

　①跳び箱1段で練習する：跳び箱、マット

　②踏み切り板で練習する：踏み切り板、マット

　③マットで跳ぶ

指示5　3つのコツができたら、先生のところにきてテストを受けます。合格したら、グループの場で練習します。

指示6　グループごとに記録をとります。2度跳んで、よい記録を記入します。

全員終わったら、後片付けをします。

指示7　めあてが達成できたかをルーブリックで評価し、まとめをします。自分の伸びを確かめます。

指示8　用具を片付けて、整理運動をします。グループで協力します

両手を上げる

マットが動かない工夫

踏み切り板で跳ぶ

グループで跳ぶ

つま先で跳ぶ

マットで跳ぶ

両手を上に振り上げる

膝を曲げる

4 アフォーダンス理論を取り入れた場づくり

手順：①立ち幅跳びに必要な感覚づくりを行う。②大股跳びを行う。③跳び箱1段で行う。
④踏み切り板で行う。⑤マットで行う。⑥マットでスムーズな立ち幅跳びを行う。

ステップ1：立ち幅跳びに必要な感覚づくりを行う

- 2人1組になりケンケン相撲を行う。両手を合わせ、ケンケンをする。相手の足が床に着いたら勝ちとする。
- ケンケンをすることで、つま先で跳ぶ跳感覚に気づく。
- 相手に勝つには、バランス感覚、リズム感覚が必要であることに気づく。片足でバランス感覚を身につけることで、相手に勝つコツが分かる。

準備運動で、立ち幅跳びに必要な
感覚づくりをする

ステップ2：大股跳びを行う

- 連続して大股跳びを行う。連続して跳ぶには、足のけりや腕振りが大事であることに気づく。
- 連続して跳ぶ中で、片足でけり、片足で着地していくことに気づく。片足でける時にはつま先で、膝を曲げていくと大きな大股跳びができることに気づく。
- 最初はスムーズに連続できなくても、練習する中で最適なタイミングをつかんでいく。

大股跳びで、足のけりや腕振りの練習をする

ステップ3：跳び箱1段で行う

- 跳び箱1段の上から立ち幅跳びを行うようにする。
- 平らなマットで跳ぶよりも、跳び箱の上からの方が跳びやすいことに気づく。
- 平らなマットと跳び箱の上からでは、どこが違うかの感覚が分かる。
- 膝を曲げる深さを調整していく中で、遠くに跳べることに気づく。

跳び箱1段の上から、立ち幅跳びを行う

ステップ4：踏み切り板で行う

- 踏み切り板の上から立ち幅跳びを行うようにする。
- 平らなマットで跳ぶよりも、踏み切り板からの方が跳びやすいことに気づく。
- 平らなマットと踏み切り板の上からでは、どこが違うかの感覚が分かる。
- 膝を曲げる深さを調整していく中で、遠くに跳べることに気づく。

踏み切り板の上から、立ち幅跳びを行う

ステップ5：マットで行う

- マットの上から立ち幅跳びを行うようにする。
- マットで跳ぶよりも、跳び箱1段や踏み切り板で跳ぶ方が、跳びやすいことに気づく。
- 跳び箱1段や踏み切り板で跳ぶコツをマットでもできるようになる。
- 膝を曲げる深さを調整していく中で、遠くに跳べることに気づく。

膝を曲げて、マットの上から跳ぶ

ステップ6：マットでスムーズな立ち幅跳びを行う

- 連続して立ち幅跳びを行う。連続して跳ぶには、つま先のけり、膝の曲げ伸ばし、両腕の振り上げ・振り下ろし、着地の動きが大事であることに気づく。
- 連続して跳ぶ中で、一連の動きがスムーズにできることに気づく。足でける時にはつま先で、膝を曲げていくと遠くに跳べることに気づく。
- 最初はスムーズに連続できなくても、練習する中で最適なタイミングをつかんでいく。連続していく中で、呼吸の仕方が身についていく。

つま先のけり、膝の曲げ伸ばし、両腕の振り、着地の練習

P.179のQRコードから動画にアクセス可能

⑷ 立ち幅跳び

5 追試結果

報告者：田中稜真／福岡県筑後市立水洗小学校／対象学年：４年生

(1) 体感覚（知覚）や意識の変容（男子19人／女子15人：計34人）

【子供たちの発見と表現】

　　指導の初期段階では、ケンケン跳びやジャンケン、ケンケン相撲等の活動そのものを楽しむだけだったが、大股跳びやマットでの立ち幅跳び等、活動が進むにつれて、立ち幅跳びに必要なテクニカルポイントを、自然と意識して行うようになった。以下、子供たちの言葉である。

①ジャンプする前に膝を曲げると、遠くに跳べた。

②自分で「イチ・ニ・サン」と数えて、リズムに合わせて跳ぶと、やりやすい。

③上にジャンプするのではなく、前にジャンプすると、遠くに跳ぶことができる。

④「イチ・ニ・サン」に合わせて腕を振って跳ぶと、遠くにジャンプできる。

【教師の考察】

　　ケンケンを中心とした友達との関わりを通して、自然と立ち幅跳びにつながる運動の要素を、子供たちが自然と身につけていく様子が見て取れた。特に効果が大きかったと感じたのは、大股跳びのパーツである。「前にジャンプする」という言葉が子供たちから出てきたが、これは「つま先で跳ぶ」というテクニカルポイントにつながる言葉である。これまで、立ち幅跳びは「上に跳ぶ」という認識でいた子供が一定数存在していたが、この大股跳びの活動によって「つま先を意識して前に跳ぶ」ということを、教師が教えることなく体感できたという手応えを得た。

(2) 記録の変容（男子19人／女子15人：計34人）

項　　目	初めての試技直後			指導後		
	男　子	女　子	計	男　子	女　子	計
ケンケン相撲	16　人	12　人	28　人	19　人	14　人	33　人
大股跳び	8　人	5　人	13　人	13　人	11　人	24　人
跳び箱一段	14　人	10　人	24　人	17　人	14　人	31　人
踏み切り板	13　人	9　人	22　人	15　人	13　人	28　人
マット	13　人	9　人	22　人	17　人	13　人	30　人
連続マット	11　人	6　人	17　人	14　人	8　人	22　人

評価基準：指導前と指導後で、それぞれ、ルーブリックの「◎（よくできた）」の基準を達成した子供の人数を記載。

【教師の考察】

　　大股跳びと連続マットの項目では、他と比べて人数が少ない。この２つの項目では連続して跳ぶ動作を行う必要があるが、一度跳んで着地する際にふらついたり、２回目の跳躍が低くなったりする様子が散見された。着地を支える体幹や足の筋力不足が影響していると感じた。

【成果と今後の課題】

　　「跳ぶ」という行為は、日常生活では体験しない運動である。今回追試したケンケン相撲のように、これからの体育では技能習得の基礎となる体力づくりを、授業の冒頭や昼休みの遊びで意図的に取り入れ、運動経験そのものを充実させていく必要がある。

立ち幅跳び

年　　組　　番（　　　　　　　　　　　　　）

ステップ	項目	内容				評価
		◎よくできた	○できた	△もう少し	※ワオ！ 右下の四角に☑をいれよう。	◎○△
1	基礎感覚づくりを行う。	リズム太鼓に合わせて、リズミカルに前向き走・後ろ向き走ができる。	リズム太鼓に合わせて、ぶつからないで前向き走・後ろ向き走ができる。	リズム太鼓に合わせて、前向き走・後ろ向き走ができる。	基礎感覚づくりの仕方が分かる。	
2	大股跳びを行う。	大股で連続してリズミカルに7歩跳べる。	大股で連続して5歩跳べる。	大股で3歩跳べる。	大股で連続跳びのコツに気づく。	
3	跳び箱1段で行う。	跳び箱1段の上から、膝を曲げ、手を大きく振り上げて、つま先で跳び、安定した着地ができる。	跳び箱1段の上から、膝を曲げ、手を大きく振り上げて、つま先で跳べる。	跳び箱1段の上から、膝を曲げ、つま先で跳べる。	つま先で跳ぶコツを見つける。	
4	踏み切り板で行う。	踏み切り板の上から、膝を曲げ、手を大きく振り上げて、つま先で跳び、安定した着地ができる。	踏み切り板の上から、膝を曲げ、手を大きく振り上げて、つま先で跳べる。	踏み切り板の上から、膝を曲げ、つま先で跳べる。	膝を曲げるコツに気づく。	
5	マットで行う。	マットの上から、膝を曲げ、手を大きく振り上げて、つま先で跳び、安定した着地ができる。	マットの上から、膝を曲げ、手を大きく振り上げて、つま先で跳べる。	マットの上から、膝を曲げ、つま先で跳べる。	マットの上から跳ぶコツが分かる。	
6	マットでスムーズな立ち幅跳びを行う。	遠くに跳ぶ方法で、マットの上で3回跳べる。	遠くに跳ぶ方法で、マットの上で2回跳べる。	遠くに跳ぶ方法で、マットの上で1回跳べる。	スムーズに跳ぶ方法が分かる。	

⑸ハードル走

1 授業における主張

　ハードル走は、障害物をリズムにのって連続的に跳び越えるところに面白さがある。1台1台のハードルを上手に跳べることは大切であるが、それよりも一連の流れとしてとらえるようにする。子供の意欲を高め、楽しい授業にするために発見的な活動を通して行っていく。

> 1．インターバルと高さを発見する。
> 2．自分に合った一定の歩数を発見する。
> 3．踏み切り位置と着地までの距離の比を発見する。

2 指導計画（6時間扱い）

第一次： 学習計画を立て、グルーピングをする。
　　　　　 自分の能力に合ったインターバルや高さを見つける。　　　　　　………………2時間
第二次： 同じ足で踏み切り、一定の歩数を見つける。
　　　　　　　　　　　　　　　　………………2時間
第三次： 低く跳ぶ練習方法を工夫する。
　　　　　　　　　　　　　　　　………………2時間

> **ハードル走の習熟過程**
>
> ①鬼遊び　②直線走　③ジグザグ走
> ④川跳び　⑤輪跳びハードル走
> ⑥ダンボールハードル走
> ⑦ゴム跳びハードル走
> ⑧ミニハードル走　⑨ハードル走

3 ①単元全体の指導

（1）目標
　●踏み切り位置と着地の距離の比を見つける。
　●教え合ったり励まし合ったりしながら練習ができる。
（2）準備物：ハードル、お手玉、巻尺、1mの竹尺
（3）展開

指示1 太鼓に合わせて、自由に体育館を走ります。先生の指示があったら、動きを変えて走ります。最初は前向き走、後ろ向き走です。次はスキップ、ギャロップで走ります。次はジグザグ走、曲線走です。止まった時に、友達とぶつからなかったら合格です。

　◆ハードル走の基礎感覚、基礎技能づくりをする。鬼遊び、前向き走、後ろ向

鬼遊び

スタート　　　全力走

スキップ

基礎感覚・基礎技能づくり

き走、スキップ、ギャロップ、ジグザ
グ走、曲線走で跳感覚、リズム感覚、
平衡感覚づくりを行う。

指示2 2人1組で足ジャンケンをします。3人に
勝ったらカラーコーンの前に順番に座りま
す。カラーコーンは4個あります。

◆勝った順にカラーコーンの前に座らせ
る。カラーコーンは4個あるので、並び
終わった時には4チームができている。
1チーム5〜6人とする。

指示3 40mハードル走をします。1人ずつ走り、
タイムを計時します。タイムを言われたら、
記録用紙に記入して下さい。学習後、もう
一度計時します。

指示4 ハードルを一番低い高さで、4台並べます。

跳び箱の台を跳ぶ

指示5 利き足を見つけます。片足でハードルをま
たぎ越していきます。最初は右足、次は左
足です。3回目はハードルの中央です。ど
れが一番、またぎ越しがしやすいかを見つ
けます。

指示6 自分に合ったハードルの高さとインターバ
ルを見つけます。高さは43cmと54cmで
す。インターバルは5.5m、6.0mです。3
回ずつまたぎ越して、一番やりやすい高さ
とインターバルを見つけます。

またぎ越しの練習

発問1 踏み切り位置と着地の距離の比は何対何
になっていますか。次の中から選びなさい。
ア：1対1　イ：1対2　ウ：1対3

◆踏み切り位置と着地の位置にお手玉を
置く。

◆黒板に方法を書いた図を示して、説明
する。その後、示範と説明をもとにして
距離の比の求め方を説明する。

◆どれがよいと思うか挙手させる。人数を
数えて板書する。それぞれの理由を発
表させる。

指示7 グループごとに練習し、自分の踏み切り位
置と着地の距離の比を見つけなさい。

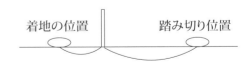

| 着地の位置 | 踏み切り位置 |

「着地の位置1」対「踏み切りの位置2」

⑸ ハードル走

◆1人2回跳んで記録を測定する。

◆相互に見合い、協力して練習ができる。

◆自分の踏み切りの位置と着地の位置が分かる。

指示8 踏み切り位置からハードルまでとハードルから着地までの距離を測定し、比を求めます。記録を黒板に書きます。

◆距離が測定できたら、比を求めさせる。比は整数で簡単な値にして求めさせる。

◆巻尺か1mの竹尺で測定する。

◆どれがよかったか、挙手させる。人数を数えて板書する。体験をもとに理由を発表させる。

説明1 踏み切り位置からハードルまでの距離とハードルから着地までの距離の比はおよそ2対1になるのがよいです。

◆比の予想のア〜ウのどれに近いかが分かる。

指示9 40mハードル走をします。1人ずつ走り、タイムを計時します。タイムを言われたら、記録用紙に記入して下さい。学習前と比較をしてください。タイムの上がった人はいますか。

◆最初の記録と比較して、記録がどのように変わったのかを調べる。次の時間、もう一度行うことを話す。

指示10 めあてが達成できたかをルーブリックで評価し、まとめをします。自分の伸びを確かめます。

指示11 用具を片付けて、整理運動をします。グループで協力します。

足の裏を見せる

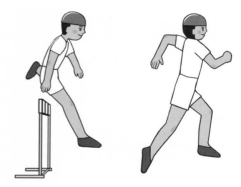

ハードルの近くに着地

3 ②ハードル走のつまずきに応じた指導

①

〈つまずき〉恐怖心があり、遠くから踏み切れない。

〈対策〉踏み切り足を見つける。

〈方法〉

◆歩きながら低いハードルを越える。

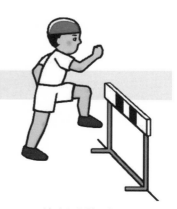

遠くから踏み切る

◆右足、左足の両方で踏み切り、どちらがよいか
　を見つける。

◆利き足が見つかったら、走りながら越える。

〈チェックポイント〉

◆またぎやすい踏み切り足を見つける。

◆効き足で踏み切り、走れるようにする。

②

〈つまずき〉自分に合ったインターバルが分から
ない。

〈対策〉一定のインターバルで走る。

〈方法〉

◆ハードルを3歩、5歩のインターバルで走る。

◆自分の力に合った高さでまたぎ越す。

〈チェックポイント〉

◆無理をして3歩で行わない。最初は5歩で行い、
　慣れてきたら3歩にする。

◆高さも低、中、高の高さを行い、自分に合った
　高さで行う。

抜き足の練習

トン　　1　2　3

③

〈つまずき〉一定のリズムでハードルが跳べない。

〈対策〉遠くから踏み切り、近くに着地する。

〈方法〉

◆ハードルの遠くから振り切りハードルの近くに
　着地する。

　◆ハードルを低く、またぎ越す。

〈チェックポイント〉

◆踏み切り地点、着地点に赤玉を置く。

◆無理に遠くから行わない。

低い姿勢で跳ぶ

赤玉　赤玉から踏み切る

⑸ ハードル走

4 アフォーダンス理論を取り入れた場づくり

手順：①膝の伸びた横振りと前後振りを行う。②ハードル１台で足の裏を見せる練習を行う。③ハードル１台で踏み切りの練習を行う。④ハードル１台でスピードを落とさない練習を行う。⑤ハードル２台でインターバルの練習をする。⑥ハードル３〜４台でハードル走の練習を行う。

ステップ１：膝の伸びた横振りと前後振りを行う

- 膝の伸びた横振りと前後振りを行う。ハードル走に必要な膝を伸ばす練習をする。
- 最初に横振りを練習する。次に前後振りを練習する。どんなところに気をつけて行ったらよいかを考えながら行わせる。
- 膝の伸びた子供の動きを見てポイントをつかみ、自分の振り方に活かせるようにする。

ハードル走に必要な膝を伸ばす練習をする

ステップ２：ハードル１台で足の裏を見せる練習を行う

- ハードル１台で足の裏を見せる練習を行う。最初は難しいが、少しずつできることに気づく。
- 足の裏を見せる動きと見せない動きの両方をすることで、その違いを体感してよりよい動きを発見させる。
- 最初はスムーズにできなくても、練習する中で足の裏を見せると膝が伸びる動きをつかんでいく。

ハードルの足のある方から自由に跳ぶ

ステップ３：ハードル１台で踏み切りの練習を行う

- 走ってきて踏み切りの練習をする。遠くから踏み切るのと近くから踏み切るのとでは、どう違うのかを考えながら練習を行う。
- 遠くから踏み切ると腰の位置が低く跳べ、近くで踏み切ると腰の位置が高くなることに気づかせる。
- 両方を行い、違いを体感する。遠くから踏み切ると、跳びやすいことを発見させる。

踏み切る位置を互いにチェックする

ステップ4：ハードル1台でスピードを落とさない練習を行う

- ハードル1台でスピードを落とさないで跳ぶ練習をする。
- そのためには、助走のスピード、踏み切り位置、低いハードリング、着地位置に気をつけることで、最適な動きを見つけさせる。
- 最初はスムーズにできなくても、友達のよい動きを見たり、何度も練習したりする中で最適なタイミングをつかんでいく。

スタートから勢いよく走って跳ぶ

ステップ5：ハードル2台でインターバルの練習を行う

- ハードル2台でインターバルの練習をする。インターバルの距離を調整していく中で、最適なインターバルを見つけさせる。
- インターバルの距離が合わない時には、助走のスピード、踏み切り位置、着地の位置の動きをリズミカルに行うことで、速く走る感覚を見つけさせる。
- 最初はスムーズに連続できなくても、練習する中で最適なインターバルをつかんでいく。

速く走れるインターバルを見つける

ステップ6：ハードル3〜4台でハードル走の練習を行う

- ハードル3〜4台でハードル走を行う。学習して身につけたハードル走のコツに気をつけて走らせる。
- 自分の力に合ったハードルの高さ、インターバルで、スピードを落とさないで連続して走れる方法を見つけ、走らせる。
- 速いハードル走の子供の動きを見て、自分のハードル走と比較しながら、よい走り方のコツに気づかせる。

勢いよく走る・踏み切り・
足の裏・インターバル

P.188のQRコードから動画にアクセス可能

⑸ ハードル走

5 追試結果

報告者：石神喜寛／千葉県柏市立西原小学校／対象学年：5年生

(1) 体感覚（知覚）や意識の変容（男子13人／女子17人：計30人）

【子供たちの発見と表現】

①ハードルの間を走るリズムやハードルを踏み切る時の位置が大切だと思った。

②ハードルを越える時は、遠くからジャンプしたり、足の裏を見せたりすると越えやすくなった。

③遠いところから低く跳んだり、インターバルの歩数を意識して走ったりできるようになった。

【教師の考察】

指導前では、ハードルを跳ぶ意識があり、体を空中に浮かせる時間が多く、減速していた。振り上げ足の裏を見せること、踏み切りの位置を遠くにすることを指導することで、徐々に低く速く跳び越えるという意識に変わり、動きが改善されていった。

インターバルにおいて、指導前は多くの子供が歩数をそろえることができなかった。速く走るためには、リズムよく跳び越えることを知り、リズムを意識した走りにつながった。

(2) 記録の変容（男子13人／女子17人：計30人）

項　目	初めての試技直後			指導後		
	男　子	女　子	計	男　子	女　子	計
膝の横と前後振り	11　人	15　人	26　人	13　人	17　人	30　人
足の裏を見せる	9　人	11　人	20　人	13　人	17　人	30　人
踏み切り遠く・近く	6　人	7　人	13　人	11　人	15　人	26　人
ハードル1台スピードを落とさない	5　人	4　人	9　人	10　人	14　人	24　人
ハードル2台3歩のリズム	3　人	2　人	5　人	9　人	11　人	20　人
ハードル3〜4台3歩のリズム	2　人	2　人	4　人	8　人	10　人	18　人

評価基準：指導前と指導後で、それぞれ、ルーブリックの「◎（よくできた）」の基準を達成した子供の人数を記載。

【教師の考察】

指導前は、膝が曲がり腰の位置を上下しながら跳んでいる子供がほとんどであったが、足の裏を見せることを伝えると徐々に改善されていった。

踏み切りにおいては、半数以上の子供がハードルに近い位置で踏み切っており、腰が高く上がり減速してしまっていた。指導の結果、踏み切り場所を意識することで、自己に合った踏み切り位置を意識し、減速を減らした走りにつながった。

インターバルでは，ほとんどの子供が歩数を合わせることができず、リズムが崩れてしまっ

ていた。「トン、１、２、３」のリズムで跳ぶことを指導し、段階的にハードルに数を増やしていくことでリズムにのって連続的に跳び越えられる子供が増えた。

【成果と今後の課題】

　本実践は、小学校５年生に実践した。実践の成果としては、多くの子供がリズムを意識してハードル走に取り組み、技能の上達が見られたこと、自分に合ったインターバルや高さを試す過程で自己調整につながったことが挙げられる。

　今後の課題としては、安定してリズムよくハードルを３歩で跳び越えられない子供が３分の１程度出てしまったことである。より多くの子供が「◎（よくできた）」と回答できるよう、連続で跳び越す指導や、子供１人１人へのフィードバックを適切に行いたい。

ハードル走（そう）

年（ねん）　組（くみ）　番（ばん）　（　　　　　　　　　　　）

ステップ	項目（こうもく）	内容（ないよう）				評価（ひょうか）
		◎よくできた	○できた	△もう少し	✳ワオ！ 右下の四角に☑をいれよう。	◎○△
1	膝（ひざ）の伸（の）びた横振（よこふ）りと前後振（ぜんごふ）りを行（おこな）う。	膝（ひざ）を伸（の）ばして、横振（よこふ）りと前後振（ぜんごふ）りを連続（れんぞく）して7回（かい）できる。	膝（ひざ）を少（すこ）し伸（の）ばして、横振（よこふ）りと前後振（ぜんごふ）りを連続（れんぞく）して5回（かい）できる。	膝（ひざ）を曲（ま）げて、横振（よこふ）りと前後振（ぜんごふ）りを連続（れんぞく）して3回（かい）できる。	横振（よこふ）りと前後振（ぜんごふ）りの仕方（しかた）が分（わ）かる。	
2	ハードル1台（だい）で足（あし）の裏（うら）を見（み）せる練習（れんしゅう）を行（おこな）う。	膝（ひざ）をピンと伸（の）ばして、足（あし）の裏（うら）を見（み）せて、連続（れんぞく）して5回（かい）できる。	膝（ひざ）を少（すこ）し伸（の）ばして、足（あし）の裏（うら）を見（み）せて、連続（れんぞく）して3回（かい）できる。	膝（ひざ）を曲（ま）げて、足（あし）の裏（うら）を見（み）せて、連続（れんぞく）して1回（かい）できる。	足（あし）の裏（うら）を見（み）せて跳（と）ぶコツに気（き）づく。	
3	ハードル1台（だい）で踏（ふ）み切（き）りの練習（れんしゅう）を行（おこな）う。	ハードルの遠（とお）くから踏（ふ）み切（き）り、ハードルの近（ちか）くに5回（かい）着地（ちゃくち）できる。	ハードルのやや遠（とお）くから踏（ふ）み切（き）り、ハードルのやや近（ちか）くに3回（かい）着地（ちゃくち）できる。	目印（めじるし）の後（うし）ろから踏（ふ）み切（き）り、目印（めじるし）の近（ちか）くに1回（かい）着地（ちゃくち）できる。	踏（ふ）み切（き）りと着地位置（ちゃくちいち）が見（み）つけられる。	
4	ハードル1台（だい）でスピードを落（お）とさない練習（れんしゅう）を行（おこな）う。	ハードル1台（だい）で、スピードを落（お）とさないで、連続（れんぞく）5回（かい）できる。	ハードル1台（だい）で、スピードを落（お）とさないで、連続（れんぞく）3回（かい）できる。	ハードル1台（だい）で、スピードを落（お）とさないで、1回（かい）できる。	スピードを落（お）とさないで、跳（と）ぶコツが分（わ）かる。	
5	ハードル2台（だい）でインターバルの練習（れんしゅう）を行（おこな）う。	ハードル2台（だい）のインターバルを3歩（ぽ）のリズムで走（はし）れる。	ハードル2台（だい）のインターバルを5歩（ほ）のリズムで走（はし）れる。	ハードル2台（だい）のインターバルを7歩（ほ）のリズムで走（はし）れる。	一定（いってい）のリズムで連続（れんぞく）して跳（と）ぶコツが分（わ）かる。	
6	ハードル3～4台（だい）で、ハードル走（そう）を行（おこな）う。	ハードル3～4台（だい）のインターバルを3歩（ぽ）のリズムで走（はし）れる。	ハードル3～4台（だい）のインターバルを5歩（ほ）のリズムで走（はし）れる。	ハードル3～4台（だい）のインターバルを7歩（ほ）のリズムで走（はし）れる。	ハードル3～4台（だい）を連続（れんぞく）して跳（と）ぶコツが分（わ）かる。	

5．自己の知覚——「私の内側」にある身体を知覚する

　私たちは使った経験がない身体の一部を使った時、その部位を発見する。その部位の扱い方を身につければ、そこは自分が行為する際に使えるものとなる。こうして行為に用いられるようになった「私の内側」にある身体の事実、意味や性質は、自分で使える身体そのものであるという点で、「私の外にある」環境中の、動物が行為に利用可能な性質や情報とは異なる側面を持つ。

　新たに発見された身体の部位やそれを用いる行為は、「身体にアフォードされた行為」となり得る。また、それは同時に「身体の外」にある環境中の事実を利用する「環境に働きかける行為」のバリエーションの一つになり得る。

　新たな動きの発見は新たな身体の発見とつながっており、新たな身体の発見は新たな動きの発見につながっている。「自分のつま先を使って前へ跳ぶ」時、「地面にある段差に指を引っかける」ためにつま先を使う、というように。

　この話については、本書の「あとがき」で著者が記している「立ち幅跳び」の例が適切なものの一つとして挙げられる。

　他にも、「今まで当たり前のように使っていた部分が、実は当たり前には使われていなかった」ために、自分の身体の一部と使い方を再発見した人の話を聞いたことがある。その方は英語が母語になっている地域で1年過ごし、発音を身につけた。ある時、英語を話している中で、日本語にはない強弱アクセントをつけるため横隔膜に力を入れ、息を「ふっ」と強く出したところ、同時に腹がへこむところを知り合いに見られ、「そんな腹の使い方を私は知らない」と言われたそうである。横隔膜を使わないでどうやって「H」の音を出すのかと問いただしたくなるが、それは指摘されなければ気づかない、腹の再発見であった。

　サッカーにおけるヘディングも、発見された身体とその使い方だろう。サッカーのルールをつくる際に、「手を使うことを禁止する(キーパー以外)」という決まりができて、プレイヤーの多くが戸惑ったことは想像に難くない。しかし、プレイヤーは「手を使わずにボールを操る方法」を次々と編み出した。足を使う方法も洗練されていったはずだ。他にも、肩や胸でボールを「取る」トラップができた。中でもシュートすら可能な身体の部位と動きの開発は革命的であっただろう。それが文字通り「頭を使う」ことであった。

　近年、ヘディングが健康を害することが分かってきて、これを制限する動きがある。サッカープレイヤーは次にどこを発見するだろうか。

⑹ 走り幅跳び

1 授業における主張

　走り幅跳びは助走のスピードを活かして、より遠くへ跳んだり、力の同じくらいの人と競技をして勝敗を競い合ったりする運動である。個人の記録を競い合う運動であるため、能力のある子供は意欲的に参加するが、遠くへ跳べない子供にとっては興味のない運動である。楽しい授業にするために発見的な活動を通して行っていく。自分の力に合った助走距離を見つける。

> 1. 助走のスピードを活かして、遠くへ跳ぶ。
> 2. 力の同じくらいの人と勝敗を競い合う。
> 3. 個人の記録を競い合う。

2 指導計画（6時間扱い）

第一次：　学習計画を立て、グルーピングをする。
　　　　　自分の力に合った助走距離を見つける。
　　　　　　　　　　　　　　　　　……………………2時間
第二次：　強く踏み切れる、踏み切り足を見つける。
　　　　　　　　　　　　　　　　　……………………2時間
第三次：　ももを高く上げ、遠くへ跳ぶ方法を見つける。
　　　　　　　　　　　　　　　　　……………………2時間

> **走り幅跳びの習熟過程**
> ┄┄┄┄┄┄┄┄┄┄┄┄┄┄┄┄
> ①鬼遊び　　②ケンケン
> ③ケンケン相撲　④川跳び
> ⑤立ち幅跳び　⑥幅跳び
> ⑦跳び箱の台走り幅跳び
> ⑧踏み切り板走り幅跳び
> ⑨走り幅跳び

3 単元全体の指導

（1）目標
　●助走距離や踏み切りの仕方について練習する。
　●仲間と協力して、楽しく練習できる。
（2）準備物：砂場、カラーコーン、輪
（3）展開

> **指示1**　太鼓に合わせて、自由に体育館を走ります。先生の指示があったら、動きを変えて走ります。最初は前向き走、後ろ向き走です。次はスキップ、ギャロップで走ります。次はケンケン跳び、ケンケン相撲です。止まった時に、友達とぶつからなかったら合格です。

鬼遊び　　　ケンケン
ケンケン相撲
基礎感覚・基礎技能づくり

◆走り幅跳びの基礎感覚、基礎技能づくりをする。前向き走、後ろ向き走、スキップ、ギャロップ、ケンケン跳び、ケンケン相撲で跳感覚、リズム感覚、平衡感覚づくりを行う。

指示2 2人1組で足ジャンケンをします。3人に勝ったらカラーコーンの前に順番に座ります。カラーコーンは4個あります。

◆勝った順にカラーコーンの前に座らせる。カラーコーンは4個あるので、並び終わった時には4グループができている。1グループ5～6人とする。

指示3 走り幅跳びをします。グループごとに計測します。記録を言われたら、記録用紙に記入して下さい。学習後、もう一度計測します。

発問1 助走距離がどれくらいの時、遠くへ跳べますか。

　　ア：5m　イ：10m　ウ：15m　エ：20m

◆黒板に方法を書いた図を示して、説明する。その後、示範と説明をもとにして腕振りのやり方を説明する。

◆走り幅跳びの仕方が分かり、みんなが楽しめる場を選択できる。

踏み切り

輪を使った踏み切り練習

(6) 走り幅跳び

指示4 実際にやって確かめます。自分に合った助
走距離を跳んで見つけます。記録カードに
記録し確かめます。

助走距離	1回目	2回目	評価
m			
m			

◆助走距離にラインを引き、5m、10m、
15m、20mの目印をつけ、順番を守っ
て跳ぶことができる。

◆自分の選択した助走距離で跳び、一番
跳べる距離を見つける。

◆グループごとに役割を分担し、計測できる。

発問2 強く踏み切り、遠くへ跳ぶにはどうしたら
よいですか。

A：利き足で跳ぶ

B：利き足でない足で跳ぶ

◆どちらがよいと思うか挙手させる。人数
を数えて板書する。それぞれの理由を
発表させる。

踏み切り

利き足で強く踏み切る

指示5 実際にやって確かめます。どちらがよかっ
たですか。

◆右足踏み切り、左足踏み切りがある。ど
ちらの足が強く踏み切れるか見つける。

◆助走しながら、跳びやすい踏み切り足を
見つける。

説明1 強く踏み切り、遠くへ跳ぶには、利き足を
見つけて跳びます。足の裏全体で強く踏
み切るようにします。

踏み切りの1歩前は狭くして踏み切ります。

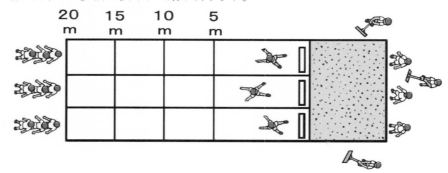

発問3 体を引き上げ、遠くに跳ぶにはどうしたら
よいですか。

A：ももを高く上げる

B：膝を高く上げる

◆どちらがよいと思うか挙手させる。人数
を数えて板書する。それぞれの理由を
発表させる。

ももを高く
引き上げる
高くジャンプ

指示6 実際にやって確かめます。どちらがよかっ
たですか。

◆強く踏み切ったら、踏み切りの反対足を
高く引き上げるようにする。

◆空中では体を反らすようにして、遠くへ
跳ぶ。

説明2 踏み切りと同時に、反対足のももを引き上
げるようにします。踏み切りと同時に、手
で体を引き上げると体は高く上がり、遠く
へ跳べます。

◆遠くへ跳べる子供に示範させ、正しい動
き方を理解させる。

踏み切り板、ロイター板で跳ぶ

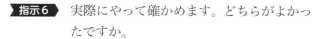

踏み切り板　　　ロイター板　　　跳び箱

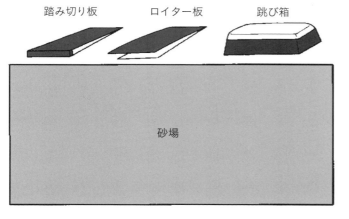

砂場

跳び箱の台で跳ぶ

指示7 グループごとに計測します。最初の記録と
比較して、記録がどのように変わったのか
を調べます。次の時間、もう一度行うこと
を話します。

指示8 めあてが達成できたかをルーブリックで評
価し、まとめをします。自分の伸びを確か
めます。

指示9 用具を片付けて、整理運動をします。グ
ループで協力します。

⑹ 走り幅跳び

4 アフォーダンス理論を取り入れた場づくり

手順：①「ケン・ケン・パー・グー」を行う。②踏み切りの練習を行う。③助走距離の練習を行う。④空中姿勢・着地の練習を行う。⑤強い踏み切りの練習を行う。⑥自分の課題で走り幅跳びの練習を行う。

ステップ1 ：「ケン・ケン・パー・グー」を行う

- 「ケン・ケン・パー」「ケン・ケン・グー」を行う。その他の多様な動きを行う。
- どんなところに気をつけて行ったらよいかを考えながら行わせる。リズミカルにできるコツを見つけさせる。
- リズミカルに連続してできる子供の動きを見て、跳び方のポイントをつかみ、自分の跳び方に活かせるようにさせる。

「ケン・ケン・グー」を行う

ステップ2 ：踏み切りの練習を行う

- 踏み切りの練習を行う。踏み切りゾーンに合わせて、足裏全体で、強く踏み切れるコツを見つける。
- 踏み切りが合わない時には、助走距離や助走スピードを調整していくことで、できることに気づかせる。
- 最初はスムーズにできなくても、練習する中で最適なタイミングを発見させていく。

3歩助走で跳んでみる

ステップ3 ：助走距離の練習を行う

- 自分に合った助走距離を見つけて、スピードのある助走ができるようにする。
- 助走距離を5m、10m、15m、20mにして、どれが一番跳べるかを見つけさせる。助走距離で、跳ぶ距離が変わることに気づかせる。
- 短い助走距離と長い助走距離の両方を行い、その違いを体感してよりよい動きを発見させる。

5歩助走で跳んでみる

ステップ4：空中姿勢・着地の練習を行う

- スピードのある助走で強く踏み切り、膝と両腕を高く引き上げ、空中で体を反らして着地できる練習をする。
- 膝と両腕を高く引き上げ、空中で体を反らしていく動きを調整していく中で、最適な空中姿勢を見つけさせる。
- 最初はスムーズに跳べなくても、練習する中で最適な動きのコツをつかませる。

両腕でバンザイをする

ステップ5：強い踏み切りの練習を行う

- 「ト・ト・トン」のリズムで、踏み切り板に合わせて練習する。踏み切りの強さ、入り方を調整していく中で、最適な踏み切りを見つけさせていく。
- 踏み切りの合わない時には、踏み切りの1歩前の歩幅を狭くすることで、踏み切りが合う感覚を見つけさせる。
- 最初はスムーズに連続できなくても、練習する中で最適な踏み切りのタイミングをつかんでいく。

腕でバンザイする動きを引き出す

ステップ6：自分の課題で走り幅跳びの練習を行う

- 自分に合った助走をして、強く踏み切る。高く体を引き上げ、空中で体を反らして、遠くに着地できる練習をする。
- 助走、踏み切り、空中姿勢、着地の方法を身につければ、遠くに跳べることに気づかせる。
- 遠くに跳べる子供の動きを見て、自分の跳び方と比較しながら、よい跳び方のコツを発見する。
- 最初はスムーズに連続できなくても、練習する中で最適な跳び方をつかんでいく。

強い踏み切り、空中姿勢、着地をして遠くに跳ぶ

P.197のQRコードから動画にアクセス可能

5 追試結果

報告者：数又智明／栃木県足利市立小俣小学校／対象学年：3学年

(1) 体感覚(知覚)や意識の変容(男子8人／女子10人：計18人)

【子供たちの発見と表現】

①踏み切りやすい足があることが分かった。
②自分の走力に合った助走距離で「トン」と音がするくらい踏み切り板を強く踏むと遠くへ跳べた。
③空中でバンザイをし、膝を曲げて着地すると遠くへ跳べた。

【教師の考察】

　3年生ではじめて取り組んだこともあり、ポイントとなることを発問し、実際に試させることでコツに気づかせる発見的な活動は有効だったと感じた。また、その発問とリンクした場づくりをしたことで飽きずに練習に取り組むことができ、コツを身につけやすかったようである。

(2) 記録の変容(男子8人／女子10人：計18人)

項　目	初めての試技直後			指導後		
	男　子	女　子	計	男　子	女　子	計
ケン・ケン・パー・グー	1 人	6 人	7 人	8 人	10 人	18 人
踏み切りの練習	2 人	4 人	6 人	6 人	9 人	15 人
助走距離の練習	2 人	2 人	4 人	5 人	8 人	13 人
空中姿勢・着地の練習	3 人	3 人	6 人	4 人	5 人	9 人
強い踏み切りの練習	1 人	1 人	2 人	4 人	4 人	8 人
自分の課題で跳ぶ	1 人	0 人	1 人	4 人	3 人	7 人

評価基準：指導前と指導後で、それぞれ、ルーブリックの「◎(よくできた)」の基準を達成した子供の人数を記載。

【教師の考察】

　事前調査ではクラス平均164.0cmだったが最後の記録会では216.7cmとなった。記録が52.7cm伸びたことから技能が向上したと言える。強い踏み切り、空中姿勢等のポイントとなる技能を習得させる場づくりが有効だった。3年生の発達段階では助走があまり速くないこともあり「ト・ト・トン」のリズムで踏み切り前の歩幅を一歩短くすることと空中で体を反らすことは難しかったが、強い踏み切りと両腕でバンザイをして膝を曲げての着地ができるようになったことは記録の向上にとり大きかったと感じた。また、練習の最後に発表会をもったことで適度な緊張感をもって取り組め、上手な子供を見てコツを学べたようだ。来年度が楽しみになった。

【成果と今後の課題】

　夢中になって練習に取り組んでいたため、夏休み明けすぐの実践だったこともあり休憩時間を多めに取ったつもりだったが、毎回、足の痛みを訴える子供が2〜3名、出てしまった。

〈注記〉新型コロナウイルス感染症などの事情により、在籍する子供25名のうち7名を除く18名の評価を行った。また、台風により授業時数は4時間(うち2時間は体育館での実施)の記録である。

走り幅跳び

年　　組　　番（　　　　　　　　　　　　　　　　）

ステップ	項目	内容				評価 ◎○△
		◎よくできた	○できた	△もう少し	※ワオ！ 右下の四角に☑をいれよう。	
1	「ケン・ケン・パー・グー」を行う。	「ケン・ケン・パー・グー」を片足や両足で、リズミカルに連続して跳べる。	「ケン・ケン・パー・グー」を片足や両足で、リズミカルに跳べる。	「ケン・ケン・パー・グー」を片足や両足で跳べる。	「ケン・ケン・パー・グー」の跳び方のコツが分かる。	
2	踏み切りの練習を行う。	踏み切りゾーンに合わせて、足裏全体で、強く踏み切れる。	踏み切りゾーンに合わせて、足足裏全体で、踏み切る。	踏み切りゾーンに合わせて、踏み切る。	踏み切りゾーンの使い方が分かる。	
3	助走距離の練習を行う。	自分に合った助走距離を見つけて、スピードのある助走が5回もできる。	自分に合った助走距離を見つけて、スピードのある助走が3回できる。	自分に合った助走距離を見つけて、助走ができる。	自分に合った助走距離が見つけられる。	
4	空中姿勢・着地の練習を行う。	スピードのある助走で強く踏み切り、膝と両腕を高く引き上げ、空中で体を反らして着地できる。	スピードのある助走で強く踏み切り、膝と両腕を高く引き上げ着地できる。	スピードのある助走で強く踏み切り、着地できる。	空中姿勢のフォームが分かる。	
5	強い踏み切りの練習を行う。	「ト・ト・トン」のリズムで、踏み切り板に合わせて、5回できる。	「ト・ト・トン」のリズムで、踏み切り板に合わせて、3回できる	「ト・ト・トン」のリズムで、踏み切り板に合わせて、1回できる。	「ト・ト・トン」のリズムが分かる。	
6	自分の課題で走り幅跳びの練習を行う。	スピードのある助走をして、強く踏み切る。高く体を引き上げ、空中で体をそらして、遠くに着地できる。	スピードのある助走をして、強く踏み切る。高く体を引き上げ、遠くに着地できる。	スピードのある助走をして、強く踏み切り、着地できる。	自分の課題を解決して、遠くに着地できるコツを見つける。	

(7)走り高跳び

1 授業における主張

走り高跳びは助走のスピードを活かして、より高く跳んだり、力の同じくらいの人と競技をして勝敗を競い合ったりする運動である。個人の記録を競い合う運動であるため、能力のある子供は意欲的に参加するが、高く跳べない子供にとっては興味のない運動である。楽しい授業にするために発見的な活動を通して行っていく。

1. 助走のスピードを活かして、高く跳ぶ。
2. 自分の力に合った目標を決め、高く跳ぶ。
3. 踏み切りや跳び方を工夫して、高く跳ぶ。

2 指導計画（6時間扱い）

第一次： 学習計画を立て、グルーピングをする。
　　　　　自分の力に合った高さで練習する。
　　　　　　　　　　　　　　………………… 2時間
第二次： 自分の跳び越しやすい跳び方で、高さに挑戦する。　………………… 2時間
第三次： 練習の仕方を工夫して、記録を高める練習をする。　………………… 2時間

走り高跳びの習熟過程

①鬼遊び　②ケンケン
③ケンケン相撲　④川跳び
⑤ゴム跳び　⑥輪跳び高跳び
⑦踏み切り板高跳び
⑧アクセント高跳び　⑨走り高跳び

3 単元全体の指導

（1）目標
　●助走距離や踏み切りの仕方について練習する。
　●仲間と協力して、楽しく練習できる。
（2）準備物：砂場、カラーコーン、輪、踏み切り板
（3）展開

指示1　太鼓に合わせて、自由に体育館を走ります。先生の指示があったら、動きを変えて走ります。最初は前向き走、後ろ向き走です。次はスキップ、ギャロップで走ります。次はケンケン跳び、ケンケン相撲です。止まった時に、友達とぶつからなかったら合格です。

　　　　◆走り高跳びの基礎感覚、基礎技能づく

鬼遊び　　　ケンケン

ケンケン相撲

基礎感覚・基礎技能づくり

りをする。前向き走、後ろ向き走、ス
キップ、ギャロップ、ケンケン跳び、
ケンケン相撲で跳感覚、リズム感覚、
平衡感覚づくりを行う。

指示2 2人1組で足ジャンケンをします。3人に勝ったらカラーコーンの前に順番に座ります。
カラーコーンは4個あります。

◆勝った順にカラーコーンの前に座らせる。カラーコーンは4個あるので、並び終わっ
た時には4グループができている。1グループ5〜6人とする。

指示3 走り高跳びをします。グループごとに計測します。記録を言われたら、記録用紙に記入し
て下さい。学習後、もう一度計測します。

発問1 何歩の助走をしたら、リズムのある跳び方ができますか。

ア：3歩　イ：5歩　ウ：7歩

◆黒板に方法を書いた図を示して、説明する。その後、示範と説明をもとにして助走
のやり方を説明する。走り高跳びの仕方が分かり、みんなが楽しめる場を選択できる。

物を置いて助走の練習

⑺ 走り高跳び

指示4 実際にやって確かめます。自分に合った助
走距離を跳んで見つけます。記録カードに
記録し確かめます。

記録カード　◎よく跳べる　○跳べる　△跳べない

助走の歩数	1回目	2回目	評価
3歩			
5歩			
7歩			

◆助走距離にラインを引き、3歩、5歩、
7歩の目印をつけ、順番を守り跳ぶこと
ができる。

◆自分の選択した歩数で跳び、一番跳べ
る高さを見つける。

◆グループごとに役割を分担し、計測できる。

発問2 踏み切り足を強くし、高く跳ぶにはどうし
たらよいですか。

A：利き足で跳ぶ

B：利き足でない足で跳ぶ

◆どちらがよいと思うか挙手させる。人数
を数えて板書する。それぞれの理由を
発表させる。

足の裏で強く踏み切る

指示5 実際にやって確かめます。どちらがよかっ
たですか。

◆右足踏み切り、左足踏み切りがある。ど
ちらの足が強く踏み切れるか見つける。

◆助走しながら、跳びやすい踏み切り足を
見つける。

説明1 バーに対して、右から助走する場合は左足
で踏み切ります。バーに対して、左から助
走する場合は右足で踏み切ります。どちら
の足が強く踏み切れるか見つけます。足の
裏全体で強く踏み切るようにします。
踏み切りの1歩前は広くして踏み切ります。

腰を沈める

発問3 振り上げ足を高く上げ、高く跳ぶにはどう
したらよいですか。

A：真上に振り上げる

B：真横に振り上げる

横木を見る　　横木

振り上げ足を高くする

真上に振り上げる

指示6 実際にやって確かめます。どちらがよかったですか。

◆強く踏み切ったら、踏み切りの反対足を高く引き上げるようにする。

◆着地する時はバーを見るようにする。

説明2 踏み切りと同時に、踏み切り足と反対側の足を引き上げるようにします。踏み切りと同時に、手で体を引き上げると高く跳べます。

◆高く跳べる子供に示範させ、正しい動きを見せる。

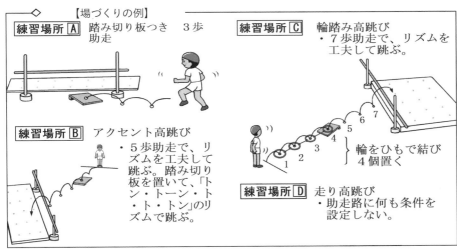

【場づくりの例】

練習場所A 踏み切り板つき助走　3歩

練習場所B アクセント高跳び
・5歩助走で、リズムを工夫して跳ぶ。踏み切り板を置いて、「トン・トーン・ト・ト・トン」のリズムで跳ぶ。

練習場所C 輪踏み高跳び
・7歩助走で、リズムを工夫して跳ぶ。

輪をひもで結び4個置く

練習場所D 走り高跳び
・助走路に何も条件を設定しない。

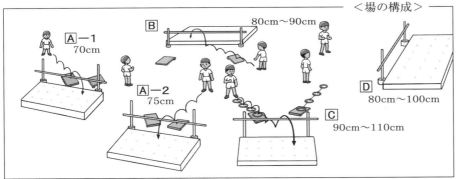

＜場の構成＞

A－1 70cm

B 80cm〜90cm

A－2 75cm

C 90cm〜110cm

D 80cm〜100cm

指示7 グループごとに計測します。最初の記録と比較して、記録がどのように変わったのかを調べます。次の時間、もう一度行うことを話します。

指示8 めあてが達成できたかをルーブリックで評価し、まとめをします。自分の伸びを確かめます。

指示9 用具を片付けて、整理運動をします。

4 アフォーダンス理論を取り入れた場づくり

手順：①またぎ越しを行う。②助走の練習を行う。③助走を伸ばした練習を行う。④抜き足の練習を行う。⑤バーを見ながら跳ぶ練習を行う。⑥安定した着地の練習を行う。

ステップ1 ：またぎ越しを行う

- 振り上げ足の裏が見えるように、またぎ越しを行う。走り高跳びの振り上げ足の練習につながることを理解させる。

- どんなところに気をつけてまたぎ越しをすればよいかを、考えながら行わせる。

- 上手にできる子供の動きを見て、またぎ越しのポイントをつかみ、自分の動きに活かせるようにさせる。

振り上げ足の裏が見えるようにまたぎ越す

ステップ2 ：助走の練習を行う

- 助走の練習を行う。最初は3歩助走から行う。バーの右側と左側の両方から助走する。

- 3歩助走から、リズミカルに踏み切ると、高く跳べることに気づかせる。

- バーの右側と左側の両方から助走を行い、その違いを体感して、どちらから助走するとよい動きになるか発見させる。

- 最初はスムーズに連続できなくても、練習する中で最適な助走の仕方をつかんでいく。

3歩助走で跳びやすいリズムを見つける
ケンステップを置く

ステップ3 ：助走を伸ばした練習を行う

- 5歩、7歩の助走を伸ばした練習を行う。どちらの助走がよいかを考えながら行う。

- 踏み切り板を置いて強く踏み切り、リズムをよくすると高く跳べることに気づかせる。

- 踏み切り板がある助走とない助走の両方を行い、その違いを体感させる。よりよい動きを発見させる。

踏み切り版を使うと足が上げやすくなる

ステップ4：抜き足の練習を行う

- 抜き足の膝を胸に引きつけ、抜き足の裏が見えるように練習する。
- そうするとリズミカルに跳べるようになる。膝を胸に引きつけ、足の裏が見えるように調整していく中で、よい動きを見つけさせる。
- 最初はスムーズにできなくても、練習をする中で最適なタイミングをつかんでいく。

抜き足の膝を胸に近づける
ゴム紐を「×」にして
踏み切り足と抜き足を意識する

ステップ5：バーを見ながら跳ぶ練習を行う

- 助走から着地まで、バーを見ながら跳ぶ練習をする。バーを見ると高く跳べることに気づかせる。
- 「トン・トーン・ト・ト・トン」のリズムで、バーを見ながら跳べる。バーを見る跳び方と見ない跳び方の両方を行うことで、高く跳ぶ感覚を見つけさせる。
- 最初はスムーズに連続できなくても、練習する中で最適なタイミングをつかんでいく。

助走から着地までバーを見る

ステップ6：安定した着地の練習を行う

- 安定した着地の練習を行う。学習して身につけたコツに気をつけて跳ばせる。
- バーの中心付近で跳び、「トン・トーン・ト・ト・トン」のリズムで跳べる方法を身につけ、リズミカルに跳べるようにさせる。
- 高く跳べる子供の動きを見て、自分の跳び方と比較しながら、よい跳び方のコツに気づかせる。
- 最初はスムーズに連続できなくても、練習する中で最適なコツをつかんでいく。

バーの中心を跳ぶ
必ず足から着地する

P.205のQRコードから動画にアクセス可能

(7) 走り高跳び

5 追試結果

（1）体感覚（知覚）や意識の変容（男子13人／女子17人：計30人）

【子供たちの発見と表現】

①ジャンプの仕方や助走のリズムがすごく大切だなと思った。

②バーを見ながら跳んだり，膝をできるだけ胸に近づけたりすると跳びやすくなった。

③最初はただ跳ぶことで精一杯だったけれど，最後にはバーを見ながら正しい姿勢で跳べた。

【教師の考察】

　指導前は，振り上げ足をバーに対して垂直に上げているなど，助走から空中動作までに課題があった。振り上げた足の裏を見せる指導や，よいリズムにつなげるために助走を工夫したりすることで，動きが改善されていった。

（2）記録の変容（男子13人／女子17人：計30人）

項　目	初めての試技直後			指導後		
	男　子	女　子	計	男　子	女　子	計
またぎ越し	10 人	10 人	20 人	12 人	16 人	28 人
3歩助走で跳ぶ	6 人	8 人	14 人	10 人	13 人	23 人
7歩助走で跳ぶ	3 人	2 人	5 人	8 人	9 人	17 人
抜き足を胸に引きつける	3 人	3 人	6 人	9 人	10 人	19 人
バーを見て跳ぶ	5 人	5 人	10 人	10 人	12 人	22 人
安定した着地で跳ぶ	7 人	7 人	14 人	11 人	12 人	23 人

評価基準：指導前と指導後で，それぞれ，ルーブリックの「◎（よくできた）」の基準を達成した子供の人数を記載。

【教師の考察】

　助走のリズムを意識することで，助走で得た速さを跳躍に活かすことにつながった。

　助走の指導においては，リズムが取りやすいようにケンステップや踏み切り板を活用した場づくりを行った。課題に合わせた場での練習を通して，踏み切りまでの3歩のリズムを身につけた子供が多かった。

【成果と今後の課題】

　成果は，助走の練習の際にリズムを意識して取り組むことで上達し，ほとんどの子供が指導前より記録を向上させることができた。今後の課題としては，助走を伸ばしての推進力を跳躍に上手くつなげることができなかったことである。助走を伸ばすことで歩数が合わなくなったり，減速してしまったりする姿が見られた。今後は，助走の歩数を伸ばしたり，場づくりを工夫したりしながらリズミカルな跳躍につなげていきたい。

年　　組　　番（　　　　　　　　　　　　）

ステップ	項目（こうもく）	内容（ないよう）				評価（ひょうか）
		◎よくできた	○できた	△もう少し（すこ）	❀ワオ！ 右下の四角に☑をいれよう。	◎○△
1	またぎ越しを行う。（おこな）	振り上げ足の裏が見えるように、5回またげる。	振り上げ足の裏が見えるように、3回またげる。	振り上げ足を上げて、1回またげる。	足の裏が見えるまたぎ越しのコツが分かる。	
2	助走距離の（じょそうきょり）練習を行う。（れんしゅう・おこな）	3歩助走から、リズミカルに踏み切り、5回できる。	3歩助走から、リズミカルに踏み切り、3回できる。	3歩助走から、踏み切りが1回できる。	3歩助走のリズムが分かる。	
3	助走を（じょそう）伸ばした（の）練習を行う。（れんしゅう・おこな）	7歩助走で、踏み切り板を置いて強く踏み切り、跳べる。	5歩助走で、踏み切り板を置いて強く踏み切り、跳べる。	3歩助走で、踏み切り板を置いて、高く跳べる。	踏み切り板の使い方ができる。（つか・かた）	
4	抜き足の（ぬ・あし）練習を行う。（れんしゅう・おこな）	抜き足の膝を胸に引きつけ、抜き足の裏が見えるように、リズミカルに跳べる。	抜き足の膝を胸に引きつけ、抜き足の裏が見えるように跳べる。	抜き足の膝を胸に引きつけ、跳べる。	抜き足の引きつけのコツが分かる。	
5	バーを見ながら（み）跳ぶ練習を行う。（と・れんしゅう・おこな）	助走から着地までバーを見て、「トン・トーン・ト・ト・トン」のリズムで跳べる。	助走から着地までバーを見て、リズミカルに跳べる。	助走から着地までバーを見て、跳べる。	バーを見ながら跳ぶコツが分かる。	
6	安定した着地の（あんてい・ちゃくち）練習を行う。（れんしゅう・おこな）	バーの中心付近で跳び、「トン・トーン・ト・ト・トン」のリズムで跳べる。	バーの中心付近で跳び、リズミカルに跳べる。	バーの中心付近で跳べる。	「トン・トーン・ト・ト・トン」のリズムが分かる。	

4

ボール運動

（1）サッカー
〔追試：木原航〕

（2）バスケットボール
〔追試：上川晃〕

(1) サッカー

1 授業における主張

　サッカーは、一定のルールに従ってボールを足で操作し、双方のチームがゴールに入れて勝敗を競う運動である。サッカーが楽しいと感じるのはシュートが入り、自分のチームが勝った時である。ボールを怖がる、ボールコントロールができない、ルールが分からない、などの子供が楽しく意欲的に取り組める指導をしていく。

> 1. シュートが入り、得点が入る。
> 2. チームの仲間と協力して、仲良くできる。

2 指導計画（6時間扱い）

第一次： 学習計画を立て、グルーピングをする。
　　　　やさしいルールで、練習やゲームができる。　　　　　　　……………………2時間
第二次： 工夫したルールで、練習やゲームができる。　　　　　　　……………………2時間
第三次： 工夫した作戦で、練習やゲームができる。　　　　　　　……………………2時間

> **サッカーの習熟過程**
> ①ボールを止める　②ボールをける
> ③ボールを運ぶ　④ドリブルする
> ⑤パスする　⑥シュートする
> ⑦やさしいルールや作戦でゲーム
> ⑧工夫したルールや作戦でゲーム

3 単元全体の指導

（1）目標
- ●チーム内の攻防の役割を分担し、それぞれの役割を果してゲームができる。
- ●チームや自己の課題を設定して、互いに協力して、ゲームができる。

（2）準備物：サッカーボール、カラーコーン、ビブス、ハードル

（3）展開

指示1 太鼓に合わせて、自由に体育館を走ります。先生の指示があったら、動きを変えて走ります。最初は前向き走です。次はギャロップで走ります。止まった時に、友達とぶつからなかったら合格です。次

ケンケン　　　両手を合わせる

腕を組む

前向き走・後ろ向き走

基礎感覚・基礎技能づくり

はケンケン、ケンケン相撲をします。

◆サッカーの基礎感覚、基礎技能づくりをする。前向き走、後ろ向き走、ギャロップ走、ケンケン、ケンケン相撲で走感覚、平衡感覚、視覚調整感覚づくりを行う。

指示2 2人1組で足ジャンケンをします。3人に勝ったらカラーコーンの前に順番に座ります。カラーコーンは4個あります。

◆勝った順にカラーコーンの前に座らせる。カラーコーンは4個あるので、並び終わった時には4チームができている。1チーム4〜6人とする。

指示3 ゲームをします。自分1人でコーンとコーンの間を通ると1点です。10点とって下さい。人が通るところを通ってはいけません。くっついて走るのもなしです。誰かが通ろうとしたら、別のコーンを通ります。

◆ボールを足でスムーズに扱う動きの仕方を考え行わせる。

指示4 10点とった人からカラーコーンの前に、順番に並びます。4チーム4人ずつになります。女子が必ず、1〜2人入るようにします。チームごとにビブスを着ます。

◆できるだけ速く通り抜けて10点をとるようにさせ、そのためには、ボールだけを見るのではなく、周りを見るようにさせる。

指示5 次は、1点とった人と手をつなぎます。2人で1点をとります。4人になって1点とります。どのチームの人とやってもよいです。4人で1点とったら、もとのチームに帰ります。どのチームが一番早く帰るでしょうか。

◆誰とでも2人、4人と手がつなげるようにさせる。1人の時よりも相手と協力しないと点がとれないことに気づかせる。

説明1 カラーコーンを4本、等間隔に並べます。最後のコーンの前に、ハードルを1個置きます。ハードルはゴールになります。

◆場づくりは、どこに何を置くかを板書で

ボールタッチ／左右

ボールタッチ／前後

ドリブルリレー

(1) サッカー

示す。

◆仲間と協力して、素早くできるようさせる。

指示6 ドリブルゲームをします。1人1つずつボールを持ちます。ドリブル競争をします。3点とったら3点同士で、2点とったら2点同士が2つになって、4人組で行います。

◆できるだけ多くの子供と競争させる。2点とった同士で行うことで、同じ力同士で行わせる。

指示7 パスゲームをします。コーンとコーンの間を2人でパスをしながら、やめと言うまでゲームを続けます。何回パスができたかで、勝敗が決まります。みんなで回数を数えます。

◆相手の走る場所に正確にパスを行い、できるだけパスの回数を多くできるようにする。

指示8 シュートゲームをします。コーンとコーンの間を2人でパスをして最後はシュートをします。シュートが終わったら、ボールを持って走って帰ってきます。シュートが終わったら、次の人が行きます。やめと言うまでゲームを続けます。何点シュートが入ったかで、勝敗が決まります。みんなで点数を数えます。

◆パスからシュートができるようにさせる。シュートが終わったら、すぐに次の組が始める。

◆作戦を立て、チームで協力して得点を多く入れさせる。

説明2 4対4のゲームをします。ルールは次の通りです。

①ゴールは2つです。

②ラインはありません。オープンです。

③頭より上に上がったら相手ボールになります。

④ハードルの間を通過したら1点です。

⑤時間は2分です。

⑥A対B、C対D、E対Fでゲームをします。

⑦審判は自分たちで行います。

ドリブル競争

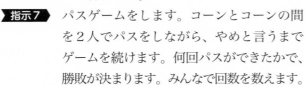

2人で組んでのドリブル

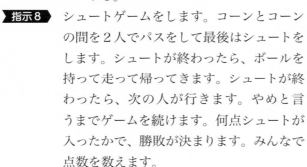

パス練習

4対4のゲーム

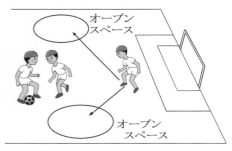

オープンスペースへ動いてパスを受けとる

指示9 1回戦を始めます。得点が入ったら、得点を入れた人が得点板をめくります。
◆ルールを守り、楽しくできるようにする。

指示10 1回戦の結果を発表します。

発問1 2回戦を行います。ルールを変えます。男子が入れたら1点です。女子が入れたら100点です。チームが勝つには、どんな作戦を立てたらよいですか。チームで話し合います。作戦板を使って下さい。時間は1分です。
◆ルールを変えることで、女子へのパスが多くなり、女子も得点が入れられるようにする。
◆作戦板を活用して、どこに動いたら得点できるかを考えさせる。

指示11 2回戦を始めます。チームで立てた作戦でゲームをします。
◆立てた作戦がゲームに活かせるようにさせる。

指示12 2回戦の結果を発表します。各チームの得点と作戦を発表して下さい。

発問2 勝敗と得点を見て、どんな作戦を立てたら勝てますか。コツを発表して下さい。
◆作戦と得点が入った場面から、得点が多く入るコツに気づかせる。

説明3 勝つためには、女子にパスをして、女子がシュートをすればよいですね。女子は、空いているところに動いて、パスをもらうとシュートができます。
◆空いている場所に走り込んで、パスをもらいシュートすればよいことに気づかせる。

指示13 この次の時間は、男子が100点とれるルールにします。どんなルールがよいかを考えてきて下さい。
◆女子だけでなく、男子も100点とれるルールを考えさせる。

指示14 めあてが達成できたかをルーブリックで評価し、まとめをします。自分の伸びを確かめます。

指示15 用具を片付けて、整理運動をします。グループで協力します。

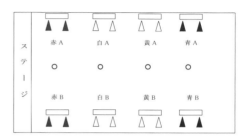

ゴールをたくさんつくる

ハードルをゴールに使用

5対5のゲーム

4 アフォーダンス理論を取り入れた場づくり

手順：①ドリブル練習を行う。②シュート練習を行う。③パス練習を行う。④２対２のゲームを行う。⑤４対４のゲームを行う。⑥作戦を立て４対４のゲームを行う。

ステップ1 ：ドリブル練習を行う

- まっすぐ前を見て、ボールを見ないで、両足で最後までドリブルができるようにする。
- どんなところに気をつけてドリブルしたらよいかを考えながら行わせる。
- 上手にできる子供の動きを見て、ドリブルのコツをつかみ、できるようにさせる。
- 足先の様々なところを使うとドリブルがうまくできることに気づかせる。

両足や利き足と逆の足だけを使ってドリブルする

ステップ2 ：シュート練習を行う

- 軸足をボールの横に置いて、正確にシュートできるようにする。
- シュートをゴールに入れるには、目線をゴールに向けることに気づかせる。
- 軸足を横に置くのと置かない動きの両方を行い、その違いを体感してよい動きを発見する。
- 最初はスムーズに連続できなくても、練習する中で最適なタイミングをつかんでいく。

成功したら１つ遠いハードルに進む

ステップ3 ：パス練習を行う

- 足の内側で、相手に正確にパスできるようにする。どうしたら相手に正確にパスできるかを考えながら行う。
- 最初は向かい合って行う。慣れてきたら走りながら、正確にできるコツに気づかせる。
- 相手の取りやすい位置にボールをパスすると、よい動きになることを体感させ、コツを発見させる。

ボールを止めずにパスをする

ステップ4 ：2対2のゲームを行う

- 2対2のゲームでパスをもらい、点を入れる練習ができるようにする。
- 敵のいない場所に移動し、空いている場所でパスをもらいシュートすれば、得点できることに気づかせる。
- 得点するには、どこに動いたらよいかを考え、体感できるようにさせる。
- 最初はスムーズに連続できなくても、練習する中で最適なタイミングをつかんでいく。

ルールの工夫① ：ゴールを2つにする
ゴールを増やすことで得点チャンスが増える

ステップ5 ：4対4のゲームを行う

- 4対4のゲームでパスをもらい、点を入れる練習ができるようにする。
- 敵のいない場所に移動し、空いている場所でパスをもらいシュートすれば、得点できることに気づかせる。
- 人数が増えても、ゲームの動き方は同じであることに気づかせる。
- 最初はスムーズに連続できなくても、練習する中で最適なタイミングをつかんでいく。

4対4を行う

ステップ6 ：作戦を立て4対4のゲームを行う

- 全員にパスが渡り、全員がシュートできる練習をする。
- 全員にパスが渡り、全員がシュートできるには、どんな作戦がよいかを考えさせる。
- 立てた作戦と実際の動きを比較しながら、よい作戦に気づかせる。
- 最初はスムーズに得点できなくても、練習する中で最適な作戦を発見させる。

ルールの工夫② ：女子が決めたら3点
得点差をつけることで
苦手な子の得点機会が増える

P.215のQRコードから動画にアクセス可能

(1) サッカー

5 追試結果

報告者：木原航／佐賀県武雄市立山内東小学校／対象学年：3年生

(1) 体感覚（知覚）や意識の変容（男子14人／女子20人：計34人）

【子供たちの発見と表現】

①足の裏を使うと、すぐに止まることができるので友達とぶつかりにくい。
②最初はインサイドキックがしにくかったけれど、慣れたらまっすぐ進むようになった。
③2対2の時はあいているスペースに動くことができなかった。4対4ではあいているスペースを意識することができた。

【教師の考察】

まっすぐけることが難しい子供は、軸足がまっすぐ向いていなかった。また、軸足に対して、斜めに足をふっていることがあった。そのため、軸足をまっすぐ向け、その軸足に対して、まっすぐ振り下ろすことを意識したらできるようになった。

(2) 記録の変容（男子14人／女子20人：計34人）

項　目	初めての試技直後			指導後		
	男　子	女　子	計	男　子	女　子	計
ドリブル練習	3 人	0 人	3 人	6 人	2 人	8 人
シュート練習	2 人	0 人	2 人	3 人	1 人	4 人
パス練習	4 人	1 人	5 人	5 人	2 人	7 人
2対2のゲーム	3 人	0 人	3 人	6 人	3 人	9 人

評価基準：指導前と指導後で、それぞれ、ルーブリックの「◎（よくできた）」の基準を達成した子供の人数を記載。

〈注記〉ルーブリックの4対4のゲーム、作戦を立てて4対4のゲームは、「作戦を立てる」「全員にパスがまわる」「全員がシュートを打つ」とあり、測定が難しかった。作戦はチームで考えているので、全員できていた。パスとシュートに関しては、できている試合もあればそうでない試合もあったため、未記入にした。

【教師の考察】

ドリブル練習は、足裏を使うことが増えてきたら、ぶつかる回数が減っていた。シュートやパスは、最初はつま先でける子供が多かった。しかし、シュート練習で斜めにボールがいってしまったので、サッカー部のけり方を参考にして、インサイドキックで行っていた。何度か練習していくうちに、慣れてきて上達していった。

【成果と今後の課題】

〈成果〉スペースを見つけさせるという意識を持たせることがこれまで難しかったが、動画を見せていただいたことで教師自身のイメージがわいた。

〈課題〉体育館で使えるハードルやサッカーボールが勤務校になかったので、そもそも場づくりが非常に難しかった。個人的には、運動場の方が広いため、シュート練習やゲームがやりやすいと感じた。3年生での実践で、全体的な伸びは難しかった。

サッカー

年　組　番（　　　　　　　　）

ステップ	項目（こうもく）	内容（ないよう）				評価（ひょうか）
		◎よくできた	〇できた	△もう少（すこ）し	※ワオ！ 右下の四角に☑をいれよう。	◎〇△
1	ドリブル練習（れんしゅう）を行（おこな）う。	まっすぐ前（まえ）を見（み）て、ボールを見（み）ないで、両足（りょうあし）で最後（さいご）までドリブルができる。	ボールを見（み）ないで、両足（りょうあし）で最後（さいご）までドリブルができる。	ボールを見（み）て、最後（さいご）までドリブルができる。	ドリブルの仕方（しかた）が分（わ）かる。	
2	シュート練習（れんしゅう）を行（おこな）う。	軸足（じくあし）をボールの横（よこ）に置（お）いて、遠（とお）くから、正確（せいかく）にシュートできる。	軸足（じくあし）をボールの横（よこ）に置（お）いて、近（ちか）くから正確（せいかく）にシュートできる。	軸足（じくあし）をボールの横（よこ）に置（お）いて、シュートできる。	軸足（じくあし）をボールの横（よこ）に置（お）きシュートするコツを見（み）つける。	
3	パス練習（れんしゅうおこな）を行う。	足（あし）の内側（うちがわ）で、遠（とお）くの相手（あいて）に正確（せいかく）にパスできる。	足（あし）の内側（うちがわ）で、近（ちか）くの相手（あいて）に正確（せいかく）にパスできる。	足（あし）の内側（うちがわ）で、相手（あいて）に正確（せいかく）にパスできる。	パスのコツを見（み）つける。	
4	2対2の（たい）ゲームを行（おこな）う。	敵（てき）のいない場所（ばしょ）に移動（いどう）し、空（あ）いている場所（ばしょ）でパスをもらい、点（てん）を入（い）れることができる。	空（あ）いている場所（ばしょ）でパスをもらい、点（てん）を入（い）れることができる。	パスをもらい、点（てん）を入（い）れることができる。	敵（てき）のいないところへ動（うご）くことに気（き）づく。	
5	4対4の（たい）ゲームを行（おこな）う。	作戦（さくせん）を立（た）てて、全員（ぜんいん）にパスが渡（わた）り、全員（ぜんいん）がシュートできる。	空（あ）いている場所（ばしょ）でパスをもらい、点（てん）を入（い）れることができる。	パスをもらい、点（てん）を入（い）れることができる。	パスをもらう場所（ばしょ）が分（わ）かる。	
6	作戦（さくせん）を立（た）てて、4対4の（たい）ゲームを行（おこな）う。	作戦（さくせん）を立（た）てて、全員（ぜんいん）にパスが渡（わた）り、全員（ぜんいん）がシュートできる。	作戦（さくせん）を立（た）てて、全員（ぜんいん）にパスが渡（わた）り、シュートできる。	作戦（さくせん）を立（た）てて、シュートできる。	作戦（さくせん）を立（た）てて、シュートする仕方（しかた）が分（わ）かる。	

(2) バスケットボール

1 授業における主張

　バスケットボールは、一定のルールに従って、ボールを手で操作し、双方のチームがゴールに入れて勝敗を競う運動である。バスケットボールが楽しいと感じるのはシュートが入り、自分のチームが勝った時である。ボールを怖がる、ボールコントロールができない、ルールが分からない、などの子供が楽しく意欲的に取り組める指導をしていく。

> 1．シュートが入り、得点が入る。
> 2．チームの仲間と協力して、仲良くできた。

2 指導計画（6時間扱い）

第一次：　学習計画を立て、グルーピングをする。
　　　　　やさしいルールで、練習やゲームができる。
　　　　　　　　　　　……………………2時間
第二次：　工夫したルールで、練習やゲームができる。　　　　……………………2時間
第三次：　工夫した作戦で、練習やゲームができる。　　　　　……………………2時間

> **バスケットボールの習熟過程**
> ①ボールの投・捕　②ドリブル
> ③パス　④シュート
> ⑤やさしいルールや作戦でゲーム
> ⑥工夫したルールや作戦でゲーム

3 単元全体の指導

（1）目標
　●チーム内の攻防の役割を分担し、それぞれの役割を果たしてゲームができる。
　●チームや自己の課題を設定して、互いに協力して、ゲームができる。
（2）準備物：バスケットボール、カラーコーン、ビブス
（3）展開

> **指示1**　太鼓に合わせて、自由に体育館を走ります。先生の指示があったら、動きを変えて走ります。最初は前向き走です。次はギャロップで走ります。止まった時に、友達とぶつからなかったら合格です。次

ケンケン　　　両手を合わせる

腕を組む

前向き走・後ろ向き走

基礎感覚・基礎技能づくり

はケンケン、ケンケン相撲をします。

◆バスケットボールの基礎感覚、基礎技
能づくりをする。前向き走、後ろ向き
走、ギャロップ走、ケンケン、ケンケ
ン相撲で走感覚、平衡感覚、視覚調整
感覚づくりを行う。

指示2 2人1組で足ジャンケンをします。3人に
勝ったらカラーコーンの前に順番に座りま
す。カラーコーンは4個あります。

◆勝った順にカラーコーンの前に座らせ
る。カラーコーンは4個あるので、並び
終わった時には4チームができている。
1チーム5〜6人とする。

発問1 手でボールをコントロールして相手を抜き
去るのが、バスケットボールの特徴です。
では、手のどこを使うとボールを上手にコ
ントロールできますか。

A：指先だけ　B：手のひらだけ

C：指先全体と手のひら

◆一番敏感なのは指先。手のひらを使うと
ボールに触れる部分が多く、コントロー
ルしにくい。

発問2 ドリブルは手のどこを使ったら上手にでき
ますか。

A：手首　B：肘　C：肩

◆肘を支点としたドリブルがよい。ストロー
クを長くしてボールに触れている時間を
長くする。そうすると途中で変更が可能
になる。

発問3 まわりに敵がいない時、どこにボールをつ
いたら速いドリブルができますか。

A：体の近く

B：手を伸ばしたところ

C：手を伸ばしたところよりももっと先

◆手を伸ばしたところよりもっと先につく
ようにする。動きの先取りをしていくと
よい動きになる(先取りの原理)。

発問4 シュートをする時、どこを見たらよいですか。

A：ボール　B：敵　C：ゴール

ボールを見ないでドリブル

正確なシュート

ゴールを見てシュートする

ボードに当てる

⑵ バスケットボール

◆最初はボールを見ているが、シュートの時はゴールを見るようにする（視線固定化の原則／視線移動の原則）。

◆場づくり
①30秒間シュート：何本入るか数える
②アウトサイド10本シュート
③ドリブルシュート

ボード　1点
リング　2点
シュート 3点

（説明1）　シュートする時は、ゴールを見ます。
①攻める方向の味方にパスできるか確認します。
②攻める方向に敵がいないか確認します。
③攻める方向の味方にパスできるか確認します。

（発問5）　ボールをキャッチするには、どれがよいですか。
A：横から　B：胸から　C：上から
◆手のひらはボールの飛んでくる方向に向ける。
①落とさない　②持ち替えない　③止まらない

（発問6）　試合中にボールを持ったら、どこを見ますか。
A：味方　B：敵　C：ゴール
◆ゴールを見ることによって、一番の目的である得点に結びつける。視線を固定する。

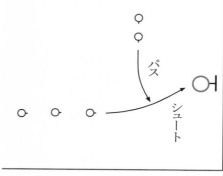

パスを受けてシュート

（説明2）　ゴールを守るには、次のようにします。
①敵にシュートを打たせないようにします。
②敵にリバウンドを取らせないようにします。
③敵がボールを取る前に自分か味方が取ります。

（発問7）　守っている時、敵に抜かれたらどうしますか。
A：ゴールに向かってまっすぐ走る
B：敵の後ろを猛スピードで走る
C：あきらめて他の敵の動きを妨害する
◆守りの原則は、敵に得点させないことである。

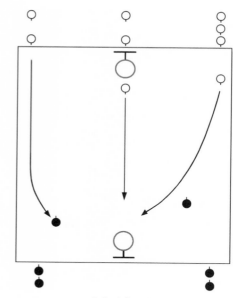

3人で攻める

（発問8）　マンツーマンで守っています。ボールを

5対5のゲーム

持っている敵とマークをしている敵のどこに
立ってガードしたらよいですか。

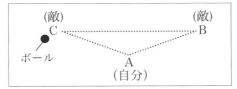

◆ボールを持っている敵（C）と自分が守っ
ている敵（B）と自分（A）の3人で、二等
辺三角形ができるようにする。

（説明3）　敵から最も遠くにボールを保持します。
ボールは敵から一番遠くにパスするように
します。

（発問9）　Dの人はEの人にパスしたい場合、①〜③
のどの方向にパスしたらよいですか。

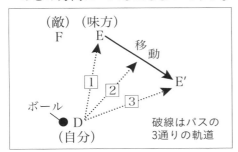

◆ボールはいつも敵（F）から一番遠くて、
しかもとりやすいところにパスする。

（説明4）　ペースを変えることが大事です。
①ドリブルのスピードを変化させる。
②攻めのペースを変化させる。

正確なシュートをする

（発問10）　攻めている時、同じ程度の力の敵を抜くにはどうしたらよいですか。

（説明5）　方向を変えるようにします。
①ドリブルの方向を変化させます。右手と左手で、敵の進行方向を妨げるようにします。
②パスを出す方向を変化させます。
　　　・パスの方向
　　　・パスを受ける側が動く
　　　・パスする側が動く

（発問11）　子供は、次のAとBのどちらで方向転換をしているでしょうか。
A：90度方向転換　　B：180度方向転換
◆かかとから入って止まる。膝のクッションを使う。

（指示3）　めあてが達成できたかをルーブリックで評価し、まとめをします。自分の伸びを確か
めます。

（指示4）　用具を片付けて、整理運動をします。グループで協力します。

⑵ バスケットボール

4 アフォーダンス理論を取り入れた場づくり

手順：①ドリブル練習を行う。②パス&シュートを行う。③パス&カットを行う。④タスクゲーム3対2を行う。⑤ミニゲーム3対3を行う。⑥作戦を立て3対3のゲームを行う。

ステップ1：ドリブル練習を行う

- まっすぐ前を見て、ボールを見ないで、両足で最後までドリブルができるようにする。ドリブルの基本姿勢は、手首のスナップと前を向く姿勢にする。
- どんなところに気をつけてドリブルしたらよいかを考えながら行わせる。
- 上手にできる子供の動きを見て、ドリブルのコツをつかみ、できるようにさせる。

ボールを使っていろいろな動きをする
右手ドリブル・左手ドリブル

ステップ2：パス&シュートを行う

- 胸の高さにパスすると相手がとりやすい。チェストパス、バウンズパス、ワンハンドパスなどを行う。
- リングボードをねらってシュートする。シュートをゴールに入れるには、目線をゴールに向けることに気づかせる。
- 最初はスムーズに連続できなくても、練習する中で最適なタイミングをつかんでいく。

①チェストパス、バウンズパス、
ワンハンドパスをする
②リングボードをねらってシュートする

ステップ3：パス&カットを行う

- 胸の高さにパスすると、相手がとりやすい。両手を広げて、パスをカットする。
- 3人がパス、2人が鬼の「鳥かご」をする。カットされたら鬼と交代する。
- 「ボールを持たない時、どう動いたらよいですか」と発問を行う。相手のいないところに動くことに気づかせる。
- 慣れてきたら走りながら、正確にできるコツに気づかせる。

①胸の高さにパスする
②両手を広げてカットする

ステップ4：タスクゲーム3対2を行う

- 3対2のタスクゲームでパスをもらい、点を入れる練習ができるようにする。攻撃が3人、守備が2人で行う。
- 攻撃のシュートが入ったら終了になる。守備がボールをとったら終了。時計回りで1つ移動し、再び開始する。
- ボールを持たない時、どう動いたらよいかを考えさせる。
- 相手のいない場所に移動し、空いている場所でパスをもらいシュートすれば、得点できることに気づかせる。

3対2のゲームをする
得点が入るようにする

ステップ5：ミニゲーム3対3を行う

- 攻撃3人、守備3人の3対3のゲームで、パスをもらい、点を入れる練習をする。シュートが入るか、ボウルアウトで終了とする。勝ったチームは勝ち残りで対戦できる。
- 負けたチームは、コートの外へ出る。新しいチームが中へ入る。
- 人数が増えても、ゲームの動き方は同じであることに気づかせる。

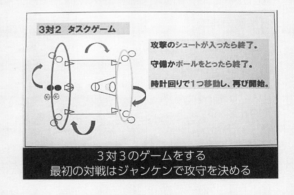

3対3のゲームをする
最初の対戦はジャンケンで攻守を決める

ステップ6：作戦を立て3対3のゲームを行う

- ゲームの様子をタブレットで撮影し、動画を確認しながら作戦会議を行う。ICT機器と作戦ボードを活用していく。
- 全員にパスが渡り、全員がシュートできるには、どんな作戦がよいかを考えさせる。
- 立てた作戦と実際の動きを比較しながら、よい作戦に気づかせる。
- 最初はスムーズに得点できなくても、練習する中で最適な作戦を発見させる。

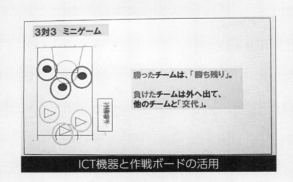

ICT機器と作戦ボードの活用

P.224のQRコードから動画にアクセス可能

⑵ バスケットボール

5 追試結果

報告者：上川晃／三重県三重県伊勢市立厚生小学校／対象学年：6年生

⑴ 体感覚（知覚）や意識の変容（男子11人／女子14人：計25人）

【子供たちの発見と表現】

〈男子〉

①パスやシュートがうまくなった。

②ボールを持っていない人が、パスを出しやすい位置に動くことが大切だと分かった。

③前よりもボールをカットできるようになった。

④3対2で、パスを回せるようになった。

⑤基礎からやり直して、すごく楽しかった。

〈女子〉

⑥はじめは一瞬でボールをとられたけれど、うまくパスができるようになり、シュートにつながった。

⑦シュートが入るようになった。

⑧楽しかった。またやりたい。

⑨仲間の位置を見ることが大切だと分かった。

⑩バスケットボールは苦手だったけれど、少し克服できたと思う。

【教師の考察】

　　子供たちの技能が上達したのは、次のような学習を組み立てたからである。

　・スモールステップでの指導で、無理なく基礎基本の技能が習得できた。

　・毎時間、少しずつ反復・繰り返しの機会を設けていた。

　・パス＆カットを練習する鳥かごや試合形式の3対2という環境（場づくり）の中で、子供たちは自分たちの課題について思考し、解決方法を検討することができた。

⑵ 記録の変容（男子11人／女子14人：計25人）

項　目	初めての試技直後			指導後		
	男　子	女　子	計	男　子	女　子	計
ドリブルの練習	6　人	6　人	12　人	8　人	7　人	15　人
シュートの練習	3　人	2　人	5　人	5　人	4　人	9　人
パスの練習	7　人	8　人	15　人	10　人	7　人	17　人
パスの練習	4　人	2　人	6　人	8　人	2　人	10　人
4対4の試合	0　人	0　人	0　人	0　人	0　人	0　人

〈注記〉水泳指導の時期と重なり、4対4の試合まで実施できず、3対2のタスクゲームまでで終了した。

評価基準：指導前と指導後で、それぞれ、ルーブリックの「◎（よくできた）」の基準を達成した子供の人数を記載。

【教師の考察】

〈子供たちの技能が向上した要因〉

　　次のような授業を行ったことが、大きな技能向上の要因である。

①毎時間の準備運動の段階から、ボールハンドリングやドリブルを行うことで、バスケットボールに必要な基礎感覚と基礎技能を養うことができた。

②シュートやパスの習得も、スモールステップで行ったり、ゲームの要素を取り入れて行ったりすることで、楽しい活動にすることができた。

③場面を限定し、思考させる発問をなげかけて、子供たちにテクニカルポイントを発見させ、

確認させていった。

④何よりも、安全を図りながら、子供たちの活動の多い授業を行った。

〈今回の成果の分析〉

上記に記した技能向上の要因を分析してみると、以下のようなことが明らかになった。

①バスケットボール指導におけるアフォーダンスの有効性

毎時間、子供たちは、バスケットボールを学習する環境（場づくり）のもとで、基礎感覚づくりと基礎技能の習得を繰り返すことができた。

②TOSS体育の授業の組み立ての有用性

今回の指導においても、TOSS体育での指導における優れたポイントを再確認できた。次の点である。

・スモールステップでの指導：無理なく習得させる

・テクニカルポイントを発見させる発問：思考し、確認させる

・場づくり：自分で選択し活動できる工夫

・運動量の保証：汗をかくほどの運動量

・体育授業のマネージメント：安全確保を図りながら、活動の多い授業の組み立て

以上より、バスケットボールに限らず、どの種目においても、TOSS体育の組み立ては応用できると再確認できた。

③ルーブリックの一覧性と使いやすさ

今回は、動画とルーブリックを活用したので、子供たちにとっては、練習のやり方と目指す目標が明確であったと思う。また、ルーブリックは、いつでも確認でき、一目でぱっと分かるという一覧性を有していた。

そのため、子供たちは、自らの「現在の課題とめあて」を確認することができ、また「成果と今後の課題」を見つけ、さらなるレベルアップを目指していくことができた。

つまり、ルーブリックを活用することで、子供たち自身が、主体的に学び、仲間と交流しながら、互いの様子を伝え合うことができたのではないか。このような貴重な体験が、将来にわたる健康や運動への興味関心へとつながっていくのではないかと思う。

【成果と今後の課題】

今回のバスケットボールの指導を通して、次のような成果があった。

○動画とルーブリックを活用すれば、教師にとっては授業の追試が、かなりの高いレベルで可能になると思う。

○また、子供たちにとっては、学ぶ手順とやり方が理解できると思う。これらの成果がある一方で、次のような新たな課題が出てきた。

○第五類になったとはいえ、学校現場ではコロナ感染が、子供にも教員にも起こっている。そのため保護者の判断によりマスク着用で学校生活を送る子供とそうでない子供との両方がいる。体育の授業でも同様である。

○熱中症アラームが学校現場に設置されているため、6月末から7月の一学期終業式まで、体育授業をできない日が続くこともあった。

○3年ぶり4年ぶりに再開となった水泳指導では、あまりにも泳げない子供が多いため、従来の水泳指導では、泳力を伸ばすことが難しいケースが出てきている。

水泳以外の他の種目においても同様の状況が無いとは言えない。

限られた授業時数の中で、3年間のコロナ状況下で、幼児期や低学年時に育てることができていない、運動の基礎感覚や基礎技能を、どのように育てていくか。

このことも今後の大きな課題である。

⑵ バスケットボール

レベルアップ
ルーブリック

バスケットボール

年　　組　　番（　　　　　　　　　　　　）

ステップ	項目	内容				評価 ◎○△
		◎よくできた	○できた	△もう少し	✳ワオ！ 右下の四角に☑をいれよう。	
1	ドリブル 練習を行う。	まっすぐ前を見て、ボールを見ないで、両足で最後までドリブルができる。	ボールを見ないで、両足で最後までドリブルができる。	ボールを見て、最後までドリブルができる。	ドリブルの仕方が分かる。	
2	パス＆シュートの 練習を行う。	リングをねらって、遠くから、正確にシュートできる。	リングをねらって、近くから正確にシュートできる。	リングをねらって、シュートできる。	リングをねらって、シュートするコツを見つける。	
3	パス＆カットの 練習を行う。	相手の胸の高さに、遠くの相手に正確にパスできる。	相手の胸の高さに、近くの相手に正確にパスできる。	相手の胸の高さに、相手に正確にパスできる。	パスのコツを見つける。	
4	タスクゲーム 3対3を行う。	敵のいない場所に移動し、空いている場所でパスをもらい、点を入れることができる。	空いている場所でパスをもらい、点を入れることができる。	パスをもらい、点を入れることができる。	敵のいないところへ動くことに気づく。	
5	ミニゲーム 3対3を行う。	敵のいない場所に移動し、空いている場所でパスをもらい、点を入れることができる。	空いている場所でパスをもらい、点を入れることができる。	パスをもらい、点を入れることができる。	パスをもらう場所が分かる。	
6	作戦を立てて、 3対3の ゲームを行う。	作戦を立てて、全員にパスが渡り、全員がシュートできる。	作戦を立てて、全員にパスが渡り、シュートできる。	作戦を立てて、シュートできる。	作戦を立てて、シュートする仕方が分かる。	

6．意図──行為する時の「こころ」の動き

　例えばアニメーションで人物や動物の動きを見る時、私たちはそこにキャラクターの意図を読み取る。ほぼすべての観客が、生き物の動きや行為に意図を感じ、読み取るだろう。これは全く不思議なことではない。では、動物の身体－知覚－行為の三角形の中に「意図」をどう位置づければよいのか。

　環境と同様に、意図もまた一つの実在であると考える方法もある。しかし、これはなかなか難しい。意図は行為に、または身体に現れるが、その時に読み取ることができる何かは「実在する」と言ってよいのだろうか。

　こう考えてみると、意図の実在を信じられるかもしれない。それは、「動き」は実在するか、と問うことによって得られる考え方だ。「動き」とは、モノの移動や変形を指しており、時間とともに位置や形状が変わっていく。その変化が「動き」だが、変化から「動き」だけを取り出すことはできない。動きとは時間経過の中での変化そのものであり、「モノ」として存在していないからだ。しかし私たちは、それを文字にしたり、楽譜にしたり、数式にしたりして記述してきた。「動き」は有形のモノとして「在る」のではないが、私たちヒトは変化そのものの本質、変化の中の不変として何かを知覚して、意味や価値、性質を取り出してきたと考えられる。

　こうすると、意図は変化の中の不変として取り出すことができる「何か」であり、動きや変化が有するユニークな性質、意味であるととらえられる。意図が生じるところには「こころ」もあるだろう。ならば「こころ」という何かも、モノとしてではなくプロセスとして、変化から取り出せる不変の何かとしてとらえられる。

　このような変化そのものが持つ意味や性質、変化すればするほど顕わになっていく変化の中の不変を、アフォーダンス理論の創始者であるJ・ギブソンは「不変項（Invariants）」と呼んだ。

　意図は「在る」。身体を変化させ、知覚させ、行為させる「プロセス」「働き」そのものである。そうだとすれば、意図こそは知覚や行為を駆動するために必要不可欠な「働き」、「こころの働き」だと定義することもできる。

　意図が先か、環境が先かは分からない。だが、間違いなく意図は身体－知覚－行為を駆動する。意図が働くことで、動物は身体を使って探索し、知覚し、環境にある意味や価値を利用して行為する。

　意図がクラスで大体共有され、大体同じ方向に向かっている状態をつくることが、集中、熱中を生み出していく。しかし全く同じになってしまうと、一歩間違えれば取り返しがつかない、致命的な失敗につながる危険をはらんでいるだろう。よい塩梅というものは何にでもある。そうではないだろうか。

5

水泳

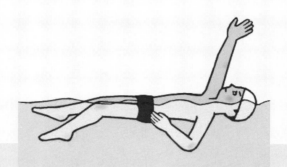

（1）水泳
〔追試：鈴木智光〕

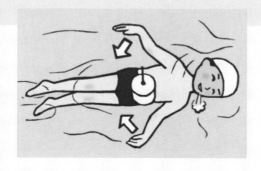

(1) 水泳

1 授業における主張

　顔のつけられない子供が一番怖いのは、呼吸ができないことと目が開けられないことである。目を閉じると同時に口を閉じる。必然的に呼吸ができないからすぐに立ってしまい、泳げない。その点、背泳ぎは背浮きができれば目が開けられ口も開けられる。目と口が開けば筋肉はリラックスする。リラックスすれば脱力ができるので浮くことができ、呼吸もできるようになる。泳げない子供にとって、背泳ぎは心理的に安心してできる泳ぎである。背泳ぎ指導を行う。

> 1. 水泳の習熟過程に基づいた指導を行う。
> 2. 背浮き→ちょうちょう背泳ぎ→背泳ぎ→クロール→平泳ぎの順で指導する。

2 指導計画（6時間扱い）

第一次：　学習計画を立て、グルーピングをする。
　　　　　水慣れ、背浮き、ふし浮き、ダルマ浮きができる。　……………………2時間
第二次：　ちょうちょう背泳ぎ、背泳ぎができる。
　　　　　　　　　　　　……………………2時間
第三次：　背泳ぎ、クロールができる。
　　　　　　　　　　　　……………………2時間

> **水泳の習熟過程**
> ①水に慣れる：〔1〕もぐりっこ 〔2〕石拾い 〔3〕水中じゃんけん
> ②水に浮く：〔1〕背浮き 〔2〕ふし浮き 〔3〕ダルマ浮き
> ③泳ぐ：〔1〕背泳ぎ 〔2〕クロール 〔3〕平泳ぎ

3 単元全体の指導

（1）目標
　●水泳の心得やプールのきまりを守り、ちょうちょう背泳ぎ、背泳ぎ、クロールができる。
　●自己の課題を設定して、互いに協力してできる。
（2）準備物：石、ヘルパー
（3）展開

指示1　プールの横を歩いたり走ったりします。先生の指示があったら、動きを変えて行います。次は、もぐりっこ、水中ジャンケン、石拾いをします。

　◆水泳の基礎感覚、基礎技能づくりをす

歩く

石拾い

ダルマ浮き

基礎感覚・基礎技能づくり

る。歩いたり走ったり、もぐりっこ、水中ジャンケン、石拾いなどをして、皮膚感覚、もぐる感覚、浮く感覚づくりを行う。

発問1 背浮きでどこを見たら呼吸がしやすいですか。

A：真上　B：斜め後ろ

◆黒板に方法を書いた図を示して、説明する。その後、示範と説明をもとにしてやり方を説明する。

◆プールサイドに仰向けになって、正面、真上、斜め後ろの姿勢を示範した後、どれがよいのかを聞く。

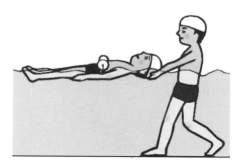

A：真上

指示2 どれが一番泳ぎやすいか、2人1組で確かめなさい。

A：正面　B：真上　C：斜め後ろ

◆2人1組で、背浮きの移動を何回かさせて確かめさせる。

◆正面は、頭が上がってしまい長続きしない。真上か斜め後ろかは、上手な子供は真上でも泳ぎやすい。

◆斜め後ろにすると頭が水の中に沈むので、安定して浮くことに気づかせる。

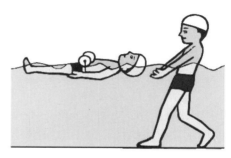

B：斜め後ろ

説明1 背浮きで呼吸をするには、真上よりも、斜め後ろを見た方がしやすいです。苦しくなったら、正面を見ないで頭の後ろを見るようにしてください。

◆2人1組で、頭の後ろを両手で持たせて背浮きの移動をさせる。水を恐がる子供はどうしても正面を見ようとして、立ってしまう。

発問2 ちょうちょう背泳ぎをします。手と足、どちらの練習から始めると泳ぎやすいですか。

A：手　B：足　C：両方同時

◆どれがよいと思うか挙手させる。人数を数えて板書する。それぞれの理由を発表させる。

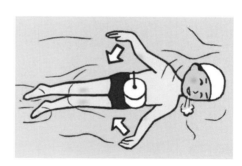

ちょうちょう背泳ぎ

◆手から始めるというのが一番多い。これも実際にやって確かめる。

指示3 どれが一番泳ぎやすいか、2人1組で確かめなさい。

◆いきなり1人ではできないので、これも最初は補助付きで行う。

◆手と足、同時に動かすと腰が曲がり、沈んでいく。足だけだと上手な子供は浮いているが、上手でない子供は沈んでいく。

◆一番よいのは手から始める動きである。足は動かさないで、手だけ小さく動かしていく。動きの原理として、手から始めた方が動きがつくりやすい。

説明2 ちょうちょう背泳ぎをする時には、手から練習していきます。その後、足を入れて練習します。手と足両方だと難しいです。

◆2人1組で練習をさせる。補助付きでできるようになった子供に示範させる。ヘルパーを1個着けて、上手な子供にちょうちょう背泳ぎに挑戦させる。身体の浮いたちょうちょう背泳ぎを見せる。

指示4 2人1組でちょうちょう背泳ぎを練習します。交替で行います。

◆ヘルパーを2個着けて、2人1組で練習する。13mをできたら交代する。途中、足がつかなければ合格とする。次は、13mをちょうちょう背泳ぎで泳げるようにする。

発問3 背泳ぎをします。どこを見たら呼吸がしやすいですか。

A：真上　　B：斜め後ろ

◆背浮きと同じ動きをすればよいことに気づかせる。

斜め後ろにすると頭が水の中に沈むので、安定して浮くことに気づかせる。

指示5 どちらが一番泳ぎやすいか、2人1組で確かめなさい。

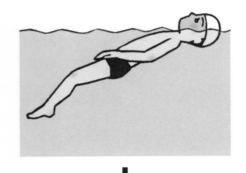

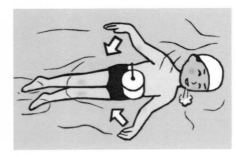

手だけ

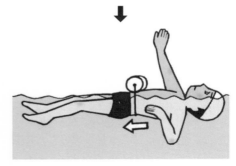

手と足の両方

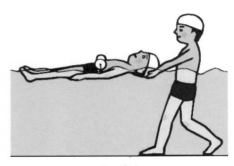

A：真上

◆2人1組で、背泳ぎの移動を何回かさせ
　て確かめさせる。

（説明3）あごを出して、後ろの人を見るようにしま
　す。最初は補助をし、次は補助なしで行い
　ます。

（発問4）背泳ぎをします。肘は曲げた方がよいです
　か、伸ばした方がよいですか。
　A：曲げる　B：伸ばす

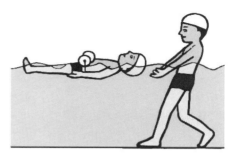

B：斜め後ろ

（指示6）どちらが泳ぎやすいか、2人1組で確かめ
　なさい。

◆肘を曲げる、伸ばすの両方をやってみ
　る。伸ばした方が腰が伸び、体が浮く。
　水中の水も強くかけるので推進力がつく
　ことを体験させる。13mを往復させて、
　両方の動きを行う。

（説明4）伸ばした方が腰が伸び、体が浮きます。
　水中の水も強くかけるので推進力がつきま
　す。13mを往復して、練習します。

A：曲げる

（指示7）ヘルパー3個を着けて、背泳ぎをします。
　最初、手の動きをつけ、その後、足の動き
　をつけて泳ぎます。13mを3個→2個→1
　個→0で1回ずつ泳ぎます。

◆ヘルパーなしで、13mを1回泳げたら合
　格とする。
　できる子供は、最初から0個で泳がせる。
　次の時間は、25mをヘルパー3個→2
　個→1個→0で3回ずつ泳げるようにする。

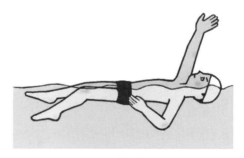

B：伸ばす

（指示8）めあてが達成できたかをルーブリックで評
　価し、まとめをします。自分の伸びを確か
　めます。

（指示9）用具を片付けて、整理運動をします。グ
　ループで協力します。

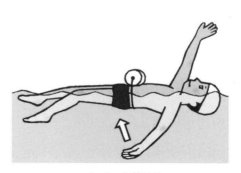

ヘルパーを着ける

4 アフォーダンス理論を取り入れた場づくり

手順：①ダルマ浮きを行う。②背浮きを行う。③背浮きで進む。④ちょうちょう泳ぎを行う。
⑤背泳ぎを行う。⑥クロールを行う。

ステップ1：ダルマ浮きを行う

- 膝の下を両手で抱き、膝は十分に曲げる。あごは引いて、体全体を丸める。あごを引くと自然に体が浮いてくる体感をさせる。
- どんなところに気をつけてダルマ浮きをしたらよいかを考えながら行わせる。
- 慣れてきたらさらに両足を曲げて腕で抱え込むようにする。余分な力を抜いて、浮いている感じをつかませる。

膝の下を両手で抱き、あごを引いて体を丸める

ステップ2：背浮きを行う

- 最初はお腹にヘルパーを着けてあごを出して、おへそを出すようにする。ヘルパーがない時には、ビート板を使用する。
- 首の力を抜き、体の余分な力を抜くと、体が浮いてくることに気づく。
- 腰を引くと沈んでしまうので、おへそを突き出すようにすると浮くことに気づく。

首の力を抜き、余分な力を抜くと体が浮いてくる

ステップ3：背浮きで進む

- ヘルパーを着けたりビート板を持ったりして、背浮きで進む練習を行う。最初は補助の人に頭を持ってもらい、引いてもらう。
- 肘や首の力を抜いて、真上を見るようにすると進むことに気づく。
- 肘や首の力を入れる動きと入れない動きの両方を行い、その違いを体感してよりよい動きを発見させる。

手から先に動かし、それから足を動かして泳ぐ

ステップ4 ：ちょうちょう泳ぎを行う

- いきなり1人ではできないので、最初は補助付きで行う。
- 手と足、同時に動かすと腰が曲がり、沈んでしまう。手から先に動かし、それから足を動かすと体が浮いて泳げることに気づく。
- 足は動かさないで、手だけ小さく動かしていく。体が浮いてから足の動きを入れると進むことを発見させる。

最初はヘルパーを着け、補助つきで泳ぐ

ステップ5 ：背泳ぎを行う

- ヘルパーを着けたりビート板を持ったりして、背泳ぎで進む。最初は補助の人に頭を持ってもらい、引いてもらう。
- あごを出して、後ろの人を見るようにする。最初は補助具を使い、なれたら補助具なしで行う。調整していく中で、最適な背泳ぎのコツを見つけていく。
- 肘は伸ばした方が腰が伸び、体が浮く。水中の水も強くかけるので推進力がつくことを体験させる。

肘を伸ばすと腰が伸び、体が浮く。
水も強くかける

ステップ6 ：クロールを行う

- 最初はヘルパーを着けて、背泳ぎで進む。体全体をローリングさせ、仰向けにひっくり返り、クロールを行う。
- クロールの呼吸が苦しくなったら、体をローリングし仰向けにひっくり返り、背泳ぎを行う。背泳ぎとクロールを交互に行い、動きが同じであることに気づかせる。
- 最初は補助具を使い、なれたら補助具なしで行う。練習していく中で、クロールのコツを見つけていく。

背泳ぎで進み、途中で仰向けになり、
クロールで泳ぐ

P.236のQRコードから動画にアクセス可能

5 追試結果

報告者：鈴木智光／愛媛県公立小学校／対象学年：4年生

（1）体感覚（知覚）や意識の変容

【子供たちの発見と表現】

①沈もうとすると浮いてくる（ダルマ浮き）。

②ゆらゆらと泳ぐと楽にたくさん泳げる。

③クロールは（ちょうちょう背泳ぎと比べて）息つぎと手のかきを合わすことが難しい。

④クロールはバタ足をしなくても上手に泳げることが分かった。

⑤背浮きは怖い。

⑥顔を水につけられるよう頑張った。

【教師の考察】

　A小学校4年生59人はコロナ禍に入学し、1～2年時はプールでの授業を全く受けていない。3年時にプールの授業が再開されたものの半分の時数であった（4年時で正規の45分×10回を実施）。

　ただ校区内にはスイミングスクールがあり、59人中33人がこのスクール経験児であり、そうでない子供は26人。このことだけを見れば「水に慣れている子供」と「水に慣れていない子供」の二極化状態であった。

　指導開始時A小学校4年生は顔を水につけることに抵抗感のある子供が25％（15人）、背浮きが怖く背面姿勢に抵抗感のある子供が約34％（20人）であった。

　過年度の他校のデータでは「顔を水につけること」に抵抗感を示す子供は10～15％、「背面姿勢」は数％であった（在籍する子供の数が同規模の3校）。

　これらの数値を比較するとA小学校4年生は低学年「水遊び」の指導を全く受けていない影響が考えられ、それが体感覚や意識の変容にも影響していると考えられる。

（2）記録の変容（男子31人／女子28人：計59人）

項　　目	初めての試技直後			指導後		
	男　子	女　子	計	男　子	女　子	計
ダルマ浮き	24　人	20　人	44　人	28　人	24　人	52　人
背浮き	18　人	21　人	39　人	24　人	24　人	48　人
背浮きで進む	17　人	20　人	37　人	25　人	24　人	49　人
ちょうちょう背泳ぎ	13　人	20　人	33　人	23　人	24　人	47　人
背泳ぎ			未実施			未実施
クロール	7　人	7　人	14　人	20　人	19　人	39　人

評価基準：指導前と指導後で、それぞれ、ルーブリックの「◎（よくできた）」の基準を達成した子供の人数を記載。

【教師の考察】

　水に慣れている子供は（最初は泳ぐことができなくても）日ごとに泳げる距離が伸び、数百m

～600mを普通に泳ぐようになっていった。

　しかし、水に慣れていない子供は指導効果がなかなか表れなかった。壁が立ちはだかっているかのように、顔を水につけることへの抵抗感、背浮き姿勢への恐怖心がなかなか解消されなかった（効果の表れた子供もいたが26人のうちの2～3割であった）。

【成果と今後の課題】

　浮き沈みしながら呼吸を続ける力や泳力をつけるためには水への抵抗感、恐怖心をなくしておくべきである。「水に触れると気持ちいい」「水の中は楽しい」「潜ることはおもしろい」という心を育てておくべきである。そしてこの心は低学年の「水遊び」で培われる（と推察される）。A小学校4年生のように、その授業を受けていないのなら、ゼロから「水遊び」を指導すべきである。同小4年生59人には来年5年生での水泳授業を「水遊び」から開始したいと思う。

（1）水泳

水泳（すいえい）

年（ねん）　組（くみ）　番（ばん）　（　　　　　　　　　　　　）

ステップ	項目（こうもく）	内容（ないよう）				評価（ひょうか）
		◎よくできた	〇できた	△もう少し（すこ）	❋ワオ！ 右下の四角に ☑をいれよう。	◎〇△
1	ダルマ浮きを行う。（う・おこな）	あごを引いて、（ひ） 体を丸めて（からだ・まる） 30秒間、（びょうかん） 体が浮く。（からだ・う）	体を丸めて、（からだ・まる） 力を抜いて（ちから・ぬ） 20秒間、（びょうかん） 体が浮く。（からだ・う）	体を丸めて、（からだ・まる） 膝を曲げて（ひざ・ま） 10秒間、（びょうかん） 体が浮く。（からだ・う）	ダルマ浮きの（う） コツが分かる。	
2	背浮きを行う。（せ・う・おこな）	補助、（ほじょ） ヘルパーなしで 30秒間できる。（びょうかん）	補助なし、（ほじょ） ヘルパー1個で（こ） 20秒間できる。（びょうかん）	補助あり、（ほじょ） ヘルパー2個で（こ） 10秒間できる。（びょうかん）	ヘルパーの 使い方が分かる。（つか・かた・わ）	
3	背浮きで進む。（せ・う・すす）	頭を手で（あたま・て） 引いてもらい、（ひ） ヘルパーなしで 13mできる。	頭を手で（あたま・て） 引いてもらい、（ひ） ヘルパー1個で（こ） 10mできる。	頭を手で（あたま・て） 引いてもらい、（ひ） ヘルパー2個で（こ） 5mできる。	体の力を抜く（からだ・ちから・ぬ） 背浮きのコツを（せ・う） 見つける。（み）	
4	ちょうちょう泳ぎ（およ）を行う。（おこな）	補助なし、（ほじょ） ヘルパーなしで 13mできる。	補助なし、（ほじょ） ヘルパー1個で（こ） 10mできる。	補助あり、（ほじょ） ヘルパー2個で（こ） 5mできる。	ちょうちょう泳ぎ（およ） のコツが分かる。（わ）	
5	背泳ぎを行う。（せおよ・おこな）	あごを出し、（だ） ヘルパーなしで 13mできる。	肘を伸ばし、（ひじ・の） ヘルパー1個で（こ） 10mできる。	腰が伸び、（こし・の） ヘルパー2個で（こ） 5mできる。	腰を伸ばす（こし・の） 背泳ぎの（せおよ） コツが 分かる。（わ）	
6	クロールを行う。（おこな）	息つぎをし、（いき） ヘルパーなしで 13mできる。	息つぎをし、（いき） ヘルパー1個で（こ） 10mできる。	息つぎをし、（いき） ヘルパー2個で（こ） 5mできる。	クロールの 息つぎの（いき） コツが 分かる。（わ）	

7．行為──身体を動かして対象や環境と関わる

　動物は身体を使って知覚し、身体を動かして行為する。かといって、動物の起こす動きがすべて行為であるとも言い切れない。身体の一部が「反射」で動く時などは、それは行為とは見なされないだろう。行為には「こころ」の働き、意図が透けて見える。逆に言えば、こころの働きである意図が感じられる動物の身体の動きが、行為であると言える。

　行為はそれこそ山のようにある。それぞれ記憶することもできないのに、私たちは名前のついていない夥しいほどの動きを行為であると知覚でき、その行為によって何が為されたのか、何が起きるのかを感じ取ることもできる。

　動物は、対象を動かそうとして行為する。あるいは、対象を変化させることで何かを得ようとして行為する。行為の標的となった対象には、何らかの変化がもたらされる。エサを探す、狩りをする、食料となるものを食べる、子供を育てるために巣をつくる、などの行為は、相手となる動物や環境そのものを変化させ、その結果、様々なことが起きていく。私たちが「生きる」という行為は、そういうものである。

　163ページのコラム「身体」で触れたが、何かを変化させたり得たりする行為のほか、特にヒトには行為することそのものが目的になっているものも多々ある。

　例えば求愛のダンスは哺乳類だけでなく鳥類や節足動物(昆虫、カニなど)でも観察できる。これはオスがメスとカップルになるために行われる行為だが、対象に接触して物理的な変化、変形を起こすものではない。こういった身体を動かすことそのものが意味や価値を持ち、他の個体の行為をアフォードする行為は、確かにある。

　体育で行われる行為は、このような「身体を動かすことそのものが行為の目的、ゴールである」ものがほとんどだと言えるだろう。体操、徒競走、行為を使った遊び、何らかの対象を使った遊びなど、本書で紹介されている行為のほとんどは「行為することそのものが目的である」ものばかりである。ただし、その「体育」が目指すのは実に多様である。学校の課程をすべて修了し、「体育」から離れても、自主的で自己目的化した運動は「健康維持のため」「娯楽のため」などの目的で一生涯続く。様々な機能を持つ道具がヒトを運動不足に陥れようとする中で、それに抗って身体の機能や筋肉量を保つ努力は、前時代的な言い方ではあるが、それなりに「根性」が必要なこと、という気がしなくもない。

6

集団行動

（1）集団行動

〔追試：小野宏二〕

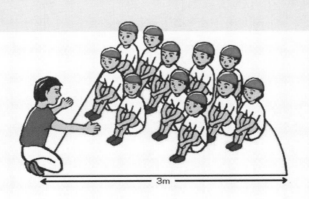

3m

(1) 集団行動

1 授業における主張

　体育の授業で大事なのは、運動量の確保である。なぜなら、体育は身体活動を通した学習だからである。運動量を確保するには、集合、整列、話の聞き方、用具の出し入れなどの集団行動が適切に指導されていないとできない。無駄な時間をなくし、運動量を確保する中で、体を動かす喜びや楽しさを指導していく。

> 1. 学習の仕方を学ぶ
> 2. 運動量が増える
> 3. 動きがよくなる
> 4. 仲間との関りができる

2 指導計画（6時間扱い）　※特別単元のため第二次まで

第一次：　学習計画を立て、グルーピングをする。
　　　　　やさしい集団行動をする。……………………… 2時間
第二次：　新しい集団活動に挑戦してできる。
　　　　　……………………………………………… 2時間

> **集団行動の習熟過程**
> ....
> ①集合　②整列
> ③話の聞き方
> ④用具の出し入れの仕方
> ⑤リズム太鼓の動き方

3 単元全体の指導

（1）目標
　●新しい集団行動に挑戦してできる。
　●器具や用具を点検し、互いに協力して練習できる。
（2）準備物：カラーコーン、リズム太鼓
（3）展開

指示1　太鼓に合わせて走ります。いろいろな方向に動きます。太鼓がなったら止まります。前向き走、後ろ向き走、スキップ、ギャロップで走ります。
　◆ルールを守り、楽しく走ることができる。
　◆子供が運動を喜び、楽しい授業になるように、強制ではなく、自分の意思で行い、運動の楽しさを体感させていく。

説明1　素早く集まる集合の仕方を勉強します。素早く集まれると、運動する時間が多くなります。

指示2　リズム太鼓に合わせて、10数える間に集合ができたら合格です。
　◆いつまでに集まるか、時間を限定する。

前向き走・後ろ向き走

スキップ

10秒以内に集まります

基礎感覚・基礎技能づくり

◆集まり具合を見て、数える速さを速くしたり遅くしたりして、調整する。

発問1 素早く集合するにはどうしたらよいですか。

A：場所をはっきりさせる　B：友達の後を追いかける

◆どちらがよいか、挙手させる。人数を数えて板書する。体験をもとに理由を発表させる。

指示3 実際にやって確かめます。どちらがよかったですか。

◆朝礼台の前に集める、バスケットボールのサークルに集める、鉄棒の前に集めるなど、場所を明確して集合させる。

説明1 どこに集まるのか、集まる場所を明確にすると素早く集まれます。

◆場所を変えて、いろいろな方法でできる。

◆何度集合しても、同じようにできる。

場所を限定する

発問2 どのように集合するのか、集まる方法はどうしたらよいですか。

A：決められた隊形　B：自由な隊形

◆どちらがよいか挙手させる。人数を数えて板書する。体験をもとに理由を発表させる。

指示4 実際にやって確かめます。どちらがよかったですか。

◆決められた隊形、自由な隊形の両方を実際にやって確かめさせる。

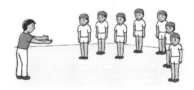
集まる方法を明確にする

説明3 どのように集合するのか、集まる方法があります。

①両手を広げ扇の形に集まる方法。

②2列の縦隊、横隊などの方法があります。

◆場所を変えて、いろいろな方法でできる。

◆何度集合しても、同じようにできる。

説明4 素早く整列する仕方を勉強します。素早く整列できると運動する時間が多くなり上手になれます。

扇の形にする

指示5 整列の仕方が分からないと、素早く整列できません。整列の仕方をはっきりとさせます。

発問3 整列の仕方には、どんな方法がありますか。

A：ハンドサイン　B：図やイラストで示す

◆どちらがよいか、挙手させる。人数を数えて板書する。体験をもとに理由を発表させる。

指示6 実際にやって確かめます。どちらがよかったですか。

◆両方の動きを実際にやって確かめさせる。

◆友達の動きを見て、よい動きを見つけさせる。

◆ハンドサイン、図やイラストなどの方法で行うと整列が素早くできることに気づかせる。

ハンドサインで示す

説明5 ハンドサインの約束を守ると素早く整列できます。パーは4列、チョキは2列、グーは1列にします。

紙に書いて指示する

もう1つは、図やイラストを見て整列します。

◆口で指示しなくても、ハンドサインで黙って整列できる。

◆図やイラストで見える化すると素早く整列できる。

（説明6）話の聞き方があります。おしゃべりや手遊びをして、最後まで話を聞かないと、上手に動けません。正しい話の聞き方を勉強します。

（発問4）話の聞き方は、どうしたらよいですか。

A：3m以内に集まる　　B：10m以内に集まる

◆どちらがよいか、挙手させる。人数を数えて板書する。

（指示7）実際に確かめます。どちらがよかったですか。

◆両方の動きを行い、確かめさせる。

（説明7）3m以内に集まり話を聞くとよく分かります。場所を決めて、座って聞くようにします。

◆子供を1か所に集めて、集中させる。

◆体育座りをさせて、手が遊ばないようにする。

（発問5）話を聞く時は、どこを見たらよいですか。

A：先生の目　　B：友達の目

◆どちらがよいか、挙手させる。人数を数えて板書する。

（指示8）実際に確かめます。どちらがよかったですか。

◆両方の動きを行い、確かめさせる。

◆先生の目を見ると集中できることに気づかせる。

（説明8）先生の目を見て聞くと集中でき、話もよく聞けます。先生は、1人1人の目を見て話しています。

◆教師と目線が合っている子供をほめる。

（説明9）用具の出し入れの勉強をします。用具の出し入れが素早くできないと運動する時間が短くなります。正しい用具の出し入れの仕方を勉強します。

（発問6）用具の出し入れは、どうしたらよいですか。

A：役割を決める　　B：役割を決めない

◆どちらがよいか、挙手させる。

（指示9）実際に確かめます。どちらがよかったですか。

◆両方の動きを行い、確かめさせる。

◆役割を決めて出し入れをすると早くできることに気づかせる。

（説明10）役割をグループで話し合い、だれが何をどこに置いたらよいかの役割を決めておきます。

◆出し入れの前に、黒板や用紙に役割を書いて示す。

◆決められた時間に置ける。

腰をおろして話を聞く

3m以内に集まる

目を合わせる

黒板に書いて示す

（発問7）　決められた時間に用具の出し入れをするには、どうしたらよいですか。

　　　　A：場所を決める　　B：場所を決めない

　　　◆どちらがよいか、挙手させる。

（指示10）　実際に確かめます。どちらがよかったですか。

　　　◆両方の動きを行い、確かめさせる。

　　　◆場所を決めて出し入れをすると早くできることに気づかせる。

（説明11）　役割をグループで話し合い、だれが何をどこに置いたらよいかの場所を決めておきます。

　　　◆どこに置けばよいのか、カラーコーンやテープをはって目印にする。

　　　◆出し入れの前に、黒板や用紙に図で示す。

　　　◆用具を置く位置に目印をつけておく。

（説明12）　リズム太鼓を使って運動します。太鼓は斜め45度に持ちます。太鼓の真ん中は叩かないで下方を打ちます。バチは、柔らかく打ちます。

　　　◆太鼓は、水平・垂直に持たない。

　　　◆強く乱打しない。

カラーコーンを目印にする

（発問8）　太鼓のリズムに合わせて動くと、どんなよいことがありますか。

　　　　A：動きがよくなる　　B：姿勢がよくなる

　　　◆どちらがよいか、挙手させる。人数を数えて板書する。体験をもとに理由を発表させる。

（指示11）　実際にやって確かめます。どちらがよかったですか。

　　　◆両方の動きを行い、確かめさせる。

（説明13）　リズム太鼓を使うと動きがよくなります。

（指示12）　いろいろな太鼓のリズムに合わせて動きます。歩く、走る、スキップ、ギャロップで動きます。

　　　◆ゆっくり、速いなどの緩急に合わせて動ける。

　　　◆いろいろなリズムに合わせて動ける。

太鼓の持ち方

（指示13）　リズム太鼓の音に合わせて、自然に動きます。小さい音、大きい音に合わせて、軽快に動けるようにします。

　　　◆リズム太鼓の音を聴きながら動ける。

　　　◆リズムの変化を聞き取り動ける。

いろいろな太鼓のリズムで

（指示14）　リズム太鼓に合わせて、同じリズム、テンポで動けるようにします。

　　　◆全員が動きをそろえて、心地よく動けるようにする。

（指示15）　めあてが達成できたかをルーブリックで評価し、まとめをします。

（指示16）　用具を片付けて、整理運動をします。グループで協力します。

太鼓は大きく打たない

4 アフォーダンス理論を取り入れた場づくり

手順：①集合の仕方を行う。②整列の仕方を行う。③グループづくりを行う。④足ジャンケンから手押し車を行う。⑤リズム太鼓に合わせて動く❶。⑥リズム太鼓に合わせて動く❷。

ステップ1：集合の仕方を行う

- リズム太鼓に合わせて、10数える間に集合ができるようにする。
- いつまでに集まるか、時間を限定すると早く集まれることに気づく。
- どこに集まるのか、集まる場所が明確になると素早く集まれることに気づく。
- 場所を変えても、何度集合しても、同じようにできる方法が分かる。
- リズム太鼓の音に集中して、集合できるようにする。

いつまでに、どこに集まるのか、
時間と場所を限定する

ステップ2：整列の仕方を行う

- 素早く整列すると運動する時間が多くなり、練習時間が多くなり、上手になれることが分かる。
- 両手を広げ扇の形に集まる方法や縦隊、横隊などの方法が分かる。
- 整列の仕方には、声で指示しなくてもハンドサインで整列できることが分かる。ハンドサインを見て、自主的に整列できるようにする。
- 整列の仕方を図やイラストで示してあると、素早くできることに気づく。

ハンドサインで素早く、横隊や縦隊に整列する

ステップ3：グループづくりを行う

- 太鼓の音に合わせて、グループづくりを行う。教師が声を出さなくても、太鼓の音でグループづくりができることに気づく。
- 太鼓の音を集中して聞くことで、素速くグループづくりができることに気づく。
- 太鼓の音が2つなら2人組、3つなら3人組、4つなら4人組のように約束をしておく。
- 何度も練習して、いつでもどこでも、太鼓の音で集合できるようにする。

太鼓の音に合わせて、グループをつくる

ステップ4 ：足ジャンケンから手押し車を行う

- 素早く足ジャンケンから手押し車ができると、運動する時間が多くなり、練習時間が多くなり、上手になれることを分からせる。

- 運動は、役割を決めて行うと早くできることに気づかせる。

- 運動の内容を知り、だれが何をすればよいかを決めておくと早くできることを分からせる。

- 足ジャンケンのゲームを行うことで、楽しく手押し車ができるようにする。

2人1組で、足ジャンケンから手押し車を行う

ステップ5 ：リズム太鼓に合わせて動く❶

- 太鼓のリズムに合わせて動くと、動きがよくなることに気づく。

- いろいろな太鼓のリズムに合わせて動くと、歩く、走る、など動きが、調子よくできることに気づく。

- 太鼓の音に合わせて、ゆっくり、速いなどの動きができるようにする。太鼓の音の強弱、緩急などの変化に対応した動きができるようにする。

リズム太鼓に合わせて、前や後ろに走る

ステップ6 ：リズム太鼓に合わせて動く❷

- リズム太鼓の音に合わせて自然に動くと、心地よく動けることに気づく。

- 小さい音、大きい音に合わせると、軽快に動けることに気づく。

- リズム太鼓に合わせてスキップやギャロップを行う。調子よくできない子供もリズムに合わせていくと、できることが分かる。

- リズム太鼓に合わせて、同じリズム、テンポで動けると、友達と気持ちが1つになれることが分かる。

リズム太鼓に合わせて、
スキップやギャロップを行う

P.247のQRコードから動画にアクセス可能

5 追試結果

報告者：小野宏二／島根県公立小学校／対象学年：4年生

(1) 体感覚（知覚）や意識の変容（男子43人／女子51人：計94人）

【子供たちの発見と表現】

①いつもより静かに並んだら早く並べる。
②場所を覚えていると早く並べる。
③いろいろな人とグループをつくれて楽しかったです。
④太鼓の数を忘れずにグループをつくるとよい。
⑤太鼓のリズムに合わせると楽しくなるのだなあと思いました。
⑥みんなで協力することはやっぱり大切で大事なのだなと思いました。

【教師の考察】

　子供たちはいろいろな動きをする楽しさ、集合やグループづくりのコツ、みんなで協力することの大切さを学ぶことができた。今後も集合の練習を時々することで早く並べる子供が増えていくと思う。リズム太鼓に合わせて運動することで、リズムに合わせて運動することの楽しさを感じることができた。

(2) 記録の変容（男子43人／女子51人：計94人）

項　目	初めての試技直後			指導後		
	男　子	女　子	計	男　子	女　子	計
集合の仕方	4　人	14　人	18　人	14　人	21　人	35　人
整列の仕方	20　人	28　人	48　人	23　人	32　人	55　人
グループづくり	20　人	25　人	45　人	28　人	47　人	75　人
足ジャンケン・手押し車	30　人	29　人	59　人	34　人	41　人	75　人
リズム太鼓❶	8　人	17　人	25　人	17　人	32　人	49　人
リズム太鼓❷	7　人	11　人	18　人	19　人	22　人	41　人

評価基準：指導前と指導後で、それぞれ、ルーブリックの「◎（よくできた）」の基準を達成した子供の人数を記載。

【教師の考察】

　伸び率が高かったのが、集合の仕方とリズム太鼓に合わせた動きである。この2つは繰り返し行うことで、少しずつできるようになっていく。グループづくりも伸びている。グループづくりは学級や学年の人間関係づくりにも効果がある。いろいろな人と触れ合う楽しさを感じることができる。

【成果と今後の課題】

　集合の仕方の達成率が37％と低い。今後、繰り返し指導していく必要がある。「リズムを合わせるのが難しかった」「手押し車が難しかった」という感想があった。手押し車やリズム太鼓を使った授業を今後も少しずつでも行い、子供たちの運動感覚が伸びていくようにしていきたい。

集団行動

年　組　番（　　　　　　　　　　）

ステップ	項目	内容				評価
		◎よくできた	○できた	△もう少し	❋ワオ！ 右下の四角に☑をいれよう。	◎○△
1	集合の仕方を行う。	リズム太鼓が7鳴る間に、素早く集まれる。	リズム太鼓が10鳴る間に、素早く集まれる。	リズム太鼓が15鳴る間に、素早く集まれる。	集合の仕方が分かる。	
2	整列の仕方を行う。	ハンドサインで、4列の縦隊・横隊が素早くできる。	ハンドサインで、2列の縦隊・横隊が素早くできる。	ハンドサインで、縦隊・横隊ができる。	整列の仕方が分かる。	
3	グループづくりを行う。	太鼓の音・4つで、4人組ができる。	太鼓の音・3つで、3人組ができる。	太鼓の音・2つで、2人組ができる。	グループづくりの仕方が分かる。	
4	足ジャンケンから手押し車を行う。	足ジャンケンから手押し車を行い、10歩歩く。	足ジャンケンから手押し車を行い、7歩歩く	足ジャンケンから手押し車を行い、3歩歩く。	手押し車の仕方が分かる。	
5	リズム太鼓に合わせた動きを行う❶。	太鼓のリズムに合わせて、リズミカルにいろいろな動きができる。	太鼓のリズムに合わせて、いろいろな動きができる。	太鼓のリズムに合わせて、動きができる。	リズム太鼓に合わせた動き方が分かる。	
6	リズム太鼓に合わせた動きを行う❷。	リズム太鼓に合わせて、同じリズム、同じテンポで動きができる。	リズム太鼓に合わせて、リズム、テンポのよい動きができる。	リズム太鼓に合わせて、動きができる。	リズム太鼓に合わせて、動きができる。	

▶全動画ウェブ・ナビゲーション

パソコンで視聴する場合には、以下のQRコードとURLから、
本書の各「レベルアップ ルーブリック」の右上に掲載した
QRコードの全動画にアクセスすることができる。

https://www.gakugeimirai.jp/9784867570371-video

1 体つくり運動

p.22-30 （1）体ほぐし

 スマートフォン・タブレットで視聴の場合はこちら ➡

p.32-39 （2）多様な動きをつくる運動①

 スマートフォン・タブレットで視聴の場合はこちら ➡

p.40-47 （3）多様な動きをつくる運動②

 スマートフォン・タブレットで視聴の場合はこちら ➡

p.48-55 （4）体の動きを高める運動

 スマートフォン・タブレットで視聴の場合はこちら ➡

2 器械運動

（1）マット運動
p.58-65 ①後転・前転

 スマートフォン・タブレットで視聴の場合はこちら ➡

（1）マット運動
p.66-74 ②開脚前転

 スマートフォン・タブレットで視聴の場合はこちら ➡

（1）マット運動
p.76-83 ③側方倒立回転

 スマートフォン・タブレットで視聴の場合はこちら ➡

（1）マット運動
p.84-92 ④シンクロ側方倒立回転

 スマートフォン・タブレットで視聴の場合はこちら ➡

（2）鉄棒運動
p.94-103 ①鉄棒遊び

 スマートフォン・タブレットで視聴の場合はこちら ➡

（2）鉄棒運動
p.104-111 ②逆上がり

 スマートフォン・タブレットで視聴の場合はこちら ➡

（2）鉄棒運動
p.112-119 ③後方支持回転

 スマートフォン・タブレットで視聴の場合はこちら ➡

（3）跳び箱
p.120-127 ①開脚跳び

 スマートフォン・タブレットで視聴の場合はこちら ➡

あとがき

　はじめて子供が楽しく、生き生きとした体育授業ができたのは、千葉大学教育学部附属小学校３年生で実践した「回旋リレー」である。チーム対抗で、３個の障害物を回旋して行うリレーである。

　それまでの回旋リレーは、障害物の位置を固定して競争するゲームであった。そうすると、何回競争しても順位は変わらなかった。そこで、「障害物をどこに置いたら、速く走れるだろうか」という発問をした。

　障害物の位置を固定するのではなく、自由に動かす。それをチームで話し合い、作戦を立てさせた。すると子供の活動は生き生きとし始めた。自分たちで障害物の位置を決めることで、勝敗が変わることを発見したからである。

　障害物の置き方の工夫で、今まで最下位だったチームが１位になった。逆に１位だったチームが最下位になった。逆転現象が起こったのである。子供は回旋リレーに熱中した。作戦によって、勝敗が変わる。その結果、１人１人の走力も高まった。

　この授業が大きな転換点となった。「場づくり」によって、授業が変わる。「場が子供の動きを引き出す」ことを体験したのである。新たな環境によって、子供が変わることを実感した。今考えると、アフォーダンス理論に近い実践であった。

　2011年、朝日放送の『探偵！ナイトスクープ』に出演した。立ち幅跳びで５cmしか跳べない女性を30cm跳ばせてほしいという依頼であった。それまで指導した中には、５cmしか跳べない子供はいなかった。

　普通であれば、30cmは跳べる。事前に映像を見せていただいた。確かに５cmしか跳べない。家族がどんなに助言しても記録は伸びなかった。しかし、映像を見た瞬間、女性が跳べない理由が分かった。女性は真上に跳んでいたのである。垂直跳びをイメージしていたのである。これでは跳べない。立ち幅跳びは、前方に跳ぶのである。

　そのために、方法を考えた。回旋リレーと同じように「場づくり」によって跳べるようにする方法である。真上に跳ぶのではなく、前方に跳ぶような環境を設定した。

　①公園の砂場のコンクリートの縁に立ち、足で縁をけって跳ぶ。
　②ビールケースの台の上から両腕を振り、膝を曲げて跳ぶ。
　③ビールケースより低い台で跳ぶ。
　④地面の上で、両手を振り、膝を曲げ、足で地面をけって跳ぶ。

　この方法で、女性は20分で30cm跳べるようになった。立ち幅跳びの正しい跳び方を理

解したためである。環境（場づくり）によって、動きが変わったのである。番組のスタッフは、さらに100cm跳ばせてほしいと要望した。平らな地面で、両腕を大きく振り、膝も深く曲げ、足も強くけるように指導した。スタッフと2人で両腕を抱え、遠くに跳ぶ体験も行った。1時間以上の練習で100cm跳べるようになった。

いよいよ本番である。本番は照明で明るいラグビー場である。「本番は1回です」と言われ、女性は緊張した面持ちで、「つま先でければいいんだ！」とつぶやいた。この言葉に私は「ハッ」とした。私はそれまで、「足で強くけりなさい」と指導していた。女性は練習の中で「つま先」が遠くに跳べるコツであることに気づいた。「つま先を発見した」のである。ルーブリックなら「ワオ！」に入れるのがふさわしい内容である。

いよいよ本番である。思い切って跳んだ距離は143cmであった。周りで見ていた家族、スタッフ、司会者は歓声をあげて大きな拍手をした。一番驚いたのは、午前中まで5cmしか跳べなかった女性本人であった。

この体験が、回旋リレーに続き、もう1つの大きな転機になった。私はこの経験から、「まえがき」で述べた、教師の指導の個別化を子供の学習の個性化に「変換する」ことを学んだのである。「足でける」という私の指導を受けて、女性は砂場の縁、ビールケース、台、地面という環境（場づくり）の中で自分の感覚を調整し、「つま先でける」というコツを発見したのである。体の使い方、地面の使い方を発見したのである。アフォーダンス理論の言葉で言うならば、動きと知覚を「精緻化」したのである。

アフォーダンス理論の考え方は、学芸みらい社社長小島直人氏からご紹介いただいた。「根本先生の場づくりの実践はアフォーダンス理論に近いのではないでしょうか」と。そして佐分利氏の『今日を生き延びるためにアニメーションが教えてくれること』（学芸みらい社、2018年）や佐々木正人氏の『新版 アフォーダンス』（岩波サイエンスライブラリー、2019年）をはじめ、アフォーダンス理論について説かれた多くの書籍に学んだ。

その後、佐分利氏から直接ご指導いただく機会があった。本書の企画案をご覧いただき、アフォーダンス理論／生態心理学と私の体育指導の関連について、深いご教示をいただいた。今まで手探りで行ってきた実践が、確固とした理論に裏付けられた。

実践を振り返ると、確かに回旋リレー、立ち幅跳びをはじめ私の実践に流れている考えは、アフォーダンス理論に近い。アフォーダンス理論の視点から私の実践を整理すれば、主観的・個別的なものが普遍化でき、多くの方の実践を深めていくことができるのではないかと思われた。それは、優れた授業の再現につながる。

　本書をまとめるにあたり、佐分利敏晴氏には大変にお世話になった。アフォーダンス理論の考えについて何度も丁寧に、また、詳細にご指導いただき、私自身の実践の意味や価値を深く学ぶことができた。また、本書にはアフォーダンス理論の解説・コラムもご寄稿いただいた。深く感謝申し上げたい。

　小島直人氏には、アフォーダンス理論との出会いをつくっていただいた。佐々木正人氏の著書や佐分利敏晴氏の著書をご紹介いただき、佐分利氏から直接ご指導いただく機会も設けていただいた。企画、構成、執筆について何度もご相談させていただき、その度にご丁寧にご指導いただいた。厚く、お礼申し上げたい。

　樋口雅子氏には、企画にあたりご指導いただいた。本書が発刊できたのも、樋口氏の継続した長年のご指導があったからである。深く、感謝申し上げたい。

　関口眞澄氏には、分かりやすいイラストをお描きいただいた。写真や動画では分かりにくい部分をイラスト化することで、動きのイメージが理解できる。

　佐藤大輔氏(栃木県公立小学校教諭)には、動画の音声を入れていただいた。動画の動きに合った分かりやすい説明である。

　ブックデザインでは吉久隆志氏に大変お世話になった。見やすく分かりやすいデザインを提供して下さった。ピーシーデポコーポレーションの佐川透氏には、画像処理に多大なご協力をいただいた。渡部恭子氏には動画作成にご協力いただき、大庭もり枝氏には製作面で大変お世話になった。

　また、最後になるが、全国の先生方にご協力をいただき、追試報告をしていただいた。追試をしてご報告くださった皆様にもお世話になった。貴重な追試報告によって、授業の再現化の方法が適切であることを実証していただいた。厚く、お礼申し上げたい。

　優れた体育授業の実践によって、多くの子供が楽しく、生き生きとした授業を行い、運動の楽しさを体験できることを願っている。

2023年10月30日
根本正雄

参考文献

根本正雄〔編著〕『動画で早わかり！「教科担任制」時代の新しい体育指導　器械運動編』(学芸みらい社、2020年)

根本正雄〔編著〕『動画で早わかり！「教科担任制」時代の新しい体育指導　体つくり運動・陸上運動編』(学芸みらい社、2021年)

根本正雄〔編著〕『動画で早わかり！「教科担任制」時代の新しい体育指導　ゲーム・ボール運動編』(学芸みらい社、2022年)

根本正雄著『イラストで早わかり！超入門 体育指導の原則』(学芸みらい社、2021年)

根本正雄〔編著〕『体育主任のための若い教師サポートBOOK──体育指導ここがポイント100』(学芸みらい社、2021年)

根本正雄〔編〕・小野隆行〔指導〕『発達障害児を救う体育指導──激変！感覚統合スキル95』(学芸みらい社、2017年)

根本正雄『全員達成！魔法の立ち幅跳び──「探偵！ナイトスクープ」のドラマ再現』(学芸みらい社、2012年)

根本正雄『法則化 楽しい体育の指導技術小学1年〜6年』(明治図書、1990年)

根本正雄『体育の基本的授業スタイル──1時間の流れをつくる法則』(明治図書、2014年)

根本正雄〔編〕『準備運動指導のすべて　てんこ盛り事典』(明治図書、2008年)

根本正雄〔編〕『体ほぐし指導のすべて　てんこ盛り事典』(明治図書、2010年)

根本正雄〔編〕『器械運動指導のすべて　てんこ盛り事典』(明治図書、2011年)

根本正雄〔編〕『陸上運動指導のすべて　てんこ盛り事典』(明治図書、2010年)

根本正雄〔編〕『水泳指導のすべて　てんこ盛り事典』(明治図書、2008年)

根本正雄〔編〕『ボール運動指導のすべて　てんこ盛り事典』(明治図書、2010年)

根本正雄〔編〕『表現運動指導のすべて　てんこ盛り事典』(明治図書、2010年)

根本正雄〔編〕『体育学習カード 下学年 てんこもり辞典』(明治図書、2012年)

根本正雄〔編〕『体育学習カード 上学年　てんこ盛り事典』(明治図書、2012年)

高橋健夫・林恒明・藤井喜一・大貫耕一〔編著〕『マット運動の授業』(大修館書店、1988年)

高橋健夫・林恒明・藤井喜一・大貫耕一〔編著〕『鉄棒運動の授業』(大修館書店、1989年)

高橋健夫・林恒明・藤井喜一・大貫耕一〔編著〕『跳び箱運動の授業』(大修館書店、1988年)

教育技術MOOK『小一〜小六 走・跳・投の遊び　陸上運動の指導と学習カード』(小学館、1997年)

教育技術MOOK『小一〜小六 いきいき水泳指導と学習カード』(小学館、1995年)

岡田和夫・酒井実『絵で見る 基本の運動指導のポイント』(あゆみ出版、1987年)

岡田和夫・村上紀子『絵で見る マット指導のポイント』(あゆみ出版、1986年)

岡田和夫『絵で見る 鉄棒指導のポイント』(あゆみ出版、1988年)

岡田和夫・藤井喜一『絵で見る 跳び箱指導のポイント』(あゆみ出版、1986年)

岡田和夫・藤井喜一『絵で見る 陸上指導のポイント』(あゆみ出版、1987年)

岡田和夫・大貫耕一『絵で見る 水泳指導のポイント』(あゆみ出版、1986年)

深代千之『運動会で1番になる方法──1ケ月で足が速くなる股関節活性化ドリル』(アスキー、2004年)

深代千之『隠れた才能を科学的に引き出す！東大フカシロ式 賢い脳をつくるスポーツ子育て術』(誠文堂新光社、2013年)

川本和久『2時間で足が速くなる！日本記録を量産する新走法 ポン・ピュン・ランの秘密』(ダイヤモンド社、2008年)

堀田龍也「堀田龍也教授が語る『個別最適な学び』を叶える良質なデジタルコンテンツ」
(ReseEd 2022.10.17 https://reseed.resemom.jp/article/2022/10/17/4848.html)

【アフォーダンス理論関連】

佐々木正人『知覚はおわらない──アフォーダンスへの招待』(青土社、2000年)

佐々木正人『レイアウトの法則──アートとアフォーダンス』(春秋社、2003年)

佐々木正人『時速250kmのシャトルが見える──トップアスリート16人の身体論』(光文社新書、2008年)

佐々木正人『新版 アフォーダンス』(岩波書店、2015年)

佐々木正人『あらゆるところに同時にいる──アフォーダンスの幾何学』(学芸みらい社、2020年)

佐分利奇士乃『今日を生き延びるためにアニメーションが教えてくれること』(学芸みらい社、2018年)

追試報告・動画提供者一覧

※追試のご報告者名のあとの（ ）内の学校名は追試が行われた学校を、動画のご提供者名のあとの（ ）内の学校名等々は動画をご提供下さいました先生方の現在のご所属先を示しています。
※動画は、ご提供いただきました元動画を再編集しています。

1　体つくり運動
(1)体ほぐし
追試報告：金子真理（高知市立横内小学校）
動画提供：あおぞら体操教室／山梨県甲斐市「あおぞら保育園」(2017年11月)
　　　　　TOSS体育フレッシュセミナー in 茨城（2016年10月）
　　　　　桑原和彦（茨城県笠間市公立小学校）
(2)多様な動きをつくる運動①
追試報告：小野宏二（島根県公立小学校）
動画提供：あおぞら体操教室／山梨県甲斐市「あおぞら保育園」(2017年11月)
　　　　　小野宏二（上記）
　　　　　根本正雄（楽しい体育授業研究会代表）
(3)多様な動きをつくる運動②
追試報告：布村岳志（北海道旭川市立春光小学校）
動画提供：小野宏二（島根県公立小学校）
　　　　　柏倉崇志（北海道士別市立士別小学校）
　　　　　山口順也（千葉県習志野市立鷺沼小学校）
(4)体の動きを高める運動
追試報告：黒田陽介（東京都青梅市立第一小学校）
動画提供：千葉大学ダブルタッチサークル「AX」(2005年)〔制作〕
　　　　　根本正雄〔監修〕

2　器械運動
(1)マット運動
①後転・前転
追試報告：井上　武（愛媛県南宇和郡愛南町立家串小学校）
動画提供：佐藤結斗（東京都公立小学校）
　　　　　中嶋剛彦（島根県公立小学校）
　　　　　TOSS体育全国セミナー in 大阪（2018年7月）
　　　　　根本正雄（楽しい体育授業研究会代表）
②開脚前転
追試報告：平松靖行（岡山県倉敷市立郷内小学校）
動画提供：TOSS体育全国セミナー in 大阪（2018年7月）
　　　　　根本正雄（楽しい体育授業研究会代表）
③側方倒立回転
追試報告：小笠原康晃（静岡県公立小学校）
動画提供：根本正雄（楽しい体育授業研究会代表）
④シンクロ側方倒立回転
追試報告：数又智明（栃木県足利市立小俣小学校）
動画提供：TOSS体育フレッシュセミナー in 高知（2018年11月）
　　　　　金子真里（高知県高知市立横内小学校）
(2)鉄棒運動
①鉄棒遊び
追試報告：德永　剛（神奈川県川崎市公立小学校）
動画提供：片岡友哉（千葉県公立小学校）
　　　　　毛利康子（石川県公立小学校）
　　　　　髙橋智弥（埼玉県公立小学校）
　　　　　井上　武（愛媛県南宇和郡愛南町立家串小学校）
②逆上がり
追試報告：三島麻美（島根県松江市内公立小学校）
動画提供：根本正雄（楽しい体育授業研究会代表）
③後方支持回転
追試報告：禾几啓吾（石川県金沢市立小坂小学校）
動画提供：岩田史朗（石川県公立小学校）

(3)跳び箱
①開脚跳び
追試報告：黒田陽介（東京都青梅市立第一小学校）
動画提供：武井　恒（山梨県甲府市立国母小学校）
②抱え込み跳び
追試報告：飯間正広（香川県公立小学校）
動画提供：柏倉崇志（北海道士別市立士別小学校）
③頭はね跳び
追試報告：禾几真紹（石川県金沢市立犀桜小学校）
動画提供：佐藤大輔（栃木県公立小学校）

3　陸上運動
(1)短距離走
追試報告：山﨑　悠（香川県公立小学校）
動画提供：根本正雄（楽しい体育授業研究会代表）
(2)回旋リレー
追試報告：大本英生（山口県宇部市立新川小学校）
動画提供：髙橋智弥（埼玉県公立小学校）
　　　　　根本正雄（楽しい体育授業研究会代表）
(3)リレー
追試報告：松本一真（愛媛県公立中学校）
動画提供：根本正雄（楽しい体育授業研究会代表）
(4)立ち幅跳び
追試報告：田中稜真（福岡県筑後市立水洗小学校）
動画提供：どんな子だってできるようになる！体育指導てんこ盛り講座 in 三重（2011年10月）
　　　　　上川晃（三重県伊勢市立厚生小学校）
(5)ハードル走
追試報告：石神喜寛（千葉県柏市立西原小学校）
動画提供：髙玉ひろみ（北海道公立中学校）
(6)走り幅跳び
追試報告：数又智明（栃木県足利市立小俣小学校）
動画提供：三好保雄（元山口県公立小学校）
(7)走り高跳び
追試報告：石神喜寛（千葉県柏市立西原小学校）
動画提供：石神喜寛（同上）

4　ボール運動
(1)サッカー
追試報告：木原　航（佐賀県武雄市立山内東小学校）
動画提供：石神喜寛（千葉県柏市立西原小学校）
(2)バスケットボール
追試報告：上川　晃（三重県伊勢市立厚生小学校）
動画提供：上川　晃（同上）

5　水泳
(1)水泳
追試報告：鈴木智光（愛媛県公立小学校）
動画提供：TOSS体育全国セミナー in 東京（2017年7月）
　　　　　根本正雄（楽しい体育授業研究会代表）

6　集団行動
(1)集団行動
追試報告：小野宏二（島根県公立小学校）
動画提供：第3回TOSS体育東北フレッシュセミナー（2005年9月）
　　　　　太田健二（宮城県仙台市公立小学校）

根本正雄（ねもと・まさお）

1949年、茨城県生まれ。千葉大学教育学部卒業後、千葉県内の小学校教諭・教頭・校長を歴任。「楽しい体育授業研究会」代表を務めるとともに「根本体育」を提唱。現在は、「誰でもできる楽しい体育」の指導法を開発し、全国各地の体育研究会、セミナー等に参加し、普及にあたる。

主な著書・編著書に以下がある。

『さか上がりは誰でもできる』『体育科発問の定石化』『習熟過程を生かした体育指導の改革』『体育の基本的授業スタイル──１時間の流れをつくる法則』（以上、明治図書）、『世界に通用する伝統文化　体育指導技術』『全員達成！魔法の立ち幅跳び──「探偵！ナイトスクープ」のドラマ再現』『運動会企画──アクティブ・ラーニング発想を入れた面白カタログ事典』『発達障害児を救う体育指導──激変！感覚統合スキル95』『動画で早わかり！「教科担任制」時代の新しい体育指導──器械運動編』『動画で早わかり！「教科担任制」時代の新しい体育指導──体つくり運動・陸上運動編』『動画で早わかり！「教科担任制」時代の新しい体育指導──ゲーム・ボール運動編』『イラストで早わかり！ 超入門 体育授業の原則』『体育主任のための若い教師サポートBOOK──体育指導・ここがポイント100』『動画で早わかり！「教科担任制」時代の新しい体育指導 全３巻 全動画DVD＋全学習カードCD』（以上、学芸みらい社）、『0歳からの体幹遊び』（冨山房インターナショナル）。

著者紹介

動画で早わかり！

アフォーダンスを取り入れた新しい体育指導

2023年12月5日　　初版発行

著　　者　根本正雄
発行者　小島直人
発行所　株式会社 学芸みらい社
　　　　〒162-0833 東京都新宿区箪笥町31番 箪笥町SKビル3F
　　　　電話番号：03-5227-1266
　　　　HP：https://www.gakugeimirai.jp/
　　　　E-mail：info@gakugeimirai.jp
印刷所・製本所　藤原印刷株式会社
ブックデザイン　吉久隆志・古川美佐（エディプレッション）
校　　正　境田稔信
本文イラスト　関口眞純